넷플릭스의 클라우드 엔지니어링

Cloud Engineering of

Netflix

**빠른 업데이트와
높은 안정성**을 이루는 기술

CLOUD ENGINEERING OF NETFLIX

정윤진 지음

예문사

PREFACE

• 아마존웹서비스에서 피보탈로 이직을 하던 2015년 말 즈음 블루커뮤니케이션 정희용 대표님으로부터 클라우드와 관련된 책을 한 권 내면 어떻겠냐는 제안을 받았다. 제안을 받았을 당시에는 자신감이 넘쳤다. 실제로 수많은 국내 스타트업들의 드라마틱한 발전과 실패를 함께 했고, 시대적으로 클라우드 자체를 거부했던 의사결정권자들이 가졌던 나름의 이유들과 선뜻 도입을 진행해 많은 시행착오를 거쳤던 엔터프라이즈 기업에 이르기까지의 경험들을 잘 녹여낼 수 있으리라 다소 자만했던 것 같기도 하다. 그러던 것이 이런저런 이유로 지금에 이르렀다. 클라우드의 인프라에 대한 이야기뿐만 아니라 소프트웨어 개발에 대한 이야기를 담고 싶기도 했고, 업으로 삼았던 스프링의 눈부신 발전에 대한 이야기를 담고 싶기도 했다. 또한 마이크로서비스로 대표되는 클라우드 최적화 아키텍처 등에 대해서도 다루고 싶어 목차와 주제가 얼마나 많이 바뀌었는지 모르겠다. 애플리케이션의 개발 방법, 조직의 문화와 구조, 자동화를 주축으로 한 전통적인 시스템 관리자들의 역할 변화와 이를 통해 다운타임 없는 서비스를 만들어 가는 방법에 대해 기술하고자 했던 생각들이 엮였지만, 결국 이런 것들을 잘 풀어냈는지에 대해서는 아직도 의구심이 든다.

우리가 사는 지금의 시대는 사람들이 2000년대 초반의 PC보다 훨씬 좋은 성능의 컴퓨팅을, 매일 매일 다양한 모바일 기계들을 통해 소비하며 살아가고 있다. 모든 이의 주머니 속에 슈퍼컴퓨터가 있는 셈이다. 사람들은 이 장치를 통해 대화하고, 거래하고, 음악이나 영상을 소비하며 삶의 기쁨과 슬픔, 그리고 편의를 누리고 있다. 이 다양한 삶의 희로애락과 편의가 뭉쳐져 있는 각 개인의 모바일 장치를 통해 사업을 진행하는 것이 이제 매우 일반적이다. 무슨 사업을 생각하더라도 IT를 떼고 생각할 수 없다는 말이다. 이것은 분명 90년대 말, 2000년대와는 확연히 다른 시대적 상황이다. 사업의 생명주기에 이 사업을 구현한 소프트웨어가 함께한다. 소프트웨어의 생명주기가 곧 사업의 생명주기다. 따라서 소프트웨어는 사업을 충실히 반영해야 할 필요가 있으며 이것을 잘하는 기업과 잘하지 못하는 기업의 격차는 전례 없이 크다.

FAANG으로 압축되는 페이스북(Facebook), 아마존(Amazon), 애플(Apple), 넷플릭스(Netflix), 구글(Google)과 같은 회사들은 각자의 분야에서 2위 사업자들과 굉장한 격차를 보이며, 도무지 따라잡을 수 있을 것 같지 않다. 이런 회사들뿐만 아니라 인스타그램이나 에어비엔비, 우버, 리프트, 그랩, 틱톡 등 신규로 사업을 시작한 업체들도 폭발적으로 인기를 얻어 역시 해당 부분의 가장 강력한 사업자로 이름을 날리고 있기도 하다. 이들의 공통점은 바로 '기술 회사'라는 점이다. 그냥 기술이 아니라 소프트웨어와 데이터를 매우 잘 다루는 회사라는 것이다. 이들은 먼저 사업의 목표를 선명하게 하고, 이를 고객의 요구에 맞추어 점진적으로 개선하되 서비스의 중단이 없으며, 서비스를 통해 발생한 피드백을 통해 고객 스스로도 몰랐던 요구를 만들어 제공하는 기술을 가진 회사들이다. 운이 좋았던 것인지 나빴던 것인지 저자는 다양한 회사의 초창기에 엔지니어로서 참여했다. 이를테면 카페24로 알려진 심플렉스 인터넷이나 국산 원격제어 애플리케이션으로 잘 알려진 알서포트, 아마존웹서비스와 피보탈에 이르기까지 매우 작은 규모에서 시작해 결국 상장에 이르렀던 회사들의 초반을 함께해 왔다. 중반 이후 더 큰 규모가 되기까지 함께하지는 못했지만, 다녔던 회사들이 상장이라는 거대한 성공을 거둔다는 것은 분명 행복한 일이다. 이들 회사에서 엔지니어로서, 때로는 시스템 개발자로, 때로는 아키텍트로, 때로는 소프트웨어 엔지니어로 근무하는 동안 세상은 데이터센터에서 클라우드로 이전했고 대부분 사업의 핵심 역량은 IT로 전이 되었다. 2010년 이전에 어렵게 해결했던 문제들은 2010년 이후에 고민할 필요도 없는 것들이 되었다.

오늘날 많은 문제가 그러하다. "undifferentiated heavy lifting"이라는 말은 사업이 기술에 반영될 때 더욱 가치를 발한다. 사실 우리는 이미 누군가가 이루어 놓은 것들을 사용해 더 나은 것을 만들 수 있는 세상에 살고 있다. 예를 들어 리눅스 커널이나 컴퓨터에 그저 연결하기만 하면 동작하는 수많은 하드웨어, 라이브러리, 프레임워크, 언어 등은 기술의 선구자들에 의해 이미 존재하고 만들어져 있어 가져다 사용하기만 하면 되는 것들이다. 아파치 웹 서버가 없었다면, 아니 지금 당장 대다수의 서버 시스템에서 glibc가 없다면 어떤 일이 벌어질 것인지는 상상하기조차 어렵다.

더 쉬운 예로 만약 자바(JAVA)라는 언어가 없는 상태에서 신규로 웹서비스를 만든다면 어떨까. CGI부터 구현해야 할지도 모르겠다. 소프트웨어 엔지니어링 분야에서 존재하는 기술들을 사용해서 새로운 서비스를 만드는 것은 매우 익숙한 것이라고 볼 수 있다. 이 책에서 이런 익숙한 부분을 '클라우드'라는 환경을 통해 소개하고 싶었다. 즉, 누군가 뛰어나게 잘하고 있는 것들을 가져다가, 또는 그 콘셉트를 차용해서 바닥부터 새로 만드는 것이 아니라 빠르고 안전하게 사업을 반영하는 서비스를 만들어 내는 방법을 소개하고자 했다. 다년간의 방황 끝에 이 책에 주로 넷플릭스의 기술에 대한 이야기, 그리고 아마존과 피보탈에서의 경험을 바탕으로 한 이야기를 싣는 것이 좋겠다는 생각이 들었다. 따라서 책에는 이 회사들에 대한 이야기가 저자의 주관적 견해와 함께 소개된다. 소개되는 내용들에는 아마 익숙한 것들도 있을 것이고 아닌 것들도 있을 것이다. 2015년부터 마이크로서비스와 스프링 부트, 스프링 클라우드에 대해 소개하고 싶었지만 지금에는 더 좋은 설명으로 무장한 책들이 시장에 많이 소개되고 있다.

따라서 이 책의 활용 방법은 이런 기술들이 클라우드 네이티브라 불리는 것에 사용되고 있고 그것을 어떻게 하면 우리 서비스에 반영할 수 있을 것인가에 대한 큰 그림을 얻는 데 있다. 이는 비단 기술에 관한 것 뿐 아니라 조직과 문화에 대한 부분이 함께 필요한 것이므로 아마 종전의 많은 조직에서 그대로 수용하기에는 어려움이 있을지도 모르겠다.

아마존의 최고 경영자인 제프 베조스는 어느 인터뷰에서 이런 말을 했다. 자신은 복권에 당첨된 사람이고, 그 복권에 당첨될 수 있었던 것은 인터넷이라는 기술이 이미 세상에 있었기 때문이라고 했다. 이미 존재하는 생태계의 기술을 사용해 사업을 진행한 것이 본인에게 커다란 성공을 가져다주었다고 한다. 그래서 그는 그렇게 얻은 부를 다시 우주에 투자해서 인터넷과 같은 생태계를 만들고자 한단다. 현재 누구나 사업을 시작하고자 한다면 인터넷을 통해 그리고 이미 만들어진 수많은 오픈소스나 상용 도구들을 통해 낮은 진입 장벽으로 시작할 수 있었던 것처럼, 다음 세대들이 누구나 우주를 대상으로 낮은 비용을 통해 사업을 진행하게 하는 것이 꿈이며, 그런 세상이 도래하는 것을 본인 생애 안에서 보고 싶다고 한다. 이런 사상이 아마존웹서비스 탄생의 배경이라고도 볼 수 있겠다. 왜 많은 사람들은 사업을 시작할 때 높은 비용으로 서버를 구매하고, 네트워크를 구매하고, 소프트웨어를 구매해야 하는가. 이에 대한 대답이 아마존웹서비스였으며, 이는 이제 수많은 사업자에게 없어서는 안 될 도구가 되었다.

이처럼 우리는 누군가 만들어 놓은 것들을 활용하고, 해결하기 어려운 문제들에 대한 힌트를 얻는 방법을 생각해야 할 필요가 있다. 새로운 것을 실험한 결과 이어진 실패를 통한 배움은 조직의 엔지니어링을 건강하게 만들 것이다. 따라서 이런 종류의 실패는 적극적으로 권장해야 할 필요가 있으며, 시스템적으로 다시 발생하지 않도록 하는 것이 바로 경험일 것이다.

모든 내용을 소개할 수는 없어 경험상 중요하다고 생각되는 내용을 우선으로 책에 담고자 했다. 이 책은 정독해서 하나씩 따라 해보기 같은 책이라기보다는, 가볍게 읽어 내려가며 현재 개발하고 있는, 또는 운용하고 있는 서비스에 대한 힌트를 얻는 용도로 사용하면 좋겠다.

마지막으로 이 분야에 종사하는 누구라도 오픈소스 생태계를 건너뛰고 많은 사용자의 모바일에서 동작하는 사업을 구현할 수 없다는 점을 강조하고 싶다. 오늘 한 번이라도 인터넷에 접근했다면 여러분은 누군가가 시간과 노력을 들여 만든 코드, 그리고 세상을 널리 이롭게 하기 위해 기꺼이 제공된 코드의 혜택을 받고 있음을 언급하고 싶다. 따라서 매번 비용을 지불하고 사용할 수는 없겠지만, 오픈소스가 곧 공짜라는 생각을 가지는 대신 오픈소스를 통해 다시 세상에 쓸모 있는 무언가를 만들 수 있다는 데에 조금이라도 감사한 마음을 가지면 어떨까.

NOTICE

이 책에 등장하는 참고용 링크 주소는 아래 사이트에서 확인할 수 있습니다.
링크로 접속하셔서 간편하게 확인하시길 바랍니다.

[링크 모음1] https://github.com/younjinjeong/ZeroDowntimeBook
[링크 모음2] http://bit.ly/2WC54O6

CONTENTS

CHAPTER

넷플릭스

1.1 | 넷플릭스 소개

'넷플릭스^{Netflix}'라는 회사는 인터넷을 통해 플레이스테이션, 엑스박스, 웹브라우저, 아마존TV, 애플TV 등 수천 종류의 단말에서 동작하는 넷플릭스 전용 클라이언트 애플리케이션으로 영화, 드라마 등 다양한 콘텐츠를 제공하는 사업을 한다.

2016년에 한국에도 진출했으며 월 정액제로 서비스한다. 가격은 화질과 동시 시청 가능한 클라이언트의 수에 따라 책정되는데, 가장 저렴한 것이 9,500원, UHD 화질로 4개의 단말에서 동시 시청 가능한 것이 월 1만 4,500원 정도다. 이 분야에서 글로벌 1위 업체로, 비슷한 사업은 아마존 비디오, 훌루^{Hulu}, 한국에서는 푹^{POOQ}와 같은 서비스들이 있다.

2019년 1분기를 기준으로 넷플릭스는 전 세계 190여 국가에 서비스 중이며 1억4,800만 명의 월 구독자를 확보하고 있다. 하루에 1억4,000만 시간의 영화 및 TV 쇼를 스트리밍하고 있는 것이다. 2009년부터 9년간 기록한 수익률은 4,912%에 육박할 정도로 굉장한 성장률을 지닌, 그리고 현재도 성장하고 있는 회사다.

NETFLIX

넷플릭스는 '변화에 살아남는 것'에 뛰어나며, 단순히 살아남는 것이 아니라 '시장을 잠식하는 1위' 회사다. 넷플릭스의 사업은 처음부터 온라인 스트리밍이 아니었다. 우편으로 DVD를 제공하는 것으로 시작한 이 회사는, 오히려 '온라인 쇼핑몰' 형태로 사업을 시작했다. 각 가정에 고속의 인터넷 회선이 공급되고 영상을 재생하기에 충분한 환경이 시작되자 넷플릭스는 온라인 쇼핑몰 사업을 온라인 스트리밍으로 변경했다.

넷플릭스가 점유하는 트래픽은 주말 기준으로 미국 전체의 1/3에 육박한다고 알려져 있다. 미국 전체 대역폭의 1/3이라니 정말 어마어마한 숫자가 아닐 수 없다. 미국에서는 기존의 케이블 방송 같은 것들은 모두 끊어버리고 넷플릭스만 시청하는 가정이 늘고 있다. 종전의 텔레비전과 케이블은 수많은 광고, 예를 들면 영화 한 편 시청하는 데 수십 개의 광고가 중간 중간 편성되어 흐름을 끊거나 하는 일이 매우 많았다. 넷플릭스는 월 정액제로 공급하는 모든 콘텐츠에서 광고를 없앴다. 즉, 주요 수입원이 광고인 기존의 미디어 회사들과는 달리 월 정액제가 주 수입원이다.

따라서 이런 가입 고객을 더 많이 확보하는 것이 넷플릭스가 살아남는 유일한 길이다. 콘텐츠 사업에서 가입 고객을 더 늘리는 길은 더 풍성한 콘텐츠를 확보하는 것이다. 넷플릭스는 '넷플릭스 오리지널' 콘텐츠를 기획해 자사에서 가장 먼저 서비스한다.

국내건 국외건 콘텐츠 관련 서비스에 경험이 있다면 그 계약 관계의 어려움에 대해 잘 알고 있을 것이다. 저작권에 따른 콘텐츠 소비의 방법에 따라 정말 다양한 계약이 중첩되어 복합 구성되는 것이 일반적이다.

이를테면, 우리가 즐겨보는 특정 방송사의 콘텐츠, 예를 들면 '무한도전' 같은 인기 프로그램은 각 케이블 방송사에서 재방송되거나, 방송사의 VOD 서비스를 통해 시청할 수 있다. 또는 계약 관계에 있는 다른 콘텐츠 제공 사업자를 통해 재생된다.

당연하게도 무한도전이 처음 방송되는 곳은 해당 콘텐츠를 만든 방송사다. 공중파를 통해 편성된 시간에 방송되며, 이 방송 시간은 시청자가 원해서라기보다는 공급자가 선택한 시간이다. 편성된 시간에 방송이 완료되면, 다른 방송 채널을 통해서도 무한도전을 볼 수 있게 된다. 이때 30분, 1시간 등의 시간차에 따른 계약, 시청자의 위치 및 국적과 같은 제약이 따르며, 이 부분에 문제가 발생하면 콘텐츠 공급을 받지 못하는 상태가 발생할 수 있다.

국내만 그런 것이 아니라 미국을 포함한 해외도 마찬가지다. 따라서 넷플릭스는 다양한 시청자의 콘텐츠 소비 패턴 분석을 바탕으로 직접 콘텐츠를 만들기 시작한다. 미국 배우 케빈 스페이시의 독백과 명연기로 유명한 '하우스 오브 카드 House of Cards'를 필두로, '지정 생존자 Designated Survivor'와 같은 시리즈물을, 그리고 '옥자'와 같은 영화에 이르기까지 정말 다양한 '넷플릭스 오리지널' 콘텐츠들이 존재한다.

넷플릭스 오리지널의 특징을 살펴보면, 종전의 텔레비전 쇼처럼 20회 분량을 1주일에 한 번 또는 두 번으로 내보내는 것이 아니라 시청자가 원할 때 언제든 볼 수 있도록 1개 시즌을 전부 한꺼번에 공개하는 형식을 취한다.

따라서 '하우스 오브 카드 시즌 3'가 발표된다고 하면 시즌 3을 이루는 전체 에피소드가 한꺼번에 공개되는 식이다. 이 방법은 드라마를 한꺼번에 몰아서 보기를 원하는 사용자의 요구를 충족하는 동시에, 한국과 같이 대중교통을 이용하는 시간이 많은 사람들에게도 언제든 원하는 콘텐츠를 소비할 수 있도록 편의를 제공한다.

넷플릭스 오리지널 콘텐츠들은 한 달에 1만 4,000원이면 시청할 수 있다. 월마다 갱신되므로 한 달 몰아서 보고 끊을 수도 있다. 하지만 거의 대부분의 사용자들은 그렇게 하지 않는다. 누적된 엄청난 양의 콘텐츠가 제공되기 때문이다. '하우스 오브 카드'가 보고 싶어 한 달 무료 사용을 신청했다가 그대로 정규 사용자가 된다.

이것은 넷플릭스에게 굉장한 도전이다. 대부분 기업은 고객을 '락인 Lock in'하는 형태로 점유하려고 한다. 장기 계약을 맺고, 그 계약을 파기하면 손해를 입히는 방식으로 사업을 진행한다. '언제든 고객이 쉽게 발을 뺄 수 있는 상황'은 기업에게 결코 달가운 일이 아니다. 넷플릭스는 오히려 언제든 탈퇴할 수 있으므로 콘텐츠의 품질과 서비스의 품질을 남들보다 훌륭하게 확보하는 것에 집중한다. 이것이 바로 넷플릭스 사업 방향의 힘이다.

넷플릭스의 사업을 뒷받침하기 위해서는 인터넷 스트리밍 기술이 필요하다. 필요한 정도가 아니라 굉장히 뛰어나야 한다. 어느 코미디 프로에서처럼 '버퍼링buffering'이라고 알려진 영상 끊김이 어떤 이유에서건 발생하면 매우 나쁜 사용자 경험이 발생할 것이다. 스트리밍이란 기본적으로 전체 영상을 모두 다운로드해서 완전한 파일을 재생하는 대신, 필요한 만큼 또는 그보다 조금 더 많이 네트워크 대역폭이 허용하는 선에서 데이터를 전송받아 재생한다.

스트리밍을 잘 하는 것뿐만 아니라 결제 시스템도 필요하다. 사용자별로 가입한 날짜에 맞게 한 달에 한 번 등록된 결제 정보를 사용해서 서비스 사용을 연장한다. 콘텐츠는 '기호' 품목이다. 수천, 수만 가지 시청 가능한 콘텐츠 중 사용자가 선호할 만한 콘텐츠를 큐레이션하여 표시해 주는 것이 중요하다. 검색 역시 필요한 기능이다. 사용자가 원하는 콘텐츠를 검색하고 정확하게 들어맞는 콘텐츠가 없는 경우에는 유사 콘텐츠를 표시한다.

넷플릭스에서는 접속, 로그인, 콘텐츠 선택, 시청이 주요 사용자 흐름이다. 언제든 사용자가 원할 때 시청이 가능해야 한다. 모든 기능이 '항상' 동작해야 한다. 넷플릭스는 이 부분을 월등하며 뛰어나게 잘하고 있다.

앞서 넷플릭스의 규모에 대해서 언급했었다. 190여 개 국가에서 1억 명이 넘는 사용자가 매일 1억 시간 이상을 넷플릭스 시청에 사용한다. 실로 대단한 규모가 아닐 수 없다. 넷플릭스를 한 번이라도 사용해 본 적이 있다면 아무 생각 없이 클릭한 반응속도에 주목하길 바란다. 내가 시청한 목록을 바탕으로 추천되는 콘텐츠와 검색의 속도, 그리고 이런 모든 기능들이 언제든 사용 가능하다는 점에 주목해야 한다.

클라우드를 알거나, 플랫폼이나 컨테이너 또는 도커^{Docker}를 공부하는 것은 여러 모로 도움이 된다. 각각의 부분을 조금씩 언급할 것이지만, 이런 세부 기술들은 결국 서비스를 더 자주 업데이트하고 더 적게 중지하도록 하는 데 아주 미시적 효과만을 제공할 뿐이다.

더 중요한 것은 '기술의 모음이 어떤 사업의 영역 또는 기능을 위해 구현되었는가'하는 부분이다.

이 책에서는 '애플리케이션을 클라우드에 최적화해서 좋은 것은 무엇인가', 그리고 '넷플릭스는 이를 이루기 위해 도대체 어떻게 일을 하고, 그 일의 결과물로 어떤 도구들을 만들어 놓았는가'를 살펴본다. 그리고 이렇게 살펴본 다양한 내용을 어떻게 서비스에 적용할 수 있는지 살펴본다.

기술은 사업을 위해 존재한다. 사업에 필요가 없다면, 대부분의 기술은 사용되지 않는다. 넷플릭스의 모든 도구는 영상 콘텐츠를 다운타임 없이 사용자에게 최고의 속도로 공급하기 위해 존재한다. 마이크로서비스에 대해 한 번씩은 들어본 적이 있을지 몰라도, 그리고 구현을 위해 노력해 본 적은 있어도 그것이 왜 필요했고 어떻게 발전했는지 이해하지 못한다면 도입 자체가 불가능할 것이다. 이것은 기술뿐만 아니라 조직, 문화, 프로세스 등 많은 것을 포함한다.

넷플릭스의 문화를 가장 잘 설명하는 두 단어는 '자유와 책임'이다. 능력 있는 개인이 프로세스나 규칙에 얽매이지 않게 하는 대신, 넷플릭스에 이로운 일을 할 수 있게 한다. 그리고 각 넷플릭스 구성원은 회사가 추구하는 바를 이해하고, 자신의 팀에서 훌륭한 동료들과 함께 어려운 일을 해결한다. 그렇게 탄생한 넷플릭스가 바로 여러분이 매일 시청하고 있을지도 모르는 서비스의 이면이다.

만들었으면 직접 구동하고, 다른 사람에게 필요하면 지원하라는 콘셉트는 넷플릭스를 말하는 또 다른 문장이다. 자유와 책임 기반에 서로 협업하고, 좋은 도구는 널리 사용될 수 있도록 라이브러리와 플랫폼의 복합 구성으로 제공하며, 지원이 필요하면 만든 사람이 직접 지원한다는 것이다.

이에 이 책에서는 먼저 전체를 이해하는 데 필요한 단어와 콘셉트에 대해 살펴본다. 시장에서 숱하게 이야기되고 있지만 실제로 적용하고 있는 회사나 조직은 별로 없는 것들일 것이다. 그 뒤로는 넷플릭스의 다양한 도구들과 특정 서비스를 만들고 배포하는 단계가 다른 회사와 어떻게 다른지 살펴본다. 넷플릭스 도구들에 대해 살펴본 뒤에는 이 구성을 가장 빠르게 구현할 수 있는 방법에 대해 살펴본다. 여기에는 넷플릭스와 아마존웹서비스, 그리고 피보탈의 기술과 콘셉트가 소개될 것이다. 기술뿐만 아니라 문화와 프로세스에 대해서도 소개한다.

가장 값비싼 소프트웨어는 아무도 사용하지 않는 소프트웨어이며, 한 줄의 추가 코드는 한 줄의 추가 메인터넌스^{maintenance}다. 위대한 서비스는 빅뱅으로 태어나지 않는다. 거듭된 문제의 개선과 배포만이 이를 가능하게 할 것이다. 이 모든 것들에 대해 경험을 바탕으로 다루고자 하며, 서비스를 개발하거나 운영하고자 하는 모든 이에게 도움이 되기를 바란다.

책을 모두 읽지 않더라도 아래의 문구가 여러분에게 기억되면 좋겠다.

> "The Only Thing That is Constant is Change." by Heraclitus.
>
> "오직 한 가지 변하지 않는 사실은 모든 것은 변한다는 것이다."

1.2 | 데브옵스와 클라우드

저자의 친구이자 피보탈의 매니저인 Andrew Clay Shafer는 'DevOps^{데브옵스}'라는 말을 세상에 처음 꺼낸 사람이다. 그는 Puppet Labs의 Co-founder였고, 그 후 여러 클라우드 프로젝트를 하던 중 한국의 KT클라우드 프로젝트를 하면서 나와 인연을 맺게 되었다. 사실 그렇게 대단한 사람인 줄 몰랐는데 요새 관련 컨퍼런스에 가면 그에게 열광하는 미국 개발자들을 보며 새삼 '엄청나구나' 하는 생각을 하게 된다.

그리고 그가 만든 단어인 데브옵스는 이제 이 시장에서 엄청나게 중요한 역할을 설명하는 신조어가 되었다. 모든 회사가 어떻게 정의해야 하는지도 모르는 이 단어를 각종 보고서에 남용하고 있는 시절이다.

2011년 즈음에 생겨난 이 단어는 굉장히 매력적이었다. 운영과 개발 현장에서는 언제나 다툼의 관계에 있지만 서로 사랑해야 결국 건강한 서비스를 만들 수 있다는 메시징은 과히 혁신적이었다. 그렇게 처음에는 이 개발과 운영이 함께 하는 조직, 그런 사상을 의미하는 단어로 받아들여졌다.

당시에는 국내 클라우드의 초기 아키텍처링과 실제 구현 코드를 작성하던 시절이기 때문에 가슴에 더 와 닿았다. 네트워크의 잘못은 가상화 클러스터의 문제로 이어질 수 있고, 가상머신과 스토리지 연결에 지연시간의 발생으로 이어질 수 있는 등 모든 구성요소가 서로 유기적으로 얽혀있는 상황에서는 이전처럼 클라우드 서비스 개발과 여기에 필요한 리소스 운영이라는 것을 서로 독립적으로 다룰 수 없었기 때문이다.

모든 것을 혼자 하는 사람이라기보다는, 개발을 이해하는 운영자 또는 각 리소스의 운영이 어떤 구조로 돌아가는지에 대한 이해를 가진 개발자, 사람 또는 팀으로 이해되는 것이 일반적이었다. 하지만 이 언어는 적어도 국내에서는 굉장히 운영에 치중된 의미로 해석된다. 인프라 자동화에 대한 구현과 함께 '인프라를 코드로'라는 콘셉트가 모호하게 데브옵스라는 말과 중첩된다.

시대가 흐르면서 데브옵스는 또다시 다른 의미로 확장된다. 클라우드를 잘 아는 사람, 클라우드 인프라를 잘 이해하고 있는 개발자의 의미로 자주 사용되기 시작했다. 클라우드라는 것이 '인프라에 API를 달아 놓은 것'이므로, 이 API를 통해 동작하는 인프라의 목적과 동작 방식을 이해하게 되면 서비스의 요소요소에 알맞게 인프라를 배치할 수 있다. 이는 역설적으로 서비스를 개발하는 개발자들에게 그동안 모르고 살아도 문제없었던 인프라에 대한 지식을 요구했으며, 반대로 운영계에서는 더 좋은 성능을 내는 서비스들의 구조를 이해해야 개발팀과 협업할 수 있게 되었다.

클라우드 서비스의 등장과 함께 인프라와 관련된 직종에 종사하는 전문가들은 연속적인 도전을 받아왔다. 2010년부터 2016년에 이르기까지 사업 부서를 비롯한 다양한 내·외부의 압박으로부터 클라우드 도입과 함께 운영팀이 데브옵스가 되어야 살아남을 수 있다는 강압적 메시지가 많이 존재했다고 생각한다. 그리고 시장에서 상대적으로 운영 부서에 데브옵스에 대한 압박이 심했던 이유는, 아마존웹서비스 등을 비롯한 신흥 강자들이 소프트웨어 기반의 인프라·사업으로 시작했기 때문인 것도 있다.

소프트웨어 엔지니어링은 어떠한가? 구글Google, 넷플릭스Netflix나 아마존Amazon 그리고 우버Uber나 에어비앤비Airbnb 등으로 대표되는 기업들을 제외하고는 어느 나라의 기업이나 1980년대 만들어진 모델을 현재까지 사용하고 있다. 일반적으로 1990년대 말부터 인기를 얻어 2000년대에 고착된 기술들이 안정성을 검증받았다는 이유로 더 이상 업데이트되지 않는 상태에서 계속 사용되고 있다.

혁신을 통해 시장을 잠식하고 있는 몇몇 기업을 제외하고는 지난 10여 년간 만나왔던 대부분의 스타트업, 엔터프라이즈 기업들은 규모를 막론하고 이 오래된 모델을 기반으로 하는 애플리케이션을 현재도 생산하고 있다.

클라우드 환경에 최적화된 서비스의 강점은 이런 지난 시절의 기술에 비해 상당히 발전해 서비스 개선의 속도, 가용성, 속도 등 모든 부분에서 분산 기술이 적용되고 있다는 것이다. 하지만 대부분 기업에서 검증된 기술이기 때문에 사용하고 있지만 실제로 덜 안전하고, 더 낮은 확장성과 고객이 원하는 시점에 서비스를 개선할 수 없는 문제를 내포하는 경우가 많다.

이 책의 핵심 주제이기도 한 '제로다운타임$^{Zero\ Down\ Time}$'은 기존의 시스템을 그대로 유지하는 방법을 기술하지 않는다. 시대는 변하고 있으며 사용자의 서비스에 대한 기대와 인식 역시 변화한다. 이것을 표현하는 방법이 서비스에 고객의 기대를 반영하는 일이며, 그것이 곧 업데이트다. 잦은 업데이트를 하면서도 다운타임이 없는, 즉 서비스 중단이 없는 서비스가 현재 요구되는 중요한 서비스 덕목이다.

따라서 이제는 소프트웨어를 만드는 방식도 기존의 오래된 방법에서 벗어나야 할 필요가 있다. 운영 역시 이제는 글로벌 수준에서 특정 서비스 요소에 의존하지 않고 어떠한 이유에서라도 서비스가 중지되지 않도록 구현하는 방법을 생각해 내야 한다.

사업적으로 서비스를 중단하기로 결정하기 이전까지 모든 서비스는 다운타임을 제로에 수렴하도록 운영할 필요가 있다. 동시에 '언제나 동작하는 서비스'는 그 상태로 존재하는 것뿐만 아니라 고객의 만족을 위해 다양한 고객 요구를 반영할 필요 역시 존재한다.

오늘 생각한 아이디어는 오늘 구현되어 서비스할 수 있을 때 가장 사업적 가치가 높다. 다른 말로 하자면 다음과 같다.

"코드는 배포되기 전까지는 아무런 사업적 가치가 없다."

클라우드 서비스라는 것은 기본적으로 대규모 분산 시스템이다. 이 분산 시스템은 그것을 구성하는 노드들의 상태와 속성이 동적으로 변할 수 있는 환경에서 동작한다. 종전의 분산 시스템에 대한 이해와 동적으로 언제 어디서든 변화할 수 있다는 인식과 이해를 동시에 가진다면, '클라우드에 최적화'된, 즉 운영비용의 절감과 성능, 그리고 가용성을 극대화할 수 있는 서비스를 구현할 수 있게 된다.

이에 클라우드 서비스를 사용해서 넷플릭스는 어떻게 자사의 서비스를 그토록 높은 수준의 가용성과 성능을 이루어 냈는지를 살펴볼 필요가 있다. 그리고 그 목적을 이루기 위해 어떤 도구들을 만들어 냈는지, 이 도구들에는 어떤 철학이 있는지, 그리고 어떤 구조로 동작하고 있는지와 함께 넷플릭스의 조직에 대해서도 여러 가지 공개된 내용을 바탕으로 다루어 본다.

넷플릭스나 아마존의 기술자들과 함께 일을 하다 보면 특정 서비스에 대해 이야기 할 때 자신이 맡은 부분에 대해서는 언제든 적극적 지원을 아끼지 않으려는 태도에서 매우 놀라게 된다.

축구팀을 예를 들어 보자. 각 포지션 별로 잘 하는 선수가 있다. 골을 잘 넣는 선수, 골을 잘 막는 선수, 몸싸움을 잘 하는 선수, 패스를 잘하는 선수 등 각 필드의 지역과 위치에 따라 잘 하는 친구들이 하나의 효과적인 팀으로 동작한다. 그리고 이렇게 구성되어 경기하는 팀이 대회에서 우승하고 싶다면 선수의 영입에 비용을 아끼지 않는다. 동시에 각 포지션에 대한 경쟁이 치열하고, 평가는 냉정하다.

기업의 구성원들은 선수로서 임하고 있음에 유의해야 한다. 누구나 메시와 같은 연봉을 받을 수 있는 것은 아니겠지만, 메시와 같이 '잘 하고 싶다'는 생각을 가진 사람들은 아마도 메시와 같이 게임하는 것이 즐거울 것이다. 문화는 단순히 실력에 대한 냉정한 평가와 보상만을 의미하지 않는다. 서로를 돕고, 회사가 만들고 있는 서비스가 더 잘 동작할 수 있도록 개선할 자유와 책임을 포함한다.

서로 다른 역할을 가진 사람들이 하나의 효율적인 팀으로 기능하면서 각자가 맡은 서비스에 높은 지식을 가지고 있을 때, 그리고 그 지식을 다양한 연습과 테스트를 통해 확인할 때 다운타임은 줄어들 것이다.

추가로 가장 중요한 것은 알게 된 지식과 경험을 공유하는 것에 부지런하고, 타인에 친절할 필요가 있다는 점이다. 훌륭한 사람들이 서로 기꺼이 도우면서 일하는 문화가 만들어질 때 서비스는 견고해지고 데브옵스는 어느새 완성되어 있을 것이다.

1.3 | 넷플릭스, 아마존이 다른 이유

아마존에 다닐 때 들었던 일이다. 이 회사에는 재미있는 그룹메일 계정이 있었는데, 바로 why@다. 사실 이 회사에서는 공개적으로 이야기하고 있는 기업의 가치가 있는데, 'Amazon Leadership Principal'이라고 한다. 개인적으로 이렇게 기업이 추구하는 가치, 비전에 대해서 전 조직이 온 마음으로 추종하는 회사를 일전에 본 적이 없다. 10만 명이 넘는 직원을 가지고 있는 회사가 이런 거대한 공동가치로 동작하는 데 강력하지 않을 리가 없다.

이 기업이 내세우는 인재상의 모습은 엔터프라이즈나 스타트업 모두에 매우 도움이 된다고 생각한다. 높은 목표를 설정하고, 설정한 목표는 어떻게든 달성하여야 하며, 그렇게 하기 위해서는 깊은 수준의 지식과 이것을 바탕으로 한 동료들의 신뢰가 필요하다. 한 가지 더 중요한 것은 바로 각각의 목표를 설정하고, 이 목표를 이룰 수 있도록 도와주는 매니저의 역할이 굉장히 중요하다는 것이다.

아무튼 why@ 그룹 메일의 용도는 임직원들이 본인이 야기했거나 목격한 실수에 대해서 먼저 털어 놓으면, 그 문제가 대체 왜 생겼고 효과적인 해결책이 무엇인지 이야기하는 내부의 공식적인 채널이다.

어느 날 제품을 등록하는 직원이 물건 가격을 잘못 올리는 실수를 범한다. 해당 직원은 어떤 아티스트의 앨범 신보를 등록했는데, 이 디지털 앨범 가격을 원래의 가격보다 훨씬 저렴한 가격으로 등록했다고 한다. 따라서 고객들은 예상과 다르게 저렴하게 공개된 해당 상품을 엄청나게 구매하기 시작했고, 이로 인해 발생한 회사의 손해가 몇 시간 사이에 엄청난 액수에 이르렀다.

국내의 회사에서 동일한 문제가 발생했다면 어떤 일이 일어났을지 쉽게 상상할 수 있으리라. 하지만 아마존의 해당 직원은 이 문제에 대해서 why@라는 메일링 리스트에 자신이 범한 실수에 대해 솔직하게 적었다. 내부적으로 공유되는 이 메일에는 빠른 속도로 수많은 의견이 달리기 시작했다. 이 채널의 주제가 '왜'이므로, 사람들은 이 문제가 왜 발생했는지에 대한 근본적인 원인에 대해 격렬한 토론을 벌였다고 전해진다.

물건 가격이 잘못 올라간 순간 고객 서비스 팀에는 이 가격이 맞는지에 대한 문의가 많이 발생했다고 한다. 이 고객 문의를 통해 이미 잘못된 가격으로 판매되고 있다는 사실을 많은 사람이 알게 되었지만, 문제는 문의를 받은 팀이나 상품을 잘못된 가격으로 등록한 팀에서 해당 상품에 즉시 조치를 할 수 없었던 것이 근본적인 원인이라고 결론지었다. 즉, 판매 시스템에 한 번 잘못 올라간 가격을 즉시 바꿀 수 없었던 것이 진정한 문제의 원인이었다고 특정했다.

그 결론을 어떻게 적용했을까? 가격을 등록하는 과정에 별도의 추가 확인 기능을 넣는 동시에, 고객 서비스팀에서는 등록된 제품에 무언가 이상이 있으면 바로 사이트에서 해당 제품을 내릴 수 있는 종류의 버튼을 신설했다.

회사는 이후 발생할 수 있는 동일한 문제를 막을 수 있었으며, 고객 서비스팀은 등록된 제품에 능동적으로 대처할 수 있는 기능을 가지게 되었다고 한다. 실수했었던 해당 직원은 엄하게 문책을 받는 대신, 다른 사람이 할 수도 있었던 실수를 먼저 했고 이로 인해 회사의 서비스가 개선되었다는 이유로 포상을 받았다고 전해진다.

'왜'라는 질문은 이래서 중요하다. 대부분의 한국 회사는 아마 '직원이 잘못 가격을 입력했기 때문에'로 문제의 원인을 특정하는 것으로 상황을 종료했을 것이다. 문책과 피해에 대한 보상이 따르고 시스템은 업데이트되지 않는다. 다시 누군가는 동일한 실수를 할 수 있는 상태로 방치된다.

'왜'를 통해 추적하는 문제를 통해 서비스는 더욱 견고해진다. 그리고 이것은 단지 스토리지나 서버의 클러스터링을 하는 것과는 별개의 문제이다. '왜'라는 질문은 발생한 문제에 대한 분석을 통해 앞으로 동일한 문제가 발생하지 않도록 하는 실질적 조치를 위한 행동의 시작이다.

수많은 '왜'를 통해 강화된 다운되지 않는 서비스는 고객에게 언제나 동작한다는 신뢰를 얻는다. 그리고 이런 방식의 지속적인 서비스 개선은 위험을 감소시키는 동시에 고객이 원하는 방향으로의 서비스 개선을 유도한다. 하나의 실수는 완전한 실패가 아니며 동시에 성공적 서비스는 한 번의 완벽한 개선으로 이루어지지 않는다.

이런 형태의 서비스 운영은 대부분의 시장을 선도하는 서비스들에서 자주 발견되는 패턴이다. 페이스북도 자사의 서비스에 어떠한 결함이든 발견하여 제보한 사람들에게 포상을 준다. 이런 실수와 실패를 찾아내고 발산하는 문화는 책임만을 강조하는 국내 기업 문화와는 다르다.

그리고 그 책임 때문에 무언가 새로운 시도를 하기 힘들게 되는 환경과 정반대의 선상에 서 있다. 이런 시장 선도 기업들이 모든 실수에 관대한 것은 아니지만 적어도 문제가 발생했을 때 대처하는 자세는 실제 서비스의 많은 것들을 바꿀 수 있다.

피보탈의 코넬리아 데이비스는 기존 엔터프라이즈의 서비스 변경에 대해 이런 이야기를 했다.

> "대부분의 엔터프라이즈 서비스들은 문제가 생겼을 때 변경하지만,
> 사실 혁신적인 기업들은 고객의 요구에 따라서 서비스를 변화시킵니다.
> 그리고 현대의 엔터프라이즈들은 이러한 방법을 습득하여
> 스타트업의 속도로 사업을 개선할 수 있어야 합니다."

신규 사업의 아이디어가 있을 때 그것을 기획하고 서비스로 만들어 내는 기나긴 시간 동안 비즈니스 환경은 변화하고, 변화된 비즈니스 환경을 다시 서비스로 반영해야 하는 요구를 받는다. 그럼 거의 대부분의 개발팀들은 계획했던 서비스 오픈 시점을 연기하게 되고, 이것은 결국 또 다른 변경을 낳아 지속적인 서비스 배포의 시점을 놓치게 된다.

오늘 생각난 아이디어를 오늘 서비스로 구현한다면 돈을 벌 기회가 더 높을 것이고, 내일이 되면 조금 더 낮아질 것이며, 그것이 일 년 후라면 아마도 사업을 종료하게 될지도 모른다는 것이다.

타임-투-마켓으로 이야기되는 이런 사업의 신속성은 기술적으로는 클라우드의 사용과 생산성이 더 높은 개발 방법의 사용으로도 대치될 수 있지만, 그 저변에는 이런 실수에 대해 종전과 다르게 생각하는 문화도 필요하다. 더 나아가 실수를

유발해도 되는 환경이 있다면 수많은 실수에 대한 실험을 통해 서비스를 강화할 수 있다. 여기에 넷플릭스의 비밀이 있다.

강력한 실패 테스트와 이 테스트를 견디는 서비스 구조를 제품에 반영하는 것이 핵심이다.

넷플릭스의 다양한 도구들과 서비스에 새로운 기술을 적용하는 방법은 기술적으로, 그리고 조직 문화적으로도 시사하는 바가 크다. 책을 읽고 난 후 독자들이 가졌으면 하는 생각은 '넷플릭스는 역시 굉장한 조직이구나'하는 생각보다는 현재 운영하고 있는 소프트웨어 제품과 서로 어떻게 다른지, 그래서 어떻게 더 강화해 나갈 수 있는지 하는 부분에 대해서 조직적, 업무 프로세스적, 그리고 기술적인 힌트를 얻었으면 한다. 그리고 그 힌트로 인해 이전보다 더 다운타임이 줄어든 서비스를 만들어 낼 수 있는 계기가 되면 좋겠다.

'우리는 넷플릭스의 규모가 아니니까, 이런 구성은 오버 엔지니어링이야'라고 생각할 수 있겠지만, 이 모든 것은 변화에 관한 이야기다. 동일한 도구를 사용하라는 것이 아니라, 변화에 견디는 환경을 조성하라는 의미다. 이 환경의 완성형을 넷플릭스의 다양한 서비스 구조, 숲을 보거나 나무를 보아도 모든 곳에 박혀있는 철학을 살피고 그 핵심을 서비스에 반영하는 것이 최선일 것이다. 거대하고 위대해 보이는 것들은 처음 시작과 그 이후의 처음 같은 반복에 의해 태어난다는 점을 잊지 않기를 바란다.

> "Success is not final, failure is not fatal.
> It is the courage to continue that counts." by Winston Churchill
>
> "성공이 모든 것의 끝은 아니며, 실패가 불행한 것만은 아니다.
> 그런 실패를 극복하고 계속할 용기가 필요하다."

1.4 | 넷플릭스에 대하여

넷플릭스의 발표 슬라이드들을 보면 공통적으로 눈에 띄는 한 가지가 바로 넷플릭스 회사에 대한 발표자들의 소개다. 이들은 언제나 수치를 인용한다. 현재 몇 개의 국가에서 서비스하고 있고, 매월 갱신되는 정액제 사용 가입자의 숫자와 서비스가 지원하는 단말 장치의 종류에 대해 언급한다.

넷플릭스는 현재 세계 1위의 동영상 스트리밍 업체라고 해도 과언이 아니다. 유튜브가 일반 사용자들의 업로드 영상을 주로 하는 서비스라면 넷플릭스는 드라마, 영화, 다큐멘터리 등의 콘텐츠를 주로 인터넷을 통해 유통한다.

사업의 시작부터 스트리밍 서비스를 했던 것은 아니었다. 넷플릭스가 사업을 시작하던 시기의 인터넷 속도와 동영상 스트리밍 기술은 콤팩트디스크^{CD}나 DVD에 견줄만한 것이 아니었다. 2시간 단위의 영상을 저장하기 위한 용량 대 성능비 역시 하드디스크가 저들을 이겨낼 수도 없었다.

이 책을 읽고 있는 독자들의 연령이 '비디오 가게'를 기억할 만큼 충분한지는 잘 모르겠다. 비디오 가게는 다음의 그림과 같이 생긴 장치에 VHS/베타 규격의 미디어 재생을 할 수 있는 테이프를 대여하는 장사를 한다. 지금은 인터넷의 발달에 따라 미디어 자체가 사라졌지만, 2시간 이상 분량의 영상을 인터넷으로 전송하는 것에 상당한 비용이 들던 시절에는 차라리 이런 영화가 저장된 미디어를 직접 주고받는 것이 훨씬 빠른 전송이었다고 할 수 있다.

▲ 그림 1-1 비디오 플레이어와 비디오테이프

비디오 가게에서 영화 한 편을 보통 1박 2일간 빌릴 수 있다. 도서관에서 책을 대출하는 것과 같은 개념이라고 보면 된다. '터미네이터 2' 같이 극장에서도 인기 있는 영화는 많은 수량의 비디오가 매대에 들어선다. 매대에 들어서기 무섭게 대여가 시작되고, 금요일 밤에 가족과 함께 치킨(?)이라도 먹으면서 보려고 하면 누구보다 일찍 서둘러 비디오 가게에 가야 했다.

1박 2일의 대여를 위해 보통 천원에서 천오백 원, 인기 있는 타이틀은 프리미엄을 얹어 2천 원이 넘는 금액에 테이프를 빌려온다. 빌려온 테이프는 가급적이면 많은 사람들이 돌려본다. 가족이 한자리에 모일 수 없는 경우라면 비디오는 가족의 인원수만큼 재생된다. 경우에 따라서는 옆집과 연합하여 서로 다른 타이틀을 빌리고 서로 바꿔 보기도 한다. 그리고 1박 2일이 지나면, 시간이 더 지나기 전에 반납해야 지연 반납으로 인한 연체료를 물지 않는다. 그리고 이런 비디오 가게는 지금의 편의점만큼 많았다.

비디오 가게의 주 사업 모델은 실제로 비디오를 대여하고 돌려받으면서 발생한다기보다는, 연체료 수익에 있다. 비디오테이프의 반납을 연체하지 않는 경우는 거의 없다. 가족 중 누군가 보지 않았을 경우 연체료를 물더라도 반납을 미루곤 했다. 비디오 가게에 들르는 수고를 더는 하기 싫기 때문이다. 해외와 비교해 비교적 땅이 넓지 않은 우리나라에서도 이 정도인데, 미국에서는 어땠을까.

이 부분에 주목한 넷플릭스는 CD/DVD를 우편으로 배송하는 대여 체계를 바탕으로 사업을 시작한다. 원하는 미디어를 우편으로 받는 서비스는 콘텐츠 제공 사업이지만, 그 방법 면에서 우편을 사용하는 일종의 하이브리드 사업이라고 할 수 있다.

▲ 그림 1-2 넷플릭스를 통해 배송되는 비디오

전자상거래의 형태로 사업을 시작한 넷플릭스는 컴퓨터 기술이 발전하면서 영상 스트리밍 업체로 사업을 전환한다. 기존에 사람과 사람이 직접 미디어가 저장된 장치를 주고받는 것이 가장 빠른 전송 방법이었던 것은, 인터넷 회선의 인프라나 저장 장치의 크기와 영상을 인코딩하고 디코딩하는 컴퓨터 성능 모두가 요구 성능을 충족하지 못했기 때문이다. 무엇 하나가 부족해서가 아니라 모든 것이 충분하지 않기 때문이었다. 이런 문제들이 시대의 발전과 함께 해소되면서 넷플릭스는 사업을 전환한다.

인터넷을 통해 사업을 한다는 것은 지금은 누구나 하는 일이지만, 사업의 형태를 이렇게 성공적으로 전환하는 것은 쉬운 일이 아니다. 넷플릭스의 첫 사업의 시작은 사람들이 비디오 가게에 운전해서 이동하는 불편을 없애고 대신 미디어를 사용자들에게 전달하는 것이었다. 이는 힘들게 비디오 가게에 갔는데 인기 있는 타이틀은 이미 모두 대여되어 헛걸음하는 일을 방지하기도 했다. 아무튼 넷플릭스는 성공적으로 사업을 전환했다.

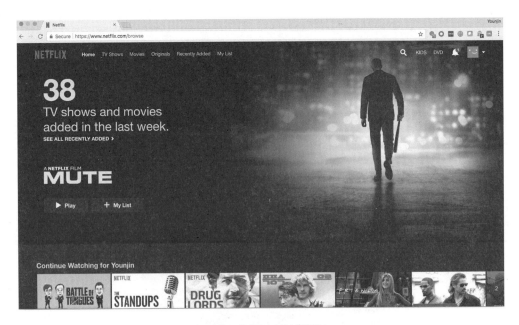

▲ 그림 1-3 오늘날의 넷플릭스

2017년 4쿼터에 발표된 넷플릭스의 가입자 수는 1억 1,760만 명에 육박한다고 한다. 이는 전 세계에서 매달 10불 정도의 비용을 넷플릭스에 결제하는 사람의 숫자다. 플레이스테이션, 엑스박스, 크롬캐스트, 아마존 파이어TV, 안드로이드 기반의 스마트폰 및 아이폰, 태블릿 디바이스 등 인터넷이 연결되는 화면이 달린 장치라면 어디에서든 넷플릭스를 재생할 수 있다. 최근에는 다운로드 서비스도 제공해서 비행기와 같이 인터넷 환경이 제한적인 곳에서 장시간 여행을 해야 할 때 매우 편리하게 시청할 수 있는 방법도 제공한다.

이제는 인터넷만 연결되는 곳이라면 유튜브와 넷플릭스, 두 가지 서비스를 통해 필요한 콘텐츠를 모두 시청할 수 있는 환경이 되었다. 기존의 방송과 미디어는 시청자를 뺏기고 있고, 이로 인해 방송 권력이 약해지고 있다. 넷플릭스가 한국에 오기 전에 케이블TV 사업자나 미디어 생산을 담당하는 방송국과 미팅을 해 보면, 한국은 특수한 환경이 있기 때문에 넷플릭스가 성공하기 힘들 것이고, 넷플릭스는 미국으로 돌아갈 것이라고 했다. 이때 언급된 특수한 환경이란 콘텐츠 생산자의 권력을 의미하고, 이 생산된 콘텐츠가 전국으로 배포되는 망이 기존의 케이블 사업자와의 회선 포설 및 계약 관계가 오랜 기간 만들어낸 체계라는 점이었다.

가정에 연결된 인터넷 회선을 제공하는 회선 사업자가 케이블TV 서비스 사업에 진입한 지도 이미 오래되었다. 그렇게 연결된 회선을 통해 우리는 넷플릭스를 사용하듯이 원하는 비디오를 재생할 수 있지만, 콘텐츠 생산/공급과 관련된 다양한 계약사항으로 인한 규제로 시청자의 요구를 수용하는 데는 시간이 걸린다. 또한, 원하는 영상을 재생하기 위해서는 편당 비용을 지불해야 한다. 최신 콘텐츠의 경우에는 만 원이 넘기도 하고, 이런 최신 콘텐츠를 두세 개 보다 보면 월말 청구서에 5만 원이 넘는 금액이 청구되기도 한다.

이 금액이면 넷플릭스를 4달 동안 시청할 수 있는 금액이다. 인터넷만 된다면, 다양한 영화와 드라마, 특히 미국 드라마를 시청할 수 있다. 넷플릭스 이후 시장이 당황한 것은, 넷플릭스는 콘텐츠를 생산하기도 한다는 것이다. 콘텐츠를 생산하고 동시에 공급하고 지역별로 인기 있는 콘텐츠들을 분석한다. 그리고 인기 있는 콘텐츠 생산 업체와의 계약을 통해 공급한다. 지역 콘텐츠 생산업자 입장에서 보면 자신의 콘텐츠가 더 많은 국가와 지역에서 재생되고 이로 인한 수익을 얻는 것이 중요하기 때문에, 전략적으로 넷플릭스를 거부해야 할 이유가 있는 게 아니라면 협업한다. 그렇게 한국 텔레비전에서 방송된 프로그램들이 넷플릭스에서 서비스된다. 종편의 등장은 공중파의 권력을 약화했고, 다시 인기 있는 종편의 콘텐츠가 넷플릭스를 통해 방송되는 현실인 것이다.

또한, 봉준호 감독과 같은 능력 있는 콘텐츠 제작자를 영입해 '옥자'와 같은 영화를 만들기도 한다. 영화를 비롯한 드라마와 같은 콘텐츠의 제작은 상당한 비용이 드는 일이다. 영화 시작이나 종반에 등장하는 크레딧을 보면 정말 많은 특수 인력이 필요한 분야가 영화다. 마찬가지로 드라마 역시 그 비용의 문제로 인해 보통 1~2회분만 사전에 촬영, 편집을 하고 그 이후 방송이 시작되면 주 단위로 만들어 방송한다. 이것이 한국에서 대부분의 드라마를 주 단위로 시청해야 하는 이유다. 다음 편을 기다려야 하고, 방송이 편성된 시간에 텔레비전 앞에 있어야 한다.

넷플릭스는 이 법칙을 바꾼다. 사람들이 시간이 있을 때 인터넷에 연결이 되어 있다면, 드라마 전편을 볼 수 있다. 넷플릭스가 제작하는 콘텐츠 중 가장 유명한 것 중 하나인 '하우스 오브 카드 House of Cards'는 시리즈의 모든 에피소드가 제작되고 한꺼번에 공개된다. 가만히 앉아서 12시간이 넘는 시간동안 시청할 수 있다.

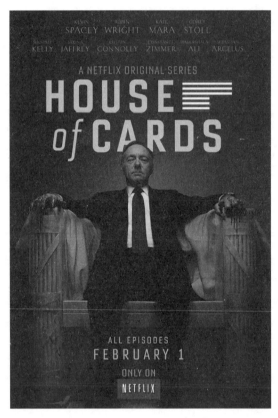

▲ 그림 1-4 하우스 오브 카드
(*포스터 하단에 '모든 시즌이 2월 1일에 출시됩니다'라는 안내가 있다.)

즉, 분석을 통해 사용자 대부분은 다음 에피소드를 기다리는 대신 한꺼번에 배포되는 것을 원한다는 점을 알았고 투자를 바탕으로 콘텐츠를 한꺼번에 생산해 공급한다. 입소문을 타고 드라마가 재미있다는 사실을 알게 된 사람들은 넷플릭스 가입을 생각해 본다. '한 달에 1만 원? 그럼 하우스 오브 카드만 보고 다음 달은 결제 안 하면 되잖아?'라는 생각으로 가입한다. 그러고 나면 그 안에 더 많은 재미요소가 있다는 것을 깨닫는다. 그래서 다음 달에도 넷플릭스에 1만 원을 결제한다.

책에 글로 이렇게 쓰기는 하지만, 이런 방식을 실제로 해내는 것은 매우 어려운 일이다. 콘텐츠를 생산하는 데는 상당한 사전 비용이 발생한다. 그러므로 '재미가 없다면' 해당 콘텐츠는 실패한다. 실제로 이런 방식으로 실패하는 콘텐츠도 상당히 많다. 중요한 점은 콘텐츠 생산에 써야 하는 비용으로 한 개를 목숨 걸고 제작하는 것이 아니라, 전략적으로 다양한 카테고리의 다양한 장르를 생산한다는 것이다. 그렇게 생산한 콘텐츠들은 시간이 쌓이며 누적되고, 일반 사용자들이 넷플릭스 가입을 유지하는 요인이 된다. 또한, 신규가입을 지속적으로 받을 수 있을 정도로 많은 플레이타임을 가진 넷플릭스 오리지날들이 생겨난다. 결과는? 넷플릭스의 2017년 4분기 마감 실적 발표를 살펴보자.

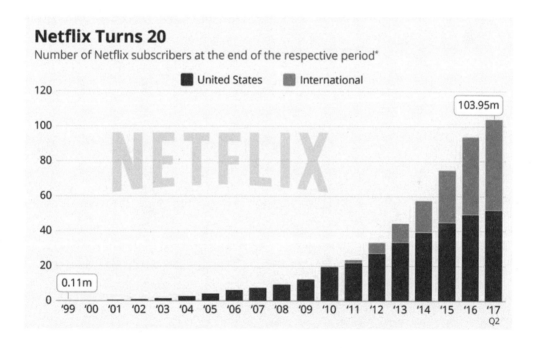

▲ 그림 1-5 넷플릭스 마감 실적

[출처] https://www.statista.com/chart/3153/netflix-subscribers/

이 서비스의 저변을 이루는 데는 상당한 기술들이 있다. 넷플릭스는 처음 전자상거래에서 스트리밍으로, 그리고 콘텐츠 공급의 성공률을 높이려는 분석 기술 등

많은 분야에서 시장에 없던 것들을 만들어내고 있다. 사업 자체의 시작도 흥미롭지만, 성공적으로 시대의 흐름에 따라 전환을 해내는 것 역시 대단하다고 할 수 있다. 이것은 변화를 수용하는 문화 없이는 불가능하다. 수많은 비디오 가게가 사라지는 동안, 넷플릭스 역시 수많은 기존 방송 및 미디어 관련 사업자로부터의 자본을 통한 위협에서도 살아남았다.

CHAPTER

02

...

클라우드가 가져온 변화

최근 10여 년간 IT 산업에서의 가장 큰 변화를 꼽으라면 아마도 '클라우드'가 아닐까 싶다. 여타의 모든 기술이 그렇듯이 어떤 사업의 목적으로 인해 기술이 탄생하고, 그 기술 자체가 브랜딩 되어 기술자들에게 전파되는 과정을 거치다 보면, 그것이 왜 시작되었는지를 잊은 채 마케팅의 언어처럼 활용되는 혼란기를 거쳐 시장에 안착하게 된다.

모든 회사에서 사용하는 기술이 최신 트렌드를 쫓아서 만들어지는 것은 아니다. 그리고 어떤 기술들은 내재화를 하지 못해 도입에 실패하는 경우도 있다. 하지만 클라우드와 같은 기술은 무시하고 지나치기에는 너무나도 큰 변화를 내포하고 있다. 이 변화의 중심에는 몇 가지 중요한 특징이 있다고 생각한다.

2.1 | 모바일의 발전이 가져온 효과

첫 번째로 클라우드는 그냥 발전한 것이 아니라 폭발적으로 증가한 클라이언트 장치, 즉 단말의 종류와 수가 증가하면서 함께 이루어진 것이라는 점이다. 보통 '데이터 폭발'로 설명되는 이 현상으로 어린이부터 나이 지긋한 어르신들까지 모두 콘텐츠의 생산, 수정, 공유에 참여할 수 있게 되었다.

사진을 예로 들면 스마트폰이라는 모바일 단말 이전에는 '피처폰^{Feature phone}'이 사용되었으며 이 종류의 단말에서는 사진이라는 콘텐츠를 생산하고 공유하기 위해서는 꽤 비용이 많이 들었고, 장치의 활용에 익숙하지 않으면 그마저도 힘든 일이었다. 주로 MMS라 불리는 단말과 단말 간 데이터 전송 서비스에 의지하는 형태의 공유였으며, 이것은 하나의 사진이 다른 사용자 한 명 또는 수 명에게 동시에 전달되는 아주 작은 형태의 공유만이 가능했다.

'싸이월드'와 같은 새로운 플랫폼은 전화기에서 컴퓨터로, 또는 고급 카메라에서 컴퓨터로 사진을 옮기고 수정할 수 있는 사람들만 사용할 수 있는 서비스였다. 즉, 사진이라는 콘텐츠를 생성해서 수정하고 공유하는 일련의 흐름이 모두 매우 전문적이었으며, 관련된 장치 및 네트워크 서비스들도 모두 고가였다.

하지만 지금은 사진을 찍고 페이스북이나 인스타그램과 같은 애플리케이션을 켜고, 사진을 선택해서 어딘가로 전송하면 경우에 따라 수 명에서 수 천, 수 만, 심지어 수억 명의 사람들이 그 사진을 볼 수 있다. 한 장의 사진을 수억 명에게 전달하기 위한 구조는 필연적으로 페이스북이나 인스타그램과 같은 서비스에 종전과는 다른 형태의 기술 구조를 요구했다. 모든 이가 콘텐츠의 생산자가 될 수 있으며, 동시에 모든 이가 콘텐츠의 소비자가 될 수 있는 변화에 대한 이해 없이 클라우드 기술의 발전에 관해 이야기할 수 없다.

두 번째는 클라우드가 기술적으로 홀로 발전한 것이 아니라는 점이다. 초기에 클라우드를 직접 만들어 서비스하려는 움직임에서, 이제는 잘 사용하려는 형태로 변화하고 있다. IT 기반의 서비스를 만들어 공급하고자 하는 모든 회사에서는 직접 클라우드를 구축하고자 했지만, 성공한 사례는 거의 없다. 실패의 핵심에는 이 기술이 왜 시작되었고, 어떻게 서비스에 사용해야 하는지에 대한 이해가 불충분했다고 생각한다. 그리고 이제는 다시 클라우드를 잘 사용하기 위한 기술 부분에서 역시 동일한 현상이 발생하고 있다.

린^{Lean}, 애자일^{Agile}, CI/CD^{Continuous Integration/Continuous Deploy, 또는 Delivery}, 마이크로서비스^{Micro Service}, 데브옵스^{DevOps}, 클라우드 네이티브^{Cloud Native}, 컨테이너^{Container}, 테스트

주도 개발^{TDD}, 행위 주도 개발^{BDD} 등과 같은 용어를 한번쯤은 들어보았을 것이다. 클라우드가 어려운 이유 중 하나는, 이를 잘 사용하기 위해서 수없이 등장한 새로운 것들에 대한 이해가 필요하기 때문이다. 수많은 도구가 각자의 문제를 해결하기 위해 상용과 오픈소스의 다양한 형태로 존재한다. 데이터 저장소도 이전처럼 하나가 아닌 다양한 옵션으로 존재한다. 동기와 비동기를 처리하는 방법 역시 이런 다양한 도구를 사용해서 처리하는 것이 가능하다.

클라우드는 이 모든 기술을 수면 위로 떠올렸다. 그리고 각각은 아마도 다른 형태로 계속 발전하고 있으며, 경우에 따라서는 마케팅의 언어로 자가발전 중인 경우도 있을 것이다. 이와 함께 등장한 것들에 대해 '발생의 원인'과 '사용의 방법'에 대한 기술이 도움이 될 수 있을 것으로 생각한다.

세 번째는 클라우드와 함께 수면 위로 떠오른 수많은 기술을 구현하기 위한 도구들의 등장이다. 오늘날 선택 가능한 도구의 종류는 그야말로 셀 수 없을 정도로 많다. 과장을 조금 보태어 은하수와 같이 많은 스트림의 처리를 위해 은하계에 있는 행성의 수만큼 도구의 종류가 많은 것 같다.

이 책에서 '클라우드 서비스 공급자'라고 표현한다면 그건 아마존웹서비스, 구글 클라우드 플랫폼, 마이크로소프트 애저를 비롯한 빅3 서비스와 다른 '클라우드 서비스를 제공하는' 사업자를 의미한다. 인프라가 곧 서비스인 IaaS^{Infrastructure as a Service}나 PaaS^{Platform as a Service}와 같은 구분들은 무의미하다. 그런 식의 카테고리는 현대에는 맞지 않는 접근이라고 생각한다. 오늘 당장이라도 아마존웹서비스나 구글의 서비스 홈페이지에 접근해 본다면 헤아릴 수 없이 많은 서비스를 볼 수 있을 것이다. 또는 세일즈포스^{Sales Force}와 같은 서비스를 굳이 SaaS^{Software as a Service}의 구분으로 나눌 필요도 없다.

어쨌든 이런 클라우드 서비스 공급자가 제공하는 도구들은 이 빅3에서 제공하는 것들만 합쳐도 그 수가 엄청나다. 여기에 필요에 따라 선택 가능한 다른 옵션을 추가한다면, 그리고 옵션의 추가가 가능하다면, 엄청난 도구들을 접해야 할 것이다. 이것이 또 다른 클라우드를 사용하기 어렵게 만드는 이유 중 하나라고 생각한다. '러닝 커브'라고 언급되는 배움의 장벽은 '모든 이에게 모든 것을 배워야 하는' 상태를 만들고 있다. 그리고 그 도구를 사용하지 못하면 시대에 뒤처지는 느낌을 지울 수 없는 구조가 되어있기도 하다.

네 번째, 클라우드 기반의 서비스를 잘 하는 회사들은 모두 '어딘가 조금 다른' 조직의 문화나 구성을 포함하고 있다. 팀을 이루는 방법이 다르고, 그 팀이 향유하는 문화가 어딘가 다르다. KPI^{Key Performance Indicator} 또는 '정량적', '정성적' 조직 효율 산정에 익숙한 조직들은 여기에 또 한 번 어려움을 겪는다. 이 상이한 조직들의 모습은 결과적으로 서로 다른 '업무 프로세스'와도 연결된다. 대부분 회사는 처음과 다르게 발전하며 '프로세스'가 생겨나고 이것이 구성원들에게 강요된다. 더 간단히 설명하면, '이 일을 하기 위해서는 다른 의존 관계에 있는 일 A, B, C...가 처리되어야 한다'는 일종의 규칙이 강화된다.

이렇게 세월의 흐름에 따라 만들어진 규칙들은 '검증되었다'는 슬로건 아래 '새로운 방법의 사용'을 제한한다. 가장 대표적인 사례로 '클라우드 서비스의 지불 방법'에 아무도 익숙하지 않다는 점을 들 수 있다. '사용한 양 만큼 지불하시면 됩니다'라는 말의 경우, 이렇게 규칙이 많은 조직에서는 '그 서비스를 사용해서 지불할 수 있는 구매 프로세스가 없어요'와 동의어가 된다. 구매 규칙이 없는데 어떻게 사용하라는 말인가!

현실적 어려움이 발생하는 이 지점, 조직과 문화, 그리고 종전과 상이한 업무 규칙 역시 클라우드의 사용을 어렵게 하는 부분이며, 이에 대해 책의 후반에 몇몇 사례와 방법을 소개하고자 한다.

다섯 번째는, 소개된 것들의 적용 부분이다. 누군가는 오늘 당장 빅뱅을 원한다. 태초에 우주가 태어난 것처럼, 뭔가 거대한 변화를 한꺼번에 적용해서 모든 것을 원하는 형태로 바꾸어 내는 것을 빅뱅이라고 표현한다. 하지만 마찬가지로 그 어원은 하나의 시작을 의미할 뿐이다. 이후로 지속적해서 팽창된 우주의 모습은 빅뱅 직전, 직후와는 완전히 다른 모습이다. 플랑크 거리나 4대 힘, 강력, 약력, 중력, 전자기력으로 이해되는 이론 물리학의 많은 것들에 대한 설명은 차치하더라도,

강조하고 싶은 것은 '시작'이라는 점이다.

서비스에 변화를 적용하기 위해 빅뱅이 필요하다는 설명은 대부분 '또 다른 거대한 프로젝트'를 만들어야 한다는 문제를 안고 있다. 또 다른 거대한 프로젝트는 거의 종전의 방식과 동일하게 진행될 가능성이 높다는 점 또한 문제다. AS-IS/TO-BE로 자주 언급되는 업무 수행 방식이다. '오늘날 이랬고 적용 이후에는 이럴 것이다' 라는 접근이 맞지만 이보다는 규모가 중요하다. 규모가 커지면 변화의 효과를 보기가 어렵다.

하지만 대부분은 이 프로젝트의 규모를 크게 만들어야 일의 안정성^{잘 시큐리티}이 보장되거나, 계약 물량이 커지거나, 또는 서비스 구조 개선이 단시간 내에 이루어질 것이라는 '마법 같은' 환상에 빠져있는 경우가 많다. 세상에 공짜가 없는 것처럼, 세상에 빅뱅으로 천만 줄짜리 코드 베이스의 서비스를 마이크로서비스로 변신하도록 하는 기술이나 방법론 같은 것은 없다. 대신 점진적으로 효과를 확인하고 피드백을 받으며 변화를 적용하는 방법이 옳은 접근이다. 따라서 적용의 부분에 있어서 책에서 소개하는 넷플릭스의 FIT^{Fault Injection Tool}과 같은 도구가 엄청 좋다고 바로 서비스에 적용할 수 있는 게 아니라는 것이다. 그렇다고 '그건 불가능해'도 맞지 않다. 클라우드를 잘 사용하도록 구성된 서비스가 사업에 제공하는 장점을 이해하고 그 개선 방향을 선정했다면, 이 점진적 개선에 어떤 효과들이 있는지를 해결해야 할 것이다.

클라우드는 이미 그 자체로 의미의 포화상태에 다다랐다고 할 정도로 수많은 정의를 가지고 있다. 하지만 이 정의들에 앞서 생각해 볼 것은 앞서 언급한 바와 같이, 바로 '무엇을 위해 태어났고', '어떻게 사용되어야 하나'에 대한 이해다. 이 책에서 언급할 내용은 바로 그런 부분이다. 이해를 돕기 위해 다양한 현장 경험이나 사례, 그리고 주로 넷플릭스와 관련된 내용들을 바탕으로 진행한다. 내용 대부분은 넷플릭스의 테크 블로그나 유튜브의 영상에도 소개된 것들로, 공개된 내용들을 바탕으로 한다.

제로다운타임, 즉 무중단 서비스는 시장에서 지칠 정도로 언급된 내용이다.

'우리 서버는 99.99%의 가용성을 자랑합니다', '우리의 데이터베이스는 99.99%의 확률로 동작합니다', '99.99%를 99.9999%로 만들고 싶지는 않은가요?'와 같은 형태로 말이다. 여기에 피로도가 꽤 있을 것이라고 생각하지만, 생각을 달리해 보면 사실 그건 광고 내용과는 아무런 상관도 없다. 이런 광고들은 '전구가 99.99% 확률로 몇 시간 동안 동작할 거예요'와 같은 하드웨어적 소개에 지나지 않는다. 그리고 이것은 '전구가 설치될 방은 절대로 어두워진 상태가 되어서는 안 된다'는 명제와는 다른 것이다. 즉, 데이터베이스를 99.99%로 동작하기 위해서는 다른 생각의 방법이 필요하다는 것이다. 만약 여러분이 마케팅 팀에서 '이번에 이벤트를…'하고 말을 꺼낸다거나, 여러분의 팀장님이 '이번 추석/설날에는 데이터베이스 작업을…'이라고 말한다면 아마도 더욱 절실하게 말이다.

시장에 소개된 바와 같이 이렇게 피로도가 쌓여 있는 부분들에 대한 정리를 시작으로 이야기를 진행해 볼까 한다.

2.2 | 다양한 기술의 조합

먼저 시작할 용어의 정리는 바로 이거다. 저자가 만들어서 자주 인용하는 말을 써 보자면,

'다이어트 방법을 아는 사람은 많은데 성공한 사람은 적다.'

이 책을 읽고 있는 이가 만약 개발자라면 애자일^{Agile}, 린^{Lean}, 익스트림 프로그래밍^{Extreme Programming}, 이 세 가지 용어를 자주 들어보았을 것이다.

애자일의 개척 회사 중 하나인 피보탈에서는 애자일의 정의를 '굉장한 소프트웨어를 개발하는 방법'으로 정의하고 있다. '애자일 개발 프랙티스'의 본질은 기업이 개발해야 하는 소프트웨어의 높은 생산성을 유지하면서도 고도의 품질을 확보하는 데 있다.

이 생산성과 품질을 높이기 위한 '일의 방법'은 종전의 '워터폴' 방식과는 대비되는 업무 프로세스라고 할 수 있다.

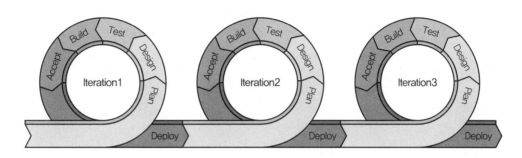

▲ 그림 2-1 피보탈 애자일

〈그림 2-1〉에서 주목해야 하는 것은 바로 '배포Deploy'의 부분이다. 이전 패키지 소프트웨어가 주류이던 시절에는 아마도 '릴리즈'라는 말을 더 많이 사용했겠지만, 지금은 실제 서비스로의 적용을 의미하는 '배포'가 이 과정에 포함되어 있다. 즉, 이것은 '소프트웨어 개발 방법론'이 아니라 클라우드와 함께 개발된 소프트웨어를 서비스에 반영하는 과정을 포함한다는 의미이다. 또한, 배포의 과정 이후 플랜 단계에서 이전 배포에 대한 피드백이 매우 중요한 부분이 되었다.

현장에서 많은 엔지니어와 애자일을 주제로 미팅을 하다보면 다양한 피드백을 주는데, 거의 공통된 내용은 다음과 같다.

- 신규 프로젝트에만 사용할 수 있다.
- 기존의 대규모 서비스에 적용하는 것은 무리다.
- 프로젝트를 처음 시작할 때만 가능하다.
- 현재 KPI 산정 방식과 맞지 않는다.

애자일이 국내에 다양한 경로로 소개되었을 때는 클라우드 서비스가 지금처럼 사용되고 있지는 않을 때였다. 물론 그 시절에도 애자일은 존재했으며, 피보탈과 같은 회사는 20세기 말에 이미 이런 방법을 자사가 지원하는 오픈소스 프로젝트에 적용하여 사용해 왔다. 새로 시작하는 조직에는 매우 힘든 방법이 될 수 있지만, 이미 오랫동안 사용하고 정착되어온 개발 방법이라는 것이다.

애자일의 개척자 회사로 평가되는 피보탈랩의 디렉터와 처음 만난 자리에서 피보탈 디렉터가 들려주는 말은 매우 인상적이었다.

"I hate the word, Agile."

뒤따르는 그의 설명에 의하면, 이 '애자일'이라는 것은 시장에서 심하게 왜곡되고 잘못 수행되어 수많은 잘못된 경험을 양산했다. 그 핵심을 수행하는 방법이나 과정, 그리고 적절한 도구를 사용하지 못하는 문제들로 인해 오히려 기술자들 사이에서 경우에 따라선 외면받기 때문이라는 것이다.

지금 이 책을 읽고 있을 독자들도 아마 책을 통해 수많은 기술을 연마해 왔을 것임이 틀림없다. 시장에는 애자일 관련된 책이 수없이 많다. 이 책들은 프로젝트를 구성하는 방법부터 팀을 구성하는 법, 그리고 반복을 어떻게 수행해야 하는지 등에 대해 잘 기술했다고 생각한다.

조직에서 애자일을 성공시키기 위해서 가장 빠른 방법은, 이 애자일이라는 업무 프로세스를 사용하고 있는 조직에 가서 배우는 것이라고 생각한다. 하지만 이것은 단순한 배움이 아니라, 기업에 필요한 소프트웨어를 '함께' 만들어 가면서, 일종의 '기술 이전'을 받는 것이 중요하다.

엄청난 무기 구매국인 한국에서 전투기와 같은 무기체계를 들여올 때 항상 함께 내거는 조건이 있다. '기술 이전'이 가능한가. 무기체계는 그 자체가 하나의 경쟁을 자연적으로 내포하고 있다. 더 좋은 것이 승리를 가져오는, 그리고 생존과 직결되는 아주 중요한 문제이기 때문에 '신기술'이 집약된 대부분의 무기는 그 안에 담긴 기술을 쉽게 공개하지 않는다.

애자일 역시 마찬가지다. 이 방법을 잘 수행하고 있는 회사들은 자신의 팀을 외부에 노출하지 않는다. 설령 그렇게 잘나가는 회사에서 일했던 인재들을 영입한다고 해도, 그 인재가 이전 회사에서 했던 프로세스를 이직한 회사에서 사용한다는 것은 매우 힘든 일이라고 생각한다.

어쨌든 애자일이 성공적이라면 개발, 테스트, 배포의 주기가 사업의 요구를 반영하기에 충분해야 하며, 사업의 요구라는 것은 대부분 시장의 요구를 의미한다. 즉, 시장이 요구하는 순간 서비스에 기능이 의미 있는 시간 내에 반영되어야 한다.

애자일이 아닌 경우를 보자. 아마도 대부분의 시간동안 홀로 개발 업무를 수행할 것이다. 팀에 소속되어 있지만 실제로 팀과 협업하는 순간은 그다지 많지 않다. 구현해야 할 코드가 이미 경험해 본 기능을 구현한 것이라면, 아마도 시간이 그다지 오래 걸리지는 않을 것이다. 만약 새로운 기능이라면 수많은 시행착오와 검색에 시간을 할애할 것이다. 이렇게 구현된 코드는 아마도 '코드 리뷰'라는 프로세스를 지나게 될 텐데, 사실 코드 리뷰가 가지는 장점이 많기는 하지만 치명적인 약점이 있다.

"5줄의 새로운 코드에는 5개의 의견이 생기고, 500줄의 코드에는 '그거 잘 동작하나?'의 질문으로 끝나는 것이 코드 리뷰다"라고 하는 유명한 개발자의 트윗이 있다. 즉, 한꺼번에 수정해야 하는 내용이 많다면 그 코드가 어떻게 작성되었는지 알 수 없는 상태로 일정에 쫓겨 다음 기능으로 넘어간다는 것이다.

아마 여기에 동의하지 않는 이들도 있겠지만, 어디에선가는 현재에도 벌어지고 있는 일이다. 그리고 이런 코드의 프로덕션 반영은 대부분 문제를 가져온다. 그리고 설사 문제가 없다고 하더라도, 이런 식으로 누적된 천만 줄의 서비스 코드는 미래에 잠재적 문제를 야기할 가능성이 매우 높다.

QA팀이 있기 때문에 사실 문제가 되지 않는다는 말은, 반은 맞고 반은 틀리다고 생각한다. 코드 베이스의 규모가 커질수록 구현된 기능이 많으며, 대부분은 '어디서 시작하고 어디서 끝내야 하는지'의 경계가 매우 모호하다. 그리고 매번 반영되는 새로운 코드는 실제 시스템 내부에서 서로 엉켜있어 기존의 기능 구현에 의존성 문제를 만들 수 있을지라도, QA팀의 테스트는 대부분 '기본 기능 이후 새로운 기능'의 테스트에 집중하기 때문에 이런 문제를 발견하기 힘들다.

다른 문제는 서로 다른 팀에서 이 작업을 수행하고 있다는 점이다. 개발팀이 코드를 만들어 코드 리뷰를 하고 해당 버전을 QA팀에 넘겼는데, 만약 QA에서 문제가 발생하면 그 버전은 다시 개발팀으로 전달된다. 하지만 QA가 테스트를 진행하는 동안 개발팀이 그 테스트가 끝날 때까지 기다리고 있을 리가 만무하다. 따라서 이전 버전에 문제가 된 부분을 다시 살펴야 하며, 경우에 따라서는 새로 작업하고 있는 버전의 코드에도 문제가 없는지 살펴야 한다.

이 모든 것들은 서비스에 기능이 추가될수록 더욱더 서비스를 불안정하게 하는 요소를 가지고 있다. 그리고 이런 문제로 서비스에 문제가 발생한 횟수가 많으면 많을수록, 팀 간의 신뢰는 떨어진다. 심지어 팀 내부에서도 버그를 자주 만들어내는 개인에게 책임을 묻는 경우가 생긴다. 하지만 아무도 이것이 업무 프로세스의 문제라고 생각하지 않는다. 테스트 코드를 쓸 시간은 없으며, 구현해야 하는 기능, 즉 미래의 서비스에 해악을 끼칠 잠재적 위험이 있는 코드를 계속 생산하다 언젠가 다가올 배포일에 밤을 새며 만전을 기해야 하는 상황이 된다. 그래서 결국 연휴가 있는 명절에는 집에 갈 수 없고 회사에 남아 밀린 배포를 치리하게 된다.

이것들은 모두 '제로다운타임'을 추구하는 올바른 방법이 아니며, '언젠가는 필연적으로 문제가 될' 코드의 지속적 양산 방법일 뿐이다.

다음의 내용은 어째서 애자일이 중요한가에 대한 정리다.

• 뛰어난 투명성

팀 내의 서로 다른 역할을 가진 의사 결정권자들이 '현재' 일하고 있는 내용에 대해 공유하고, 무엇이 진행되어야 하는지에 대해 이해하고 있기 때문이다.

• 뛰어난 예측성

연속 배포의 방법과 함께, 사업에서 요청된 기능은 1~2주 내에 반복적으로 개발, 테스트 및 배포가 진행된다. 따라서 자주 배포를 수행하기 때문에 서비스의 기능개선이나 배포에 대한 예측이 수월해진다.

- **뛰어난 유연성**

  기능 개발의 우선순위에 대한 변경이 필요할 때, 즉시 반영할 수 있다.

- **사업적 가치에 집중**

  개발해야 하는 우선순위에 대해 명확하게 확인할 수 있으므로 사업 의사 결정권자는 서비스에 어떤 기능이 반영될지, 그리고 무엇을 먼저 해야 하는지에 대해 집중할 수 있다.

- **사용자에 집중**

  '사용자 스토리'는 사용자가 개발해야 하는 기능을 어떻게 사용하는지에 대한 이야기를 담고 있다. 따라서 디자이너나 개발자가 개발하는 기능이 '사용자 입장'에서 고려되며, 사용되지 않는 가치 없는 작업이 될 가능성을 줄인다.

- **품질에 집중**

  수많은 기능을 '원기옥'처럼 모으고 모아서 한꺼번에 배포하는 것이 아니라 배포 가능한, 동작하는 수준으로 잘게 쪼개어 더 자주 배포함으로써 '사용자가 원하는 방향으로' 서비스를 개선하고, 더 자주 리뷰를 수행하므로 서비스 품질이 더 자주 개선된다.

  이런 애자일 개발 방식에 관심이 있다면, 다음과 같은 사항을 사전에 고려할 필요가 있다.

- **팀 구성원들의 의지**

  애자일을 책에서 배우기 쉽지 않은 이유는 이 방법이 구성원 간 매우 활발한 대화와 공유를 통해서 이루어지는 프로세스이기 때문이다. 따라서 이 개발 프로세스에 참여할 팀의 구성원들은 새로운 것에 대한 도전과 배움에 대한 열정, 그리고 이슈에 대해 팀 내에서 공유할 수 있어야 한다.

● 스스로 진행하려고 하는 경우

만약 애자일 업무 프로세스를 별도의 도움 없이 직접 진행하고자 한다면, 지금 그만두는 것이 좋다고 조언한다. 애자일 업무 흐름은 단시간 내에 홀로 이루어지는 것이 아니다. 경우에 따라서는 실패할 수도 있으며, 팀 전체가 일정 수준에 이르기 위해서는 이 방법에 대해 신념을 가지고 지원해주는 C레벨 스폰서가 필요할 수도 있다. 더군다나 이 애자일 업무 흐름에서는 다양한 도구의 설정과 사용이 필요하기 때문에, 가급적이면 피보탈랩과 같은 훌륭한 파트너를 찾는 것이 좋다.

● 새로운 프로세스와 도구를 사용할 준비가 되었는가

현재 사용하고 있는 프로젝트 관리 도구가 있을 것이다. 현재 사용하는 도구가 애자일을 지원하는가. 팀의 구성원들은 테스트 주도 개발 방법, 연속 개선^{CI}, 연속 배포^{CD}와 같은 방법과 도구를 사용할 준비가 되었는가. 그리고 현재 그런 도구가 준비되어 있는가. UX 팀과의 협업은 어떻게 수행할 것인가. 조직의 규모가 클수록, 이런 변화에 능동적으로 대처하고자 하는 사람들이 더 많이 필요할 것이다. 애자일을 시작하는 것은 지금 당장이라도 가능하지만, '잘' 수행하기까지는 시간이 필요할 것이다.

이 모든 것들의 바탕에는 '변화'를 받아들일 준비가 되었는지의 여부가 매우 중요하다. 애자일 안에서의 반복적 코드의 배포는 결국 서비스를 강화하고, 팀 내에서의 결속을 강화하며, 이는 곧 서비스의 안전으로 이어진다. 뒤에 더 설명하겠지만, 그 시작에 가장 중요한 것은 '변화를 받아들이고자 하는 준비'가 되어 있느냐, 혹은 아니냐다. 현재의 개발 및 업무 프로세스에 문제를 느끼고 변화를 받아들일 준비가 되어 있지 않다면, 애자일은 그저 불필요한 추가 업무가 될 것이다.

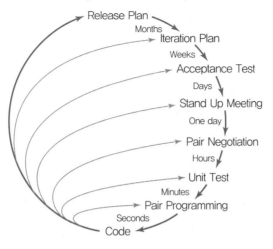

Planning/Feedback Loops

▲ 그림 2-2 익스트림 프로그래밍

애자일 업무 프로세스를 구현하는 방식 중 하나로 피보탈랩에서 사용하고 있는 익스트림 프로그래밍은 애자일을 위한 업무 프로세스의 구체적인 실행 방안을 담고 있다. 실행 방안뿐만 아니라 데스크톱에서 사용하는 도구 및 엔지니어, 디자이너, 제품 관리자 등의 인력들이 어떻게 협업하는지에 대한 모델 역시 일원화된 방법으로 제공한다.

▲ 그림 2-3 페어 프로그래밍

〈그림 2-3〉은 익스트림 프로그래밍의 대표적 수행방법 중 하나인 페어 프로그래밍^{Pair Programming}이다. 두 명의 엔지니어, 또는 서로 다른 기술 수준, 성숙도, 전문성을 가진 사람들이 한 대의 컴퓨터에 연결된 두 대의 모니터, 두 개의 키보드, 두 개의 마우스를 가지고 업무를 수행한다.

여기에는 몇 가지 중요한 내용이 포함되어 있다. 먼저, 페어 프로그래밍의 목적 중 하나는 코드가 작성되는 100%의 시간동안 '리뷰'가 가능하게 하는 것이다. 코드 리뷰의 장점이 많이 있지만, 리뷰해야 할 내용이 많아지게 되면 정상적으로 그 기능을 수행하기가 어렵다. 분량뿐만 아니라 그 참조의 구조가 복잡해지거나, 포함하고 있는 의존성이 많은 경우에도 역시 그렇다. 따라서 코드 리뷰의 장점을 100%로 활용하는 구조는 둘이 함께 애플리케이션을 작성하는 방법이다.

또 다른 장점 중 하나는, TDD라고 알려진 '테스트 주도 개발' 방법이 더 수월해진다는 점이다. 애플리케이션에서 테스트의 작성은 매우 중요하다. 특히 애자일에서는 코드의 분량이 많아지더라도 그 개빌과 배포의 속도가 '항싱 일정하게 유지되는' 것을 목표로 한다. 그리고 이 사상은 서비스를 이루는 코드의 분량이 아무리 많아지더라도 배포에 이르는 코드의 분량이나 속도가 항상 일정함을 의미한다. 여기에 핵심을 이루는 방법이 바로 TDD라고 할 수 있다.

테스트가 없는 경우는 어떻게 될까? 간단하다. 지금 동작하고 있는 수백만 줄 코드 기반의 서비스를 떠올려보자. 테스트 없이 작성된 수백만 줄 코드의 가장 간단한 문제는 어디에서 뭐가 동작하고 있는지 모른다는 점이다. 기본적으로는 코드가 동작하는 데 필요한 설정이 어디서 구성되었는지부터 잘 모른다. 즉, 이 설정에 변경이 필요한 경우 상당한 시간을 소비해야 하는 문제가 발생한다. 설정 관련된 부분만 보아도 그런데, 실제 코드에 변경이 필요하면 어디의 어떤 부분을 변경할지 찾아야 한다. 만약 없다면 새로 구현해야 하고, 새로 구현하는 코드가 다른 어떤 부분의 의존성을 해치지는 않는지를 확인해야 한다. 가장 쉬운 예가 바로 데이터베이스다. 특정 인증 방식을 서비스에 추가해야 할 때, 데이터베이스의 사용자 테이블에 컬럼 추가가 필요한 경우라면 수많은 미팅과 승인, 그리고 단계별 확인에 소요

되는 시간이 얼마나 많을지는 상상하기 힘들다.

그러면 왜 테스트 코드를 작성하지 않는가? 대부분의 사유는 '시간이 없어서'다. 시간이 없는 이유는 앞서 이야기한 것과 같은 서비스를 '현재 동작하는 형태로' 유지하는 데 엄청난 노력이 들어가기 때문이다. 매번 발생하는 버그를 찾아서 고치고, 수정하고, 이 단계에서 수많은 서로 다른 조직에 승인을 받는 과정을 유지하는 데도 이미 시간은 부족하다.

이런 다양한 문제를 해결하기 위해 페어 프로그래밍이 존재한다. 피보탈에서 수행하고 있는 페어 프로그래밍은, 두 명이 앉아 테스트 시나리오와 그에 맞는 코드를 작성하는 것으로 시작한다. 테스트하지 않고 작성되는 코드가 존재하지 않도록 하는 것이며, 이것이 코드베이스의 규모가 커지더라도 일정한 배포 속도를 유지하는 비결이다. 즉, 테스트가 없어서 발생하는 악순환을 막는다. 서비스 규모가 커질수록 버그를 찾고, 고치는 개발팀의 시간이 늘어나는 것을 방지할 수 있다. 설정의 변경, 기능의 추가에 잘못이 있다면 반드시 테스트에서 문제가 발생한다. 따라서 전체 코드의 어느 부분이 문제인지 매우 빠르게 추적이 가능하다. 당연히 변경 역시 수월하다. 이렇게 수월한 변경을 통해 일의 규모, 그리고 그 기능이 요구하는 바를 구현하고 서비스에 적용하는 데 필요한 시간이 일정하게 유지되는 것이다.

따라서 그날 해결해야 할 기능에 대해 두 명의 엔지니어가 앉아서 먼저 테스트를 작성한다. 테스트만 먼저 작성하게 되면 당연히 그 테스트는 실제 동작하는 코드가 없으므로 실패할 것이다. 그럼 다른 또 한명의 엔지니어는 이 테스트를 통과하는 코드를 작성한다. 이 과정을 몇 차례 반복하는 것을 '핑퐁 페어'라고 부른다. 코드가 완성되면 테스트 역시 완성되고, 이 자동화된 테스트는 테스트 자동화 시스템을 거쳐 또 다른 시스템에서도 문제없이 동작하는지 확인된다. 여기서 테스트 실패가 발생한다면, 그건 좋은 일이다. 왜냐하면 '서비스에 반영되기 전에 문제를 발견했기 때문'이다.

페어 프로그래밍이 가져다주는 또 다른 장점은 '배움'이다. 예를 들어 어떤 개발 회사에 처음 출근했다고 상상해 보자. 이 회사는 회사에 사용하는 주요 언어와 프레임워크에 대한 코딩 스타일이 있다. 그리고 각 서비스의 목적에 맞는 데이터 서비스들이 몇 가지 존재한다. 테스트 및 빌드를 위한 몇 가지 규칙이 존재하고, 이에 따라 업무를 수행하기 위한 별도의 랩톱 또는 데스크톱을 제공한다.

첫날 입사한 여러분은 아마도 지급된 랩톱과 데스크톱을 설정해야 할 것이다. 회사에서 사용해야 하는 개발 도구들, 관리 도구들, 인증 도구들이 그런 것이다. 필요에 따라서는 각 팀의 구성원들과 한 시간씩 의미 있는 시간을 보내야 할 수도 있다. 물을 먹으려면 정수기는 어디 있는지, 그런 것들도 알아둬야 하기 때문이다.

페어 프로그래밍은 여러분이 사용하는 이런 시간을 획기적으로 단축한다. 먼저, 각 개인에게 지급되어야 하는 '개인 자리'가 별로 의미가 없다. 짝을 이루는 상대는 매일 매일 변경되므로 아무도 매일 매일 자신의 데스크톱을 가지고 이동하지 않는다. 그리고 모니터와 키보드 마우스는 각각 두 개지만, 실제 사용하는 컴퓨터는 두 명당 한 대이므로 팀에서 사용하는 컴퓨터는 이미 모두 설정이 완료되어 있다. 그리고 입사 첫날 페어를 통해 필요한 내용을 '회사에 이미 다니고 있었던' 전문가가 필요한 사항을 모두 전달한다. 도구의 위치, 커밋의 방법, 이슈 트래커 사용 방법과 규칙, 테스트 도구가 동작하는 방식, 그리고 배포 방법까지 모두 전달한다. 물론 필요하다면 처음 일주일 정도 적응하는 기간이 주어지겠지만, 새로운 개발자가 팀과 회사를 위해 준비되는 시간은 아마도 여러분이 보아왔던 어떤 회사보다 빠를 것이다.

이 방식은 개발해야 하는 코드에서도 동작한다. 자신이 맡아야 하는 개발 부분이 어디인지 빠르게 살피고 이해할 수 있으며, 코딩 스타일도 옆자리의 선임 기술자가 작성하는 내용을 보고 바로 이해할 수 있다.

새로운 인력이 서비스에 필요한 기능을 구현하는 데 필요한 준비가 빠르게 이루어지고, 여기에 테스트 코드가 작성된다면 서비스 애플리케이션은 빠르고, 동시에 안전하게 개발되고 운용될 것이다.

익스트림 프로그래밍에는 페어 프로그래밍 이외에도 프로젝트의 난이도와 흐름을 어떻게 설정하는지, 계획을 어떻게 해야 하는지에 대한 프로세스 역시 포함하고 있다. 모든 것을 다 설명하기 전에 다음의 그림을 살펴보자.

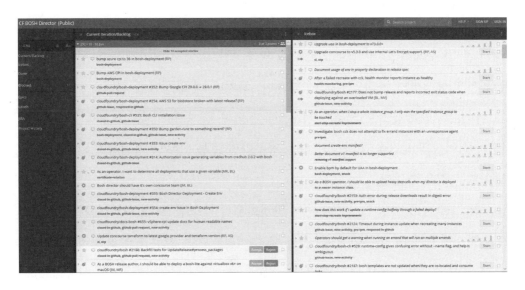

▲ 그림 2-4 피보탈 트래커

〈그림 2-4〉는 '피보탈 트래커^{BOSH Pivotal Tracker}'라고 불리는 프로덕트 관리 도구
이다. 이슈 트래커로 생각할 수도 있다. 이 도구를 사용하는 방법이 바로 익스트
림 프로그래밍의 많은 것들을 설명한다. 〈그림 2-4〉의 이미지는 보쉬^{BOSH}로 불리
는 클라우드 인프라 자동화 도구의 개발에서 기능, 버그, 릴리즈 등을 관리하는 피
보탈 트래커의 화면이다. 웹사이트(https://www.pivotaltracker.com/n/proj-
ects/956238)에 직접 방문하거나 구글에서 'BOSH PivotalTracker'로 검색해서
직접 확인해 볼 수 있다.

앞서 애자일을 설명할 때 투명성이 강조된다고 했다. 이 프로덕트 관리 도구는
이 하나의 화면에 엄청나게 많은, 하지만 간단한 규칙을 담고 있다. 일단 이해하고
나면 가장 먼저 눈에 들어오는 장점은 '투명성'일 것이다.

먼저 이 도구는 크게 아이스박스, 백로그, 커런트, 완료^{Done}의 단계로 나누어져
있다. 아이스박스는 프로덕트 매니저가 고객이나 사용자로부터 받은 피드백을 기
반으로 '스토리'라고 불리는 내용을 정리한 것이다. 여기에는 이 기능이 누구에 의
해 요청되었는지, 그 내용이 무엇인지에 대해 간략하게 기입된다.

아이스박스에 있는 내용은 보통 월요일에 한 번 있는 한 시간의 팀 미팅에서 팀

원들과의 협의를 통해 어떻게 구현해야 할지 계획되고, 난이도에 따른 점수를 적용해서 좀 더 구체화 되어 '백로그'로 이동된다. 백로그에서 처리해야 할 업무의 우선순위는 위에서부터 아래의 순서에 따른다. 하지만 제일 상단에 위치한 스토리라도 그 난이도가 비정상적으로 높은 경우, 예를 들어 두 명의 기술자가 8시간 이상, 또는 하루 이상의 시간을 투자해야 하는 경우라면 보통 아무도 가져가지 않고 그대로 남아있는 경우가 많다.

백로그로 이동하면 'Start' 버튼이 활성화된다. 〈그림 2-4〉의 이미지에서는 아이스박스에도 Start 버튼이 있는 것을 볼 수 있다. 이는 오픈소스 프로젝트이기 때문에 그런 것이며, 역시 팀의 목표와 구성에 따라 자유롭게 변경해서 사용하는 것이 가능하다.

페어로 일을 진행하는 팀은 해결할 스토리를 선택하고 Start 버튼을 눌러 누군가 일을 시작했음을 알린다. 그러면 해당 스토리는 커런트로 이동한다. 이제 페어로 앉은 두 명은 스토리의 내용에 따라 테스트와 코드를 작성한다. 여기에 만약 다른 의존성이 있는 부분이 일을 '막고 있는' 상태라든지, 아니면 디자인에서 다음 작업을 진행해야 한다든지 등의 내용을 적는다. 일이 마무리되면 코드를 커밋한 로그를 붙여 넣고, 해당 기능 구현이 종료되었음을 알린다.

프로덕트 매니저는 이제 'Accept' 또는 'Reject' 버튼이 활성화된 스토리를 보게 된다. 팀이 문제없이 기능을 구현했다면, 즉 스토리에서 정의한 대로 구현이 완료되었는지를 확인하고 나면 승인을, 무언가 잘못되어 거절이 필요하다면 '거절' 버튼을 누른다. 이때, 거절 버튼을 누르지 않고 이 스토리를 다시 백로그로 옮기는 일을 하지 않는다. 이유는 누군가 이 스토리를 해결하기 위해 시간을 사용했는데, 잘못 구현되었다고 해서 다시 백로그로 옮기면 그 시간이 사라지기 때문이다.

승인된 기능은 필요에 따라 CI를 거쳐 보통 RC라고 불리는 코드 저장소로 자동 푸시된다. Release Candidate는 이후 소프트웨어의 프로덕션 배포에 포함될 코드들이 모이는 곳이라고 보면 된다. 그리고 이후 스토리는 '완료' 단계로 들어가고, 처음 스토리가 백로그로 이동할 때 팀 구성원 미팅에서 적용된 '점수'에 따라 그 주에 점수가 누적된다. 따라서 주별로 나타나는 점수를 통해 '아, 우리 팀의 개발 및 서비스 구현 속도가 이렇구나!'를 알게 된다.

여기까지의 설명을 보고 다시 피보탈 트래커에 접속해 보면, 이제 해당 프로젝트에서 어떤 일을 수행하고 있는지 한눈에 알 수 있을 것이다. 앞으로 구현해야 할 기능, 고객에 의해 요청된 기능, 현재 팀에서 작업하고 있는 기능, 구현이 완료되어 승인을 기다리고 있는 기능, 그리고 지난주, 지지난주에 했던 모든 일이 한눈에 들어온다. 그 일들은 모두 테스트 코드와 실제 구현코드가 존재하는 상태로 프로덕션에 배포되었거나 배포될 예정이다.

그 이외에도 다른 몇 가지 규칙이 있지만, 지금까지 설명한 내용 정도가 익스트림 프로그래밍과 애자일을 언급하기에 충분하다. 한 가지 추가적인 것은, 피보탈 트래커에서는 기본적으로 '버그' 해결을 팀의 속도에 포함하지 않는다. 여기에는 중요한 사상이 있는데, '버그의 해결'은 기능의 개선이 아니다. 버그가 많아진다는 것은 무언가 일하는 방식 또는 어딘가에 문제가 있음을 의미하는 것이지, 해당 팀이 서비스에 필요한 기능을 잘 만들고 배포하고 있다는 의미가 아니기 때문이다. 물론 버그는 대부분 항상 발생하는 것이지만, 팀 전체가 새로운 기능을 개발하지 못하고 기존의 문제를 고치기 위해 수많은 시간을 할애한다면 어딘가 개선이 필요하다는 의미일 것이다. 따라서 피보탈 트래커에서는 버그로 발생한 일에 점수를 부여하지 않는다.

그리고 각 스토리의 점수를 할당하는 방법이 매우 중요하다. 각 스토리는 팀의 모든 구성원에 의해 '투표'로 결정된다. 매주 월요일에 하는 한 시간의 미팅에서는, 아이스박스의 스토리에 대해 프로덕트 매니저나 앵커, 또는 해당 스토리를 등록한 사람이 직접 설명한다. 누가, 왜 요청했으며 이것을 어떤 이유로 구현해야 하고, 구현하면 누가 사용하게 되는지에 대한 내용을 이야기한다. 이후에 구현에 필요한 기술 난이도를 보통 '시간'으로 산정하고 이런 설명과 토의가 완료되고 나면 점수 투표를 한다. 보통 피보나치 수열로 점수를 매기는데, 1점이면 30분에서 2~3시간 정도로 짧게 끝나는 기능, 2점은 그 이상, 4점이나 8점은 훨씬 많은 시간이 필요함을 의미한다. 그리고 만약 8점이 나오는 경우에는, 아무도 그 스토리를 해결하려고 하지 않지만 한 번에 1점짜리 8개를 해결할 수 있는 일이기도 한 것이다. 경우에 따라 프로덕트 매니저는 이런 높은 점수의 스토리는 에픽으로 분류해 별도로 처리하거나, 다시 스토리를 여러 개로 나누어 더 낮은 점수를 가지도록 할 수 있다.

매주 금요일, 팀은 리뷰를 진행한다. 금요일에 1시간 진행되는 팀 미팅에서는 어떤 일들이 잘 되었고, 이번 주에 팀의 속도가 어땠는지를 확인한다. 그런데 만약 기술 스택의 변화가 없고 팀원의 변화가 없는데 지속적으로 속도가 떨어지고 있다면, 서비스의 분리나 팀을 확장 분리해야 하는 것은 아닌지에 대해 고려하게 된다. 즉, 마이크로서비스에서 팀과 서비스를 나누는 하나의 기준이 되는 것이다.

이것이 일주일 동안 진행되며, 이런 일주일이 지속적으로 '반복'된다. 일주일 동안 모든 일은 두 명이 함께 진행하게 되는데, 이 두 명의 짝을 이루는 방법은 매일 아침 바뀐다. 이렇게 둘이 일하는 방식을 강제하는 방법을 통해 팀의 경험과 지식을 공유하여 프로젝트의 위험을 낮추고 지식을 상향 평준화할 수 있다. 팀이 개발하는 서비스를 팀 내에서 직접 운용할 수 있는 방법도 제공한다. 백엔드 엔지니어와 DBA가 따로 서로 다른 팀에서 일하는 것이 아니라, 하나의 팀 내에서 일한다. 팀의 목표는 서비스의 다운을 줄이고 버그의 배포를 막으며, 코드에 테스트를 무조건 추가하는 것으로 '동일한 목적'을 가지게 된다. 이것은 기본적으로 팀의 구성원들에게 일하는 '모티브'가 되며, 이를 통해 팀과 구성원은 발전할 수 있는 업무 프로세스를 가지게 되는 것이다.

앞서 애자일 부분에서, 애자일을 직접 그리고 단독으로 수행해서는 성공하기 힘들다고 했다. 뒤에서 설명할 데브옵스 역시 마찬가지다. 상당히 포괄적으로 알려진 이런 개념들의 존재 이유는 거꾸로, 서비스의 다운타임을 줄이는 동시에 업데이트 속도를 확보하기 위한 것이다. 이런 수치들은 앞서 피보탈 트래커를 통해 '등록된 스토리가 배포되는 속도가 보통 얼마인가'와 같은 다양한 데이터로 산출될 수 있다. 그리고 페어의 방법으로 코드 개발과 운영을 진행하는 구성원을 더 늘리는 동시에, 안정적인 생산도 이어갈 수 있다.

굉장히 높은 인건비를 자랑하는 샌프란시스코 지역의 개발자들을 채용하고 있는 피보탈랩에서 두 명의 인력이 같은 컴퓨터로 일하게 하는 것이 비효율처럼 보일 수 있다. 하지만 약 30여 년간 수많은 프로젝트를 진행하며 얻은 결과로는 80%의 품질이 상승했고, 20%의 생산성이 저하되더라는 것이다. 중요한 것은, 애초에 버그를 생산하지 않는 체계를 구축한다면 버그를 고치느라 사용하는 시간이 줄어든다는 것이다. 이 원리를 이해한다면 실제 서비스를 개선하는 주요 지표를 확인할 수 있는 피보탈의 방법이 현실적으로 느껴질 것이다.

오늘 누군가는 아마도 데브옵스의 정의가 무엇인지 생각하고 있을지도 모르겠다. 애자일이 더 좋은 품질의 소프트웨어를 개발하는 프로세스를 의미하는 것이었다면, 데브옵스는 이렇게 개발된 소프트웨어를 사업이 요구하는 대로 정기적, 또는 주기적으로 배포하는 업무 프로세스를 말한다. 데브옵스와 애자일은 서로 다르고 또 떨어져 있는 것이 아니라, 소프트웨어를 개발하고 배포하는 하나의 업무 프로세스 안에 존재해야 한다.

▲ 그림 2-5 데브옵스

데브옵스에 대해 다양한 해석이 있다. 어떤 이는 개발자가 '운영'을 해야 하는 것이라고 이해하고, 어떤 이는 운영팀이 '개발'을 할 수 있는 것이어야 한다고 한다. 현장의 경험을 바탕으로 설명해 보고자 한다.

데브옵스는 고도의 운영 기술을 바탕으로 구현된 자동화를 통해 개발팀이 코드를 운영할 수 있도록 하는 방법이다. 고도의 운영 기술이 적용되어야 하는 부분은 매번 사람이 반복해서 수행해야 하는 작업이 대상이다. 새로운 빌드를 배포하는 과정을 예로 들어보자.

종전과는 다른 기능이 추가되거나 제거된 새로운 버전의 웹 애플리케이션을 배포해야 한다. 대부분 회사에서 이 배포를 처리하는 방법은 거의 운영팀의 역할일 것이다. 운영팀은 개발팀으로부터 전달받은 빌드를 대상 서버들에 전송한다. 운영팀의 선호도 별로 FTP, SCP, S3 등 다양한 도구를 사용한 스크립트가 사용된다. 각 서버에 파일이 이상 없이 전송되고 나면 웹 애플리케이션을 구동하기 위한 런타임 설정이 진행된다. 순차적으로 서버는 재시작 또는 서버 데몬이 재시작 되고, 이 동안 필요하면 네트워크 로드밸런서에 서버를 추가하거나 제거하는 동작이 포함된다.

전체 과정은 수십 또는 수백 줄의 스크립트로 진행된다. 이런 운영환경에서 요구되는 기술은 각 서버에 대한 히스토리를 잘 알고 있고, 전체 서비스 구조에 대해 이해하고 있으며, 각 서버의 접근에 필요한 권한과 암호를 효율적으로 관리하고 일련의 작업에 필요한 도구들을 능숙하게 다루는 것이다.

하지만 아무리 능숙한 기술자라고 해도 실수를 피할 길이 없다. 중지하지 말아야 할 서버를 중지하거나, PID를 잘못 복사해서 붙여넣기를 하는 바람에 전혀 관계없는 프로세스를 종료해 버린다거나, 배포를 진행하는 클라이언트에 이전에 배포했던 빌드를 그대로 남겨 두었다가 착각하여, 예전 버전의 애플리케이션을 배포하는 것과 같은 일이 발생한다.

작업 정확도의 문제로 사고가 발생하는 것뿐만 아니라 배포의 횟수와도 관련이 있다. 세상의 수많은 애플리케이션을 사용하는 사람들은 항상 새로운 기능을 요구한다. 새로운 기능은 고객이나 상사의 요구로 인해 발생할 수도 있고, 사업에 필요한 규제나 여건을 만족하기 위해 필요한 경우도 있다. 변화에 대한 요구가 많이 발생하는 애플리케이션일수록 사람이 능동적으로 운영에 필요한 상태가 되면 조직의 피로도가 증가한다. 피로도 역시 사고로 이어지고, 잦은 사고는 변화를 멈추게 한다. 검증 프로세스가 중요한 요소가 되어가고, 애플리케이션의 배포 속도는 둔화되며, 조직은 서로 다양한 문제의 방어에 힘을 쓰게 된다.

따라서 현대에 필요한 뛰어난 운영 기술이란, 뛰어난 능력의 기술자가 반복해야 하는 작업을 기계가 하도록 만드는 것이다.

현대의 웹 애플리케이션 배포에서 다운타임은 존재하지 않는다. 배포를 위해 정기 점검과 같은 방법을 통해 서비스를 중단하고 있다면, 그리고 그 중단된 동안 서비스를 이용하는 고객이 불편을 느낀다면 잘못된 것이다. 앞에서의 배포와 같은 일을 처리하는 데 있어서 다운타임을 없애려면 어떻게 해야 할까.

배포 자동화가 많은 서비스에서 선택하고 있는 해법이다. 새로운 버전의 빌드가 존재하면, 사람이 개입하지 않고도 자동화된 시스템이 배포를 처리한다. 빌드를 어딘가에 업로드하고, 런타임과 필요한 에이전트 또는 라이브러리와 함께 패키징해서 서버에 배포하고, 각 서버는 새로운 빌드를 구동한다. 이 과정에서 로드밸런서는 스스로를 추가하거나 제거하는 등의 동작을 수행한다.

여기에 클라우드의 장점이 더해지면 굉장한 효과를 볼 수 있다. 패키징된 새로운 빌드는 클라우드에 새로운 서버를 만들어 배포한다. 오토스케일링으로 알려진 방법은 서비스에 유입되는 부하에 따라 서버의 숫자를 늘리거나 줄이는 방법이다. 새로 배포된 버전의 애플리케이션을 종전 버전의 애플리케이션과 함께 로드밸런싱을 수행한다. 기존 버전이 99%의 트래픽을 받는다면, 새로운 버전은 1%만 받도록 한다. 이때, 서비스의 로그를 받는 시스템은 이 새로운 1% 트래픽을 처리하는 신규 버전에 문제가 없는지, 에러는 없는지 확인한다. 일정 시간 동안 문제가 발생하지 않는다면 1%에서 10%로, 다시 20%로 트래픽 허용 규모를 확장한다. 이 트래픽의 규모가 증가함에 따라 자연스럽게 구버전과 신버전은 오토스케일링 되어 신규 버전은 늘어나고, 구버전의 서버 수량은 줄어든다. 업데이트가 종료되면 새로운 버전의 배포는 완료되며, 100% 유입 트래픽을 처리하는 상태가 된다. 만약 처음 1%, 또는 10% 등으로 확장하는 과정에서 로그에 문제가 발생한다면 새로운 버전의 확장은 즉시 중지된다. 그러면 다시 기존 버전의 애플리케이션이 서비스된다.

이런 방식은 바로 넷플릭스가 사용하는 배포 방식 중 하나다. 단순히 배포하는 과정뿐만 아니라, 사람이 배포에 문제가 없는지 확인하는 과정조차 자동화했다. 이 차이는 무엇을 의미하는가. 개발팀이 배포를 수행해서 서비스에 반영하는 데 운영팀과 실랑이 할 필요가 없다는 것이다. 뛰어난 운영팀이 만든 자동화 도구를 통해 개발팀이 다운타임에 대한 걱정 없이 연속적으로 배포를 수행할 수 있다는 의미다.

또 다른 측면에서의 운영 고도화가 있다. 아마존웹서비스를 사용해 보았다면 알 것이다. RDS 서비스에서 데이터베이스를 생성하면, 원하는 규모의 데이터베이스를 항상 만들어 낼 수 있게 된다. 현재 대부분 사업장에서 데이터베이스를 준비하기 위해서는 상당한 노동이 필요하다. 서버를 준비하고, 데이터베이스 관련 애플리케이션들을 설치한다. 그리고 데이터베이스는 보통 백업과 클러스터 구성을 수행하기 때문에 관련된 네트워크 및 로그 복제 등의 과정을 준비한다.

훌륭한 운영팀이라면 이런 일련의 과정을 문제없이 잘 해낼 것이다. 하지만 아마존웹서비스에서 발생하는 데이터베이스 클러스터 설치에 대한 수량만큼 요청을 처리하려면 어떻게 해야 할까.

실제로 수많은 사업장에서 데이터베이스와 같은 서비스에 꼭 필요한 구성요소는 운영팀에서 준비된다. 이는 개발팀에서 필요로 할 때마다 운영팀에 요청해야 한다는 의미다. 따라서 개발팀의 요청이 많으면 많을수록 운영팀에는 업무 부하가 찾아오는 구조로 되어있다. 개발팀은 데이터베이스 클러스터링과 같은 부분에 대한 전문성이 운영팀보다 떨어질 수밖에 없다. 하지만 개발팀에서는 프로덕션 서비스만을 위해 데이터베이스가 필요한 게 아니다. 각종 테스트와 현재 개발하고 있는 신규 애플리케이션에 필요한 데이터 변경 및 반영 등에 사용할 데이터베이스가 필요하다. 운영팀은 이런 모든 개발팀에 대한 요청에 기존의 방법으로는 대응이 힘들어진다.

따라서 이런 데이터베이스 준비에 필요한 모든 작업을 자동화해서 제공하는 게 RDS와 같은 서비스가 제공하는 장점이다. 즉, 운영의 고도화를 통해 개발자가 데이터베이스를 필요로 할 때 사용할 수 있다. 기본적인 서비스 구조의 이해를 바탕으로 (아마존웹서비스의 설명에 따르면) 몇 번의 클릭만으로 데이터베이스가 클러스터링 되어서, 심지어 마이너 버전에 대한 제로다운타임 업데이트를 지원하고, 자동 백업과 RTO를 제공하는 수준으로 준비된다.

하물며 RDS를 사용하더라도 사람이 웹 콘솔을 통해 생성한다면 업무 부하가 될 수 있다. 더 많은 개발팀을 지원할수록, 더 큰 규모의 조직이 될수록 사업에 대한 요구는 다양하고 이 요구는 서비스들로 표현된다. 수많은 서비스는 수많은 데이터베이스를 포함한 자산을 요구한다. RDS가 아무리 편리하게 되어있더라도 개발팀에서 직접 사용할 때는 어려움이 발생한다. VPC나 데이터베이스 서브넷이 무언지, 백업이나 메인터넌스 윈도우가 무언지, 어떤 버튼을 체크해야 하고 어떤 버튼을 체크하지 말아야 할지와 같은 그 몇 가지 스텝에서 제공되는 선택지들이 개발팀을 혼란에 빠트린다. 이런 운영에 필요한 전문성 부족 부분을 자동화로 해결해야 하는 것이 운영팀의 과제인 것이다.

표준화와 사용량 그리고 필요한 팀에 쿼터 등을 제공해서 할당하는 방법이 그런 것이다. 개발팀이 요청해야 하는 API를 사전에 정의해서 표준으로 준비하고 쿼터 적용을 생각해 볼 수 있다. 예를 들어, 주로 사용하는 데이터베이스의 타입을 개발, 테스트, 서비스용 세 가지로 분리한다. 각각은 서버의 스펙이 사전에 정의되어 있다. 이를테면 개발용은 백업 클러스터링하지 않고 가장 작은 사양의 서버를 사용하도록 한다. 설치를 위한 네트워크 등은 사전에 이미 지정되어 있다. 이렇게 정의된 '개발용 데이터베이스'는 개발팀이 API를 통해 생성 및 제거가 가능하도록 권한을 지정한다. 그리고 개발팀별로 최대 5개의 쿼터를 제공한다.

개발팀은 이제 개발용 데이터베이스가 필요할 때 5개의 쿼터 안에서 자유롭게 데이터베이스를 생성하고 삭제할 수 있게 된다. 서비스가 필요할 때마다 운영팀에 요청하지 않아도 된다. 운영팀에 요청이 발생할 때는, 아마 개발팀의 규모가 늘어

10개 정도로 쿼터 증설을 요구할 때뿐이다. 필요한 리소스를 이미 고도화된 운영의 방법으로 만들어질 수 있도록 제공하면, 그 장점을 개발팀이 사용하게 하는 일의 방법이 바로 데브옵스이다.

추가적으로 클라우드 시대에 자주 언급되는 마이크로서비스 또는 클라우드 기반 아키텍처에서는 관계형 데이터베이스만을 사용하도록 서비스를 디자인하지 않는다. 느슨한 결합 방식, 강력한 결합 방식, 동기, 비동기, 리액티브reactive, 이벤추얼 컨시스턴시eventual consistency와 같은 다양한 구조적 설계가 적용된 다양한 데이터 처리 도구들이 존재한다. 데이터의 흐름과 분석 그리고 결과의 공유에 필요한 다양한 도구들을 사용할 수 있어야 한다. 운영팀의 또 다른 역할이 여기에 있다.

애초에 오라클밖에 없기 때문에 오라클에 모든 것을 저장하는 현상이 발생할 수 있다. 오라클 데이터베이스는 굉장히 뛰어난데, 수많은 복잡한 쿼리를 굉장히 빠른 시간 내에 처리하는 기능성을 제공한다. 하지만 만약 데이터가 그렇게 복잡하지 않고, 데이터가 굳이 관계될 필요가 없다면, 그리고 수많은 애플리케이션과 함수에서 동일한 데이터베이스만을 사용하지 않아도 된다면 어떨까. 데이터구조의 단순화를 통해 저장과 참조 및 삭제 등의 작업이 단순해지면, 쉽게 말해서 통 테이블만을 사용하는 구조가 된다면 아마도 오라클을 사용하지 않아도 될지 모른다.

운영팀의 또 다른 역할은 바로 새롭게 등장하는 다양한 도구들을 개발팀에서 사용할 수 있도록 제공하는 것이다. 스트림 또는 메시징 처리를 위한 카프카Kafka나 레디스Redis, 또는 인-메모리-데이터-그리드, 카산드라Cassandra와 같은 다른 형태의 데이터베이스 및 타임시리즈 데이터 처리를 위한 TSDB 같은 아주 다양한 옵션들이 존재한다. 이들은 사용자가 서비스를 사용할 때 더 빠른 응답을 제공하거나, 비동기 응답을 제공한다. 또는 메모리를 사용해 사용자가 원하는 동작을 고속으로 처리하게 하는 등의 유연성을 제공한다. 하지만 이런 도구들이 프로덕션 수준에서 매우 허술하게 준비된다면 재앙이 될 수밖에 없다.

이 지점에서 도커Docker와 같은 도구의 사용성에 의문이 제기된다. 개발팀에서는 그 편의를 즉각 누릴 수 있지만, 운영팀에서는 도커를 그대로 사용하는 방법에 상당한 어려움이 따른다. 즉 개발팀에서 도커를 사용해서 카프카 클러스터를 사용하는 애플리케이션은 만들었지만, 프로덕션에 카프카 클러스터를 운영하기에 충분한 기술적 경험과 숙련도가 떨어지기 때문에 사용이 불가능한 상태에 빠지게 된다.

따라서 이런 도구를 서비스의 요구에 맞게 테스트하고 자동화해서 API를 통해 언제든 개발팀이 사용할 수 있는 형태로 제공해야 하는 것이 바로 운영팀의 역할이라고 할 수 있다. 세상에 존재하는 모든 도구들을 다 제공하기는 힘들겠지만, 관계형 데이터베이스, NoSQL, 캐시, 메시지 큐 정도의 네 가지의 종류만 이런 방식으로 제공하더라도 주로 사용되는 패턴에 대부분 대응이 가능하다.

이 과정을 어떻게 운영팀에서 학습하는가에 따라 서비스의 역량이 달라진다. 대부분의 운영 엔지니어들은 클라우드의 도입과 함께 역할이 사라질 것으로 생각하지만, 실제로는 그렇지 않다. 데브옵스의 핵심 부분인 개발팀에 사전 정의된, 클라우드 인프라를 사용하는 다양한 도구의 API 제공은 운영팀의 역량에 달려있다. 그리고 이 운영팀의 역량이 바로 서비스의 가용성과 안정성, 그리고 심지어 개선 속도를 좌우하는 것이다.

넷플릭스가 공개하고 있는 모든 도구는 이런 형태다. 3~4명의 뛰어난 운영팀이 전체 서비스에 필요한 도구를 만들면, 나머지 개발팀들이 이 도구를 원할 때 가져다가 자신의 애플리케이션에 사용한다. 수천 대의 데이터베이스가 수 명의 엔지니어에 의해 관리되는 마법의 실체가 바로 이런 형태의 데브옵스인 것이다.

2.3 | 넷플릭스가 만든 서비스 구조

마이크로서비스^{Micro Services}는 2017년 중반 정도까지 가장 핫한 단어였다. '블록체인'에 밀리기 전까지는 매우 매력적인 주제였다. 마이크로서비스 역시 다양한 해석이 존재한다. 다른 해석을 설명할 필요 없이, 마이크로서비스는 바로 다음과 같은 요구를 처리하기 위해 발전된 구조다.

- Isolation
- Concurrency
- Failure Detection
- Fault Identification
- Live Upgrade
- Stable Storage

이 여섯 가지 요구는 각각 매우 중요한 사상을 내포하고 있다. 이 책에서 설명하는 내용의 근간을 이루는 내용이기도 하다. 먼저, 직역하면 '고립'인 Isolation의 핵심 의미는 CAP 이론(Consistency, Availability, Partition tolerance 이론 : 어떠한 시스템이건 간에 일관성, 가용성, 그리고 분할 내성(또는 생존성)의 세 가지 성질 중 현실 세계에서 반드시 하나는 포기해야 한다는 이론이다. 예를 들면 데이터에 대한 높은 일관성을 유지하기 위해서는 가용성과 분할 내성 중 하나를 포기해야 하는데, 금융 계좌와 같은 데이터는 높은 일관성과 가용성이 가상 중요하므로 분산 시스템에 저장해서 분할 내성의 중요도를 낮추는 것으로 이해해 볼 수 있다.) 에서 P를 영위함으로써 A를 지키는 것이라고 할 수 있다. 장애가 발생한 지역을 장애 발생 구간으로 국한함으로써 전체 서비스 가용성을 높인다는 의미이다.

대부분 서비스는 밸런서–웹–데이터베이스의 연결 구조를 가진다. 이때 데이터베이스에 장애가 발생하면 어떻게 될까? 데이터베이스의 장애는 전체 서비스의 장애를 가져온다. 네트워크가 아무리 정상이라도, 웹서비스가 아무리 정상적으로 동작한다고 하더라도 데이터베이스의 장애는 모든 서비스에 영향을 미치는 구조로 되어있을 가능성이 높다. 이 고립의 의미는 데이터베이스의 장애를 데이터베이스에 국한하는 것이다. 아마 모든 기능이 하나의 웹 애플리케이션에 있고, 모든 데이터가 하나의 데이터베이스 안에만 존재한다면 특정 부분에 문제가 발생했을 때 서비스 전체의 장애를 피할 방법이 없다.

따라서 데이터 저장소와 이 저장소를 사용하는 애플리케이션들을 분리해 낸다. 예를 들면, 사용자 인증을 위한 서비스는 사용자 인증을 위한 데이터베이스만을 가지도록 한다. 사용자 인증을 마친 클라이언트는 토큰이나 쿠키와 같은 정보를 바탕으로 서비스의 다른 요소, 예를 들면 검색이나 비디오 스트리밍 요청을 받는 다른 서비스 접근이 가능하다. 이런 구조에서 만약 사용자 인증 데이터베이스가 문제가 된다면, 인증을 신규로 요구하는 사용자는 서비스 이용이 불가능할지 몰라도, 이미 인증을 받은 사용자들은 서비스 사용에 문제가 없다. 이것이 바로 문제가 발생한 지역을 그 지역의 문제로 고립되도록 하는 방향이다.

문제 발생의 영역과 그 범위를 제한하는 것은 서비스에 대한 다양한 테스트로 인해 가능하다. 즉 장애가 발생할 때까지 기다리는 것이 아니라 능동적으로 장애를 발생해 본다. 서버를 꺼보고, 프로세스를 'kill' 해 본다. 이를 통해 서비스에 무슨 일이 발생하는지 살펴본다. 이런 동작을 해 본 것과 해 보지 않은 것은 엄청나게 많은 차이를 불러온다. 장애가 발생한 시점부터 조사를 시작하는 것과 장애가 발생했을 때 이미 어디가 문제가 되는지 알고 있는 차이다. 이 차이는 장애로부터 서비스를 정상화하는 데 걸리는 시간을 엄청나게 단축해 주며, 필요한 경우 자동화된 테스트에 시나리오를 추가할 수 도 있다.

'동시성'이라고 번역되는 두 번째의 내용은 분산 서비스의 복잡성이 증가할 때 데이터를 처리하는 방법과 관련이 있다. 즉, 이 부분은 동기와 비동기 처리에 대한 부분으로 이해할 수 있다. 서비스 구조를 위의 사용자 인증 서비스와 다른 서비스들로 분리하는 경우라면 데이터의 일관성 처리에 다양한 패턴이 필요할 수 있다. 예를 들어 넷플릭스 서비스 사용에서 사용자가 미납된 월 사용료를 지불하면 그 즉시 서비스가 사용 가능하여야 한다. 넷플릭스 서비스가 아니더라도 만약 VOD 서비스에서 각각의 콘텐츠가 결제 즉시 시청 가능해야 하는 경우가 있다. 이때 처리하는 데이터와 새로 서비스할 비디오의 정보를 만들고, 자막을 만들어 붙인다. 지원하는 클라이언트들의 화면 해상도와 크기에 맞추어 사전에 인코딩을 처리하는 등의 서로 다른 역할을 하는 서비스들의 메타데이터와 데이터의 일관성 처리는 다를 수 있다. 이런 각각의 구조적 요소들은 이 책의 다른 부분에서 더 자세하게 다루겠다.

장애검출은 보통 'fail fast'를 구현하기 위해 꼭 필요한 요소다. 현재 서비스의 어느 부분에서 문제가 발생하는지 즉각 알아내는 것은, 동시에 어디의 파이프가 터져서 밸브를 잠가야 하는지와 연관된 중요한 사항이다. 따라서 서비스의 현재 상태에 대한 모니터링이 상당히 중요하다. 외부에서 유입된 요청의 흐름이 현재 어떤 상태로 처리되고 있는지, 외부에 노출된 각각의 API들이 내부에서 현재 어떤 상태로 처리되고 있는지에 대해 즉시 모니터링이 가능해야 한다. 이런 수준의 모니터링 없이 마이크로서비스를 구현하는 것은 시각장애인이 운전하는 것과 동일한 효과를 낸다. 모니터링뿐만 아니라, 문제가 발생하면 빨리 해당 API가 실패하거나 에러를 발생하도록 하는 애플리케이션 구성 방법 역시 중요하다. 어떤 특정 서비스의 부하로 인해 데이터의 신규 반영에 문제가 발생하고 있다면, 경우에 따라서는 타임아웃 시간을 늘려 해당 서비스가 충분한 시간 내에 처리를 하도록 할 수 있지만, 거꾸로 특정 타임아웃 시간 내에 처리가 되지 않는다면 해당 요청을 처리 불가 상태로 만드는 것이 전체 서비스의 빠른 회복에 도움이 될 수도 있다. 해당 서비스에 애초에 요청을 보내지 않음으로서 부하 상태를 막고, 부하가 해결되었을 때 다시 정상적으로 요청을 보낼 수 있는 구조라면 말이다.

장애를 특정하는 것 역시 검출하는 것만큼 중요하다. 예를 들어 클라이언트가 보는 메인페이지를 캐시에 있는 메타데이터를 참조하고, 캐시가 유효하지 않을 때 데이터베이스를 참조하는 일종의 'look aside' 형태의 서비스가 있다고 하자. 이때 갑자기 서비스 전체 평균 응답 시간이 20ms 걸리던 것이 갑자기 1,500ms가 소요된다고 모니터링되었다. 아무리 숙련된 엔지니어들이라도 이런 현상의 모니터링을 통한 '알람'에는 익숙하지만, '왜' 발생했는지 설명하려면 시간이 필요하다. 네트워크 지연시간을 살펴야 하고, 데이터베이스 응답속도는 정상인지 슬로우 쿼리를 살피고, 웹서비스에 문제가 있었던 것은 아닌지 살펴야 한다.

분산 서비스의 실시간 모니터링은 단순히 로그의 내용만을 보는 것이 아니다. 외부 요청에 대한 내부 요청 흐름의 상태를 살핀다. 1,500ms의 지연이 발생하는 시점에는 즉시 이런 모니터링을 확인하고, 어느 구간에 지연이 발생하는지 살핀다. 만약 캐시 서비스에서의 응답 시간이 느려졌다면, cold cache가 이 지연에 주요 원인이었음을 특정할 수 있다. 그렇다면 cold cache의 원인을 파악하고, 필요하다면 pre-warm이 수행된 캐시 클러스터를 즉각 생성해서 서비스에 연결하는 형태로 서비스 정상화를 빠른 시간 안에 처리할 수 있다. 장애의 원인을 빠른 시간 내에 특정하려면 서비스에 대한 테스트를 통해 수많은 학습이 사전에 필요하다. 의도적 장애 발생을 통해 서비스가 어떻게 반응하는지 파악했다면, 실제 서비스의 반응을 보고 어디가 장애인지 특정하는 속도도 매우 빨라질 것이 분명하기 때문이다.

서비스의 무중단 업데이트는 매우 중요한 사항이다. 중단 없이 업데이트하는 것이 대단한 장점으로 보이지는 않는다. 하지만 업데이트를 위한 중단은 대단한 단점이다. 대부분의 서비스가 업데이트를 위해 서비스를 일시적으로 중단한다. 이 중단은 경우에 따라서는 연휴 전체를 사용하기도 한다. 연휴 전체만큼 사업 기회를 잃는 것이고, 특히 경쟁자가 서비스 중단 없이 사업을 유지하고 있다면 고객을 잃어버리는 쉬운 방법이 될 것이다. 국내의 어떤 금융 서비스가 명절 연휴 전체에 걸쳐 업데이트할 것이며, 이 동안 카드와 계좌의 사용이 불가능하다는 공지를 올리는 것을 종종 보고는 한다. 연휴에 고향에 가기 위해 주유소에서 기름을 넣으려면 미리 현금을 찾아 두거나 다른 회사의 카드를 이용해야 한다. 사업을 하는 입장에서도, 서비스를 제공 받는 입장에서도 전혀 달갑지 않다.

데브옵스 부분에서 언급한 것과 같이 서비스의 무중단 업데이트는 다양한 기법을 사용해서 서비스에 맞게 디자인되어야 한다. 만약 서비스의 모든 기능이 하나의 애플리케이션과 하나의 데이터베이스만을 사용하여 구현되었다면 카나리^{Canary} 업데이트를 사용한 자동화 방법이 유효할 것이다. 카나리 업데이트란 새로운 버전을 서비스에 일부 반영해 보고, 이 새로운 배포가 문제가 없는 경우 전체로 확장하는 방법을 의미한다.

한꺼번에 적용되는 업데이트의 양이 너무 많지 않게 유지하는 것도 중요하다. 자주, 빠르게 코드를 배포할 수 있다는 것은 새로운 기능을 시장에 빠르게 선보일 수 있다는 것을 의미한다. 물론 각 기능에 서로 의존성이 있는 경우에는 함께 개발하고 배포할 수도 있겠지만, 그렇다고 빅뱅으로 다음 메이저 버전을 만들어 한꺼번에 배포하는 방식을 취하지 않는다. 누적된 변경사항이 많다는 것은 누적된 위험이 많다는 것을 뜻한다. 따라서 이 누적의 양을 가급적 최소로 하고, 자주 배포하면 문제의 추적과 원인의 확정 역시 빨라진다.

장애 고립이 적용된 분산 구조의 마이크로서비스라면 서비스 업데이트에 부담이 덜할 수 있다. 우리 서비스의 업데이트가 다른 서비스와 의존성이 있지만, 만약 무언가 잘못되어 동작이 멈추게 되더라도 우리 서비스만으로 장애가 고립될 수 있는 구조라면 전체 서비스에는 문제가 없을 것이다.

클라우드 서비스에서 데이터를 저장할 때는 관계형 데이터베이스 하나와 네트워크 공유 파일시스템, 이 두 가지만 존재하던 시절과는 다른 수준의 데이터 저장과 복제, 그리고 참조를 제공해야 한다. 사실 데이터의 복제를 가장 비싸게 구현하는 방법이 데이터베이스 수준에서의 복제다. 데이터베이스의 클러스터링이라는 것은 사실 굉장한 노력이 드는 일이며, 이 비용의 대부분은 데이터의 일관성 또는 정합성을 유지하기 위해 사용된다. 특정 데이터의 변경을 위해 지구 곳곳에 위치한 데이터베이스의 특정 테이블 row의 데이터에 락Lock을 걸고 데이터를 업데이트하는 형태를 생각해 보면 이것이 얼마나 비효율적인지 알 수 있다.

이런 방법 대신, 애플리케이션에서 데이터를 여러 개의 장소에 저장하는 방법을 떠올려 볼 수 있다. 정확히는 애플리케이션에서 어떤 도구의 라이브러리를 사용하면, 여기서 데이터가 자동으로 몇 개 복제되어 서로 다른 지역에 저장하는 방법이다. 애플리케이션에서 이 동작을 직접 하는 것이 번거롭다면, 메시지 큐를 사용하는 방법도 생각해 볼 수 있다. 애플리케이션이 큐에 데이터를 넣으면 이 큐를 모니터링 하고 있는 다른 애플리케이션이 데이터를 가져다가 저장소에 분배한다. 결과적으로 거대한 비동기처럼 동작하지만, 어차피 데이터베이스 클러스터링에서도 데이터가 업데이트되기 전까지는 동일한 상태이므로, 이 거대한 비동기의 방식이 충분히 빠르다면 훨씬 저렴한 비용으로 더 나은 가용성을 유지할 수 있다.

데이터의 형태와 사용 방법에 따른 다양한 데이터 저장소의 선택은 필연적이다. 엘라스틱(http://elastic.co)과 같은 회사에서 제공하는 도구와, 하둡이 제공하는 저장소와, 카산드라의 형태와, 메모리 캐시 그리고 관계형 데이터베이스는 모두 다른 용도와 목적을 가진다. 서비스가 하나의 목적만을 위해 존재하는 경우라면, 이 하나의 목적 해결을 위해 가장 적합한 데이터 저장소를 선택하는 것이 좋다. 따라서 다양한 형태의 데이터 저장소에 대해 학습하고, 이를 운영팀에서 자동화해서 개발팀에 제공하는 것이 얼마나 중요한지 되새겨 볼 필요가 있다.

이 여섯 가지의 목적을 충족하기 위한 구조적 해법이 마이크로서비스라고 할 수 있다. 장애를 빠르게 검출하고, 장애 시점을 앞당겨서 문제가 되었을 경우 장애로 연결되게 하며, 이 장애가 다른 서비스의 장애로 번지지 않도록 하는 것들이 구현된다면 전체적으로 더 안전한 서비스가 될 수 있다. 각각의 마이크로서비스들은 그 구조의 간결함과 단순함으로 서비스를 개발하고 운영하는 팀에서 다시 문제를 빠르게 특정하고 테스트할 수 있는 등의 장점을 제공한다. 각각의 팀들은 이런 장점을 바탕으로 자신의 서비스를 빠르게 업데이트할 수 있다. 각각의 팀들이 독립된 기능을 업데이트하므로 서비스는 빠르게 고객이 원하는 기능을 수용할 수 있다.

장점만 있는 것은 아니다. 모든 문제를 해결하는 만능열쇠는 없다. 모놀리틱 Monolithic 서비스가 하나의 애플리케이션과 하나의 데이터베이스가 다양한 기능을 통해 비대해져서 비효율성을 가진다면, 마이크로서비스는 각각의 애플리케이션 구조는 단순하지만 이 애플리케이션들이 모여 서비스를 이루는 것이기 때문에 서비스 간 복잡성이 증가하는 구조를 안고 있다. 의존성이 없는 것 같지만 사실은 외부 요청을 처리하기 위한 내부 요청이 발생하므로 특정 기능을 하는 API에 대한 의존성이 자연스럽게 발생한다. 이런 의존 관계에서의 장애 고립은 때로는 어려운 일이 될 수 있으며, 실제로는 고립되지 않고 전체 장애로 이어지는 경우도 존재한다.

팬-아웃이라고 불리는 현상도 존재한다. 실제 외부 요청은 하나지만, 이를 처리하기 위한 내부 요청은 이의 몇 배수로 발생하기 때문에 외부 요청이 증가할수록 내부 요청이 기하급수적으로 증가하는 문제도 있을 수 있다. 그리고 요청 수량의 증가는 곧 처리 시간의 증가를 의미한다. 따라서 이 시간을 어떻게 단축하는가 하는 것 역시 다양한 도구와 구조의 접근이 필요한 부분이다.

마이크로서비스는 어느 날 갑자기 만들어 낼 수 있는 구조가 아니다. 서비스를 언제, 어떻게, 얼마만큼 떼어내는지 결정하는 것조차 쉬운 일이 아니다. 이것은 애자일과 비슷하게, 직접 수행해서 성공하려면 매우 힘든 구조이기도 하다. 하지만 그 장점이 서비스에 제공하는 이점이 상상을 초월하리만큼 좋은 것이기 때문에, 도입을 생각해 볼 필요가 있다.

이 책의 다른 장에서 언급되는 내용의 많은 부분은 넷플릭스가 이것을 어떻게, 어떤 도구를 통해 구현했는가 하는 점이다. 이 내용이 독자들에게 많은 도움이 될 수 있을 거라 생각한다.

2.4 | 디지털 트랜스포메이션의 핵심

지난 십수 년 동안 IT기술은 산업 현장의 중심에 위치하지 않았다. IT기술은 대부분 네이버나 다음과 같은 인터넷 기업들의 전유물로 취급되었고, 인터넷 기업 바깥의 세상에서는 조직의 운영을 지원하는 데 주로 사용됐다. 그룹웨어, ERP, 회계처리, 인사관리 시스템, 전자 결재, 이메일과 같은 서비스들은 그 형태와 모양이 대부분 비슷하다. 그렇기 때문에 기업에서는 상용 제품으로서 판매되는 것들을 구매해서 조직의 구성에 맞게 약간 변경하는 정도의 요구사항만 가졌다.

일부 전문 소프트웨어 기업이 만든 제품이 기성품으로서 패키징 되어 판매되었고, 이런 소프트웨어는 변화할 필요가 없다. 조직의 구성원은 바뀌어도 조직이 만들어지고 운영되는 형태의 변경은 자주 발생하는 것이 아니다. 따라서 기성품 중 좋은 것을 사다가 쓰면 별문제가 없다.

인터넷이 점점 발전하면서, 사용자 접점이 많은 일부 산업들에서 '커스텀' 소프트웨어가 필요해졌다. 금융이 대표적이라고 생각하는데, 주 사업은 각 지점에 위치하고 이 지점에서 본사의 전산 시스템과 통신을 통해 금융 업무를 처리하게 된다. 동시에 고객이 지점에 방문하지 않아도 서비스를 할 수 있는 체계를 인터넷을 통해 갖추어야 했기 때문에 '인터넷 뱅킹'이라는 서비스를 만들어야 했다.

전산 체계를 만들 수 있는 소프트웨어 기술이 없는 은행은 이런 서비스를 만들 수 있는 사업자에게 입찰과 같은 과정을 통해 일을 주게 된다. SI로 통용되는 시스템 인티그레이터integrator들의 역할은 이런 사업자들이 원하는 형태의 서비스를 전산으로 구현하는, 즉 커스텀 소프트웨어를 제작해서 금융 서비스에 공급하는 것이었다.

시장의 발전과 함께 고객이 직접 방문하거나 별도의 설계사를 운용하지 않으면 상당한 비용 절감 효과가 있다는 것을 알게 된 보험사들은 '다이렉트 보험'과 같은 상품들을 내놓는다. 다이렉트 보험은 자동차 보험과 같이 보험이 반드시 필요한 서비스들에 적용되고 이전처럼 보험사에 전화로 가입을 신청하는 대신 웹이나 앱을 통해 신청하고 금액을 지불하면 보험에 자동 가입되는 시스템이다. 이런 시스템은 SI를 통해 공급되고 유지됐다.

모바일이 점점 더 발전하고, 10년 전의 어지간한 컴퓨터보다 더 출중한 성능을 보유하게 됐다. 네트워크는 4G, LTE 등으로 더욱 빨라지고 스마트폰 제조사와 망 제공 사업자의 협력으로 모든 사람들이 스마트폰을 보유하게 됐다. 70세가 넘은 어르신도 가지고 있고, 10살이 갓 넘은 아이들도 가지고 있다. 모든 연령대의 사람들이 사진을 찍고, 앱을 설치하고 공유한다. 그리고 시대의 발전과 함께 10살의 어린이들이 20살의 청년으로 성장하는 과정도 동시에 진행되었다.

이 책을 읽고 있는 독자들에게 은행 지점에 들러야 할 일이 얼마나 많은지 묻고 싶다. 전세자금 대출이나 아파트 담보 대출과 같은 뭔가 굵직한, 그러니까 큰 금액이 필요한 일이 아니면 아마 공인인증서 갱신, 은행 웹페이지 로그인 비밀번호를 잊거나, OTP와 같은 일회용 비밀번호 생성기를 분실했거나 하는 일로 은행을 방문하는 것이 대부분일 것이다.

간편한 송금은 앱에서 처리한다. 카드 사용내역이나 결제 대금 확인 같은 것도 우편물로 확인하지 않는다. 모바일은 우리 생활의 일부가 되었다. 많은 사람이 이동할 때나, 화장실에서나, 잠자리에 들기 전까지 스마트폰을 놓지 않는다.

스마트폰에 존재하는 다양한 애플리케이션은 제각기 다른 품질을 가진다. 예를 들어 트위터나 페이스북, 넷플릭스나 아마존 같은 서비스는 언제든 로그인해서 사용할 수 있다. 사용자 편의성도 다른 앱들에 비해 뛰어나다. 자신의 존재 목적과 가치를 뽐내기라도 하듯 모든 기능이 손안에서 펼쳐진다. 그리고 자신도 모르는 사이에 뭔가 모양이 조금씩 바뀌어있다. 전에는 없었던 알람을 표시하거나, 그다지 재생을 원하지도 않는 동영상을 자기 마음대로 재생한다거나 하는 기능들이 나도 모르는 사이에 생겨나고 없어진다.

그러다가 잊고 있던 은행 업무가 생각난다. 친구에게 점심값을 주기로 했는데 깜빡 잊고 있었던 것이다. 은행 앱을 켠다. 공인인증서가 없다고 한다. 컴퓨터를 켠다. 컴퓨터에 있는 공인인증서는 만료되었다. 또는 공인인증서가 있어도 은행 페이지가 업데이트 되어 무슨 보안 프로그램을 설치해야 한단다. 기분이 별로 좋지는 않지만 다 설치하고 나면 브라우저를 껐다가 켜란다. 껐다가 다시 켜고 인터넷 뱅킹에 로그인해서 친구 계좌번호를 하나씩 입력한다. 공인인증서 비밀번호를 넣고 나니, 보안카드 빈호를 넣으란다. 아차, 보안카드가 어디 있는지 모르겠다.

또는 오매불망 기다리던 유명 가수가 내한 공연을 한다고 한다. 티켓을 온라인으로 판매하는 모바일 앱을 켠다. 원하는 티켓을 선택하고 아직 자리가 남았음에 감사하며 결제를 진행한다. 카드번호를 넣는 키패드가 이상하다. 카드번호를 넣고 비밀번호를 입력하는 키패드가 또 다른 모양이다. 좁고 불편하게 생겨서 오타가 났는지 결제에 실패했다. 처음부터 다시 진행하라는 메시지가 나왔다. 짜증이 밀려오면서 처음부터 다시 진행하려는데 남은 자리가 없다.

이런 서비스를 운영하는 회사에 가서 이런 문제를 이야기하면, 우리는 아무 문제가 없다는 대답을 들을 때가 많다. 또는 다음번 업데이트에 해당 부분이 포함되어 있으므로 좀 기다려 보라고 한다. 글쎄, 티켓을 판매하는 온라인 앱이 그 서비스 하나뿐만이 아니라면, 나는 당장 그 앱을 지우고 다시는 쳐다보지도 않을 것이다.

비단 대량의 소비자 판매를 다루는 서비스에서만 이런 문제가 생기는 것은 아니다. 스마트 장치들의 발전과 사용 경험은 대형 사업에서도 필요하다.

조선 사업에 대해 생각해 보자.

▲ 그림 2-6 롤스로이스 스마트십 제어 이미지

　〈그림 2-6〉은 롤스로이스라는 엔진 제조와 자동차로 유명한 회사가 최근 발표한 사업의 청사진이다. 화면만 보면 스타워즈나 스타트랙에 나오는 미래 우주선 조종실 같다. 장거리 워프를 할 것만 같은 이 조종실은 무인 선박 시스템이다. 영상은 유튜브(https://www.youtube.com/watch?v=vg0A9Ve7SxE&t=2s)에서 확인할 수 있다.

　먼저 이 조종실은 선박 한 대를 위한 것이 아니다. 선사가 보유한 모든 선박에 대한 위치를 실시간으로 받고, 모니터링하며 지도에 표시한다. 각각의 선박의 상태와 운항 상태를 보여주고 문제가 생긴 경우 오퍼레이터에게 보고한다.

　영상에서는 선박의 특정 부분이 고장 나서 관제소와의 연락이 두절된 상황을 묘사한다. 연결을 재설정하고, 물리적으로 어떤 문제가 발생했는지 파악하기 위해 선박에 준비된 드론을 띄운다. 드론은 문제가 발생한 것으로 짐작되는 위치로 비행해서 영상을 전달한다. 영상을 통해 확인된 안테나의 고장 수리를 위해 다음 항구 정박 시에 정비가 가능하도록 부품을 준비한다. 엔지니어가 관련 작업을 수행할 수 있게 관련 매뉴얼을 프린트해 놓는다.

선박 역시 이전에는 기계적으로 잘 만들면 문제가 없는 산업이었다. 하지만 이제는 제조 과정과 제조 후 선박을 어떻게 운용할 수 있는지에 따라 경쟁력이 달라진다. 선박이라는 것은 엄청난 가치를 가진 사업으로 대당 가격이 천문학적이며, 선사가 선박을 운용해 얻는 수익 역시 엄청나다. 이 수익은 배를 항상 운항 중인 상태로 둘 때 가능한 것이므로, 선박의 기계적 성능과 더불어 문제 발생을 미리 알고 방지해 결국 '제로다운타임'에 가깝게 해야 경쟁력이 생기는 것이다. 따라서 선주는 배를 만드는 회사들에 이런 기술을 요구한다.

이런 기술의 근간이 바로 소프트웨어와 데이터를 다루는 기술이다. 5G 시대가 도래하면 이런 문제는 더욱 심화할 것이다. 기계들이 만들어내는 데이터가 서버로 더 빠르게 전달되고 서버의 데이터가 다시 기계의 제어에 사용된다. 모두 소프트웨어 공학이다.

다시 말하면 소프트웨어와 데이터를 다루는 기술을 내재화할 시기가 도래했다는 점이다. 위의 실명에 비추어 다음의 세 가지가 왜 소프트웨어 기술의 내재화가 필요한지에 대한 궁극적인 이유라고 볼 수 있다.

> • 사업의 핵심 영역에 맞닿는 커스텀 소프트웨어를 만들어야 한다.
> • 사업의 핵심 영역을 다른 회사에 공개할 수 없다.
> • SI를 통해 발주해서 만드는 소프트웨어 사이클이 시장의 변화에 대응할 수 없을 정도로 느리다.

따라서 이런 일을 전문으로 하는 팀을 만들어야 한다는 인식이 생길 필요가 있다. 이 팀은 데이터와 애플리케이션 개발에 능해야 한다. 하지만 더욱 중요한 사실은 이들이 사용하는 문화가 종전의 제조 사업장 또는 사업 핵심 영역에서 다루는 문화와는 완전히 달라야 한다는 점이다.

실리콘밸리의 소프트웨어 엔지니어가 평소에 정장을 입고 다닌다는 말을 들어본 적이 없다. 소프트웨어를 잘 만드는 팀에는 기존의 현장과는 다른 공간이 필요하다. 자유롭게 대화를 나누고, 만들고 있는 서비스에 대한 이해를 서로 높일 수 있는 공간이어야 한다. 창의력은 양복을 입고 파티션으로 구분되어 서로 책임을 전가하거나 다른 이의 성과를 내 것으로 만드는 조직의 서비스에 반영될 수 없다.

이런 조직을 먼저 만들어야 한다는 것이 모든 일의 출발점이다. 선박을 만드는 회사의 고객은 선주다. 선주가 어떤 배를 필요로 하는지, 어떤 문제를 해결하고 싶은지를 이해하고 이를 서비스로 만들 수 있어야 한다. 선박뿐만 아니라 다른 모든 산업이 그렇다. 그 제조의 공정과 효율, 그리고 변화와 고장에 대한 예측은 상당한 비용을 절약한다. 심지어는 군대도 그렇다. 군대 장비의 운용을 위해 필요한 유류 할당 계획, 공군의 출격 횟수, 육군의 작전 계획 등 모든 것이 소프트웨어와 데이터를 통해 더 나은 경쟁력을 확보할 수 있다.

이를 수행해 낼 수 있는 팀, 그리고 이 팀에 제공할 문화 그리고 팀의 확장 계획을 어떻게 준비하느냐에 따라 기업의 미래는 달라질 것이다.

2.5 | 넷플릭스가 장애를 취급하는 방법

장애는 어느 회사의 서비스에나 존재한다. 디스크나 전기, 메모리 셀의 불량, 네트워크 장치의 포트 이상, 접지 불량으로 인한 불규칙 패킷 불량, 프로세서의 버그 등 그 종류와 양상도 매우 다양하다. 이런 물리적 문제 이외에도 소프트웨어적 문제로 인한 메모리 점유 증가, 서버 프로세스 중단, 악의적 공격자의 침해로 인한 사고, 데이터베이스의 부하 등으로도 서비스에는 장애가 생긴다.

단일 서버가 절대로 장애가 발생하지 않도록 하는, 또는 장애가 발생하더라도 극복할 수 있도록 하는 시스템 디자인이 클라우드 이전의 장애에 대한 사상이었다. 전원 공급 장치를 이중화하고, 메모리는 스스로 오류를 보정할 수 있는 시스템을 탑재하고, 디스크는 레이드^{Raid}라고 불리는 다중복제 구성을 취했다. 서버의 모든 부품들을 두개씩 두고 하나가 꺼져도 다른 하나로 버틸 수 있고, 고장 나면 서버를 끄지 않은 채로 교체가 가능한 형태로 발전해 왔다.

하지만 이렇게 서버를 아무리 강력하게 구축하더라도 데이터센터의 전원 공급

문제까지 극복할 수는 없다. 따라서 '절대로 죽지 않는 서비스'를 위해서라면 다시 데이터센터 설비를 다중화해야 하는 등 비용이 기하급수적으로 증가한다.

클라우드 이전의 시대에서는 다른 옵션이 없다. 다운타임이 없는 서비스를 구성하기 위해서는 다수의 서버를 다수의 데이터센터에 그리고 다수의 네트워크를 사용해서 구동해야 했다. 서버는 이렇게 다중 구성을 하게 되더라도, 소프트웨어의 구조적 문제에 대한 해법 역시 동시에 적용되지 않는다면 무용지물이다. 결국, 데이터베이스에 대한 데이터의 지역적 의존성이 발생하기 때문이다. 데이터의 지역적 의존성이 발생한 상태에서 즉시 참조가 필요하다면 아마 글로벌 락^{Lock}이 필요하기 때문에 가장 곤란한 서비스 구성이 된다. 데이터베이스 간 연결이 필요하고, 이것 역시 굉장한 비용을 요구한다.

따라서 경험 있는 시스템 엔지니어라면 이런 시스템을 구현하는데 어떤 도구에 먼저 투자해야 하는지 주어진 비용 내에서 선택해야 했다. 서비스에 걸리는 부하가 어느 부분인지를 먼저 계량하고, 이에 따라 어느 부분이 먼저 개선되어야 하는지 가장 올바른 해법을 찾는 과정을 반복하는 것이다.

시대의 발전에 따라 같은 가격으로 구매 가능한 하드웨어의 성능이 더욱더 좋아진다. 그래서 이전의 부품을 두 개씩 만들어 '죽지 않는' 서비스를 만드는 대신, 망가져도 되는 하드웨어를 여러 개 준비하는 방법을 택하는 분산 시스템 구성 방법이 함께 발전한다. 즉, 아주 비싼 한 대를 가지고 서비스하기보다는, 아주 저렴한 여러 대를 가지고 서비스를 하는 것이다. 리눅스를 포함한 오픈소스 진영이 이런 구성을 가능하게 했으며, 시간에 따라 수많은 사람들이 참여하여 지속적으로 발전했다. 그리고 결국 클라우드를 만들어냈다. 리소스 할당과 해제를 무한대로 할 수 있지만 사용한 만큼 비용을 지불하는 방식은 이런 분산 구조를 더욱 폭발적인 형태로 지원한다. 다중화 된 데이터센터도 마음만 먹으면 언제든 사용할 수 있다.

장애에 대응할 수 있는 강력한 서비스를 만드는 것은 장애에 대한 기존 인식을 바꾸는 데서 출발한다. 이 장에서는 넷플릭스가 어떤 장애를 맞이했고, 그로 인해 어떻게 변화했는지 그리고 장애에 대한 인식을 어떻게 바꾸었는지에 대해 이야기해 보기로 한다.

넷플릭스는 미디어 사업자처럼 보이지만 사실 '테크 컴퍼니^{Tech Company}'다. 미디어를 하는 사람들이 기술로 판매를 시작한 게 아니라, 기술을 아는 사람들이 미디어를 팔고 있다. 아마존도 마찬가지다. 도서의 유통 시스템을 잘 아는 사람들이 온라인 판매를 시작한 게 아니라, 인터넷의 가능성을 기술적으로 알아보고 도서의 유통으로 시작한 회사가 아마존이다.

넷플릭스의 뛰어난 점은 이 서비스를 만들고, 변화를 위해 운영하는 다양한 기술적 방식 역시 적극적으로 공유한다는 점이다. 오픈소스를 적극 지지하지 않는 기업의 경우, 내부에서 사용하는 기술을 공개하는 것을 극도로 꺼린다. 기술이 경쟁력의 핵심이기 때문이다. 아마존과 넷플릭스가 이 부분에서 상당히 다른데, 아마존의 경우엔 아마존웹서비스로 다른 사업의 형태로 기술을 공유한다면, 넷플릭스는 자신들이 해결한 문제를 블로그와 깃허브^{github}에 공유한다.

여기에 소개되는 대부분의 넷플릭스 도구 역시 이 공개된 내용들을 기반으로 한다. 넷플릭스는 오픈소스 회사가 아니므로, 자신들이 공개한 도구를 '자주' 업데이트하지는 않는다. 또 모든 문제를 해결하는 데 보편적으로 사용되기를 바라지도 않는다. 넷플릭스 직원의 존재 목적은 넷플릭스의 문제를 해결하는 것이며, 이 문제의 해결에 사용한 도구를 공개는 하지만 그것을 유지해야 하고 업데이트해야 하는 것은 그들의 지상과제가 아니다.

이 지점에서 넷플릭스가 소개하는 기술은 매우 좋지만 즉시 사용하는 것은 실제로 매우 불편한 일이다. 다음 장에서 본격적으로 소개할 다양한 도구들은 각각 어떤 문제를 해결하려는 노력에서 넷플릭스가 직접 만들어낸 도구들이다.

주로 오픈소스로 존재하는 가장 간단한 형태의 도구를 취하고, 이를 바탕으로 넷플릭스의 편의에 맞게 다른 계층의 도구를 한 번 더 덧씌우거나, 사용 편의를 위한 라이브러리를 만든다든가 하는 것이 넷플릭스 도구들의 특징이다.

기술의 격한 변동 시기에 모두 적응하고, 더 놀랍게는 남들보다 빨리 적응하면서 시장에서 살아남는 데는 아마 넷플릭스만의 여러 가지 내부 문화나 회사 비전이 존재하기 때문일 것이다. 한국에서 회사의 비전이라는 것은 거의 경영자가 하고 싶은 말을 걸어두는 것이 대부분이며, 실제 업무 성과는 다르게 측정된다. 하지만 넷플릭스의 조직과 문화의 방향은 그렇지 않다. 회사가 제시하는 비전과 목표가 각 개개인이 가진 목표^{Goal}와 연결되며 어떻게 보면 매우 냉정할 수 있는 체계를 가지고 있기도 하다. '평타 치는 사람은 퇴직금 주고 내보내는 게 나을지도 모른다'라는 기업 문화는 분명 노력하는 사람들에 대한 가치를 높게 평가하겠다는 의미일 것이다.

시장의 요구를 빠르게 반영할 수 있는 기술을 가진 넷플릭스가 시장의 강자가 되고, 이제 곧 다른 사업의 영역으로 확장하는 것은 시간문제일 것이다. 사업 부분은 이 정도로 하고, 이제 넷플릭스가 어떤 문제를 가지고 있었는지, 어떤 장애를 극복했는지 살펴보도록 하자.

넷플릭스의 발표 자료들을 살펴보면, 2008년에 상당한 장애가 있었다는 것을 알 수 있다. 넷플릭스는 2008년 장애가 발생한 시점에 다음과 같은 서비스 구조를 가지고 있었디고 도식회히고 있다.

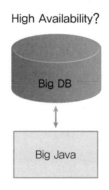

▲ 그림 2-7 2008년 넷플릭스 아키텍처

인터넷에 현존하는 대부분 서비스가 이렇게 생겼고, 넷플릭스의 서비스도 2008년까지는 이렇게 생겼었다. 크리스마스 시즌이나 트래픽이 몰릴 것으로 예상되는 연휴 시즌이 다가오면, 넷플릭스의 엔지니어들은 항상 더 좋은 성능의 하드웨어를 구하러 다녀야 했다.

많은 서비스에서 현재 있는 데이터의 복잡성으로 인해 데이터베이스에 변화를 주는 것을 매우 꺼리는 경향이 있다. 데이터베이스는 지켜야 할 자원이지, 변화를 주도하는 자산은 아니다. 수많은 관계로 매우 복잡하게 사용되는 관계형 데이터베이스는 그 유지와 관리가 보통 까다로운 것이 아니다.

특정 기능을 위해 기존 테이블에 컬럼을 추가하는 일은 듣기에 간단해 보이지만, 테이블이 수천 개가 넘어가는 데이터베이스에서는 쉬운 일이 아니다. 컬럼의 추가가 쿼리의 실행계획에 영향을 끼칠지도 모른다. 평소에 0.01초인데, 실행되는 쿼리가 잘못된 실행 계획이나 쿼리 힌트로 인해 0.1초가 걸리면 데이터베이스를 운영하는 팀에 비상이 걸린다. 평소보다 10배가 느려진 기존의 쿼리에 왜 이런 문제가 발생했는지 분석하고 추적해서 원래의 0.01초로 만들어야 하기 때문이다.

사용 가능한 데이터베이스가 하나라는 말은 새로운 기능과 기존의 기능이 함께 복잡하게 연결되어 동작하는 것을 의미한다. 즉, 데이터베이스가 더 늘어나지 않는 이상 데이터베이스는 시간의 흐름에 따라 점점 더 복잡해질 수밖에 없다. 더 복잡해지는 데이터베이스는 어느 순간 블랙박스가 되고, 무엇을 어디에서 어떻게 만져야 하는지 아는 사람이 회사에 매우 비싼 자산이 된다. 그리고 이 사람들은 다시, 다른 이유로 데이터베이스를 바꾸는 것에 자주 동의하지 않는다.

너무 복잡해서 분리할 수 없고 그대로 유지해야 한다는 것은, 회사가 수행하고 있는 전산 서비스의 위험을 지속적으로 증가시키겠다는 말과 같다. 빅뱅으로 분리해야 한다는 말도 마찬가지다. 위험 관리 차원에서, 이 두 가지 접근 방식은 모두 옳지 못하다.

보통 이런 규모의 데이터베이스는 동시에 사용할 수 있는 서버를 여러 대 놓고 클러스터링한다. 대부분의, 그리고 시장에서 자주 많이 사용되는 관계형 데이터베이스는 여러 대의 서버가 고성능의 스토리지를 공유하는 형태로 구성된다.

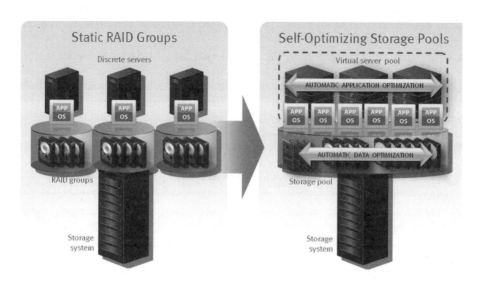

▲ 그림 2-8 데이터베이스 클러스터 구현

[출처] https://docs.oracle.com/cd/B28359_01/server.111/b28281/architectures.htm#i1008366

보통 블록 레벨의 다양한 백업과 고가용 지원, 그리고 고속의 성능을 제공하는 스토리지를 준비한다. 이런 스토리지들은 정말 기겁이 비싸다. 비싼 만큼 데이디에서 발생하는 오류의 가능성을 줄여주고, 개별 디스크 문제에 효과적으로 대응한다. 전기 공급에 문제가 발생하더라도 스토리지가 안전하게 종료될 수 있는 시간 동안 전원을 공급해 주는 배터리도 장착되어 있다.

이런 스토리지 장치와 다양한 서버들을 연결하기 위해서 HBA$^{\text{Host Bus Adapter}}$를 모든 서버에 설치하고, 스토리지 전용의 네트워크 스위치인 SAN$^{\text{Storage Area Network}}$를 준비한다. 그렇게 스토리지와 서버가 서로 연결된다. 스토리지가 추가될 때마다, 서버가 추가될 때마다 기존에 설치된 장비들의 설정 변경이 필요하다. 그래서 사용계획에 맞게 미리 미래를 대비해 설정하고 추가 하드웨어가 필요할 때마다 연결해서 사용하는 방식을 취한다.

〈그림 2-8〉은 스토리지와 서버가 연결되는 아주 일반적인 도식을 보여준다. 하나의 데이터베이스가 정상적으로 여러 대의 서버 위에서 기동하기 위해서는 이와 같은 기술을 사용해서 서버를 구축해야 한다. 이렇게 구축된 서비스는 분명 대부분의 장애에 대비할 수 있어야 한다. 디스크, 네트워크, 스위치, 서버 등 모든 구성이

이상이 없어 보인다.

여기에 질문을 하나 해보자. 만약 SAN 스위치의 백플레인 대역폭, 즉 대당 처리량이 10Gbps(예를 들기 위해 작은 규모를 산정했다)라고 하자. 그렇게 2대가 20Gbps를 처리할 수 있다. 그런데 서비스 유입되는 트래픽이 증가할 때, 양쪽 스위치를 통과하는 트래픽을 확인해 보니 15Gbps가 측정되었다고 하자. 이때 만약 어떤 이유로 인해 한 대의 SAN 스위치에 문제가 발생한다면, 어떤 일이 생길까?

유사한 질문을 서버에도 할 수 있다. 두 대의 서버가 준비되어 각 서버의 성능이 50% 이상 사용되고 있다고 할 때, 만약 한 대에 문제가 발생한다면 어떤 일이 생길까?

해답은 '전체 데이터베이스 서비스 다운으로 이어질 것'이라는 점이다. 고가용 모델을 위해 두 대 이상으로 서버를 구축할 때는, 실제 서비스에 발생하는 부하량에 대한 측정이 필수다. 그래서 보통 이런 경우, 더 높은 가용성을 위해서는 스위치의 숫자를 부하량에 따라 늘려야 한다. 만약 어느 구간이라도 부족 현상이 발생한다면 처음 설계 의도와는 다르게 동작할 것이다.

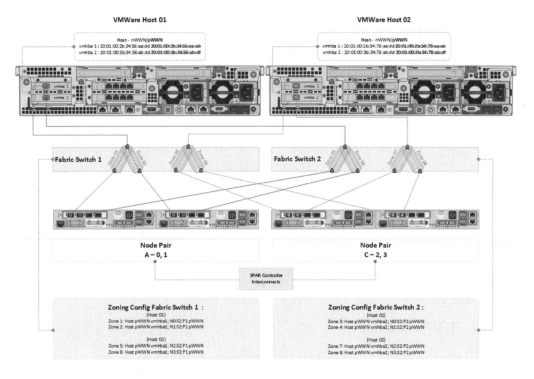

▲ 그림 2-9 스토리지 네트워그 연결을 위한 서버 HDA와 SAN 스위치의 연결

넷플릭스 역시 그와 같은 구성이었다고 한다. 그렇지만 2008년 8월 25일에 발표된 넷플릭스의 장애 보고를 보면, 이렇게 준비를 한 시스템이라고 하더라도 장애를 피하지 못했다. 이때 발생한 장애는 넷플릭스 서비스에 엄청난 타격을 입혔으며, 하루 만에 수십억 단위의 손실을 기록했다. 그뿐만 아니라 이런 장애는 '내가 원할 때 넷플릭스가 동작하지 않을 수도 있군'이라는 아주 중요한 '고객 신뢰'를 잃게 했다.

데이터센터에 준비된 아무리 좋은 데이터베이스 서버들도 장애를 면치 못했다. 다음 링크의 오라클과 EMC, 그리고 에뮬렉스[Emulex]의 장애 관련 문서를 살펴보면 다음과 같은 이유를 주문제로 확정하고 있다.

• 오라클, EMC, 에뮬렉스 장애 관련 문서

http://www.oracle.com/us/technologies/linux/prevent-silent-data-corruption-1852761.pdf

"Netflix monitors flagged a database corruption problem in its shipping system. Over the course of the day, we began experiencing similar problems in peripheral databases until our shopping system went down." The root cause was determined to be a faulty hardware component, but the problem was that the component "reported no detectable errors."

요약해 보면, 넷플릭스가 사용했던 데이터베이스에 데이터 문제가 발생하기 시작했고, 이 데이터 관련 문제는 기존 데이터베이스 및 관련 시스템들에서 모니터링되지 않았다. 넷플릭스 스스로 오류가 발생한다는 사실을 인지했고, 조사 결과 '조용하게 진행되는 데이터 문제'임이 규명되었다. 즉, 그렇게 정확하고 고성능이며, 고가용으로 구성된 데이터베이스임에도 불구하고 특정 디스크의 장애가 장애로 검출되지 않고 지속적으로 진행되어 심각한 장애를 유발했다는 것이다.

이렇게 발생한 장애로 결국 넷플릭스는 전체 서비스를 중지시켰다. 그로 인해 발생한 엄청난 손실은 넷플릭스의 몫이 되었다. 이런 문제는 예측이 힘들기도 하지만, 발생한 경우 서비스 전체 중지를 면하기 힘들다.

넷플릭스의 서비스 담당자들과 엔지니어들은 '왜?'에 집중했다. 왜 이런 문제가 발생했고, 어떻게 하면 재발을 방지할 수 있는지 내부 토론이 활발하게 진행되었다고 한다. 구조적으로 매번 성능을 올려야 하는 스케일 업에 의존할 수밖에 없다고 생각했을 수도 있다. 항상 최신의, 더 좋은 하드웨어를 구매해야 하고 서비스에 추가해야 하는 스케일 업 말이다.

하지만 더 큰 문제는 애플리케이션과 데이터베이스가 매우 거대하다는 점이었다. 거대한 데이터베이스의 운용 중단은 애플리케이션을 무용지물이 되게 만들었다. 모든 서비스가 하나의 데이터베이스에 의존성을 가지고 있었으며, 이 데이터베이스가 중단됨으로 인해 전체 서비스가 다운되었다. 하나의 디스크 장애가 전체 서비스에 문제를 불러온 상황은, '십수 만원'하는 하나의 자원으로 인해 '수백억'의 자산이 동작하지 않았다는 의미다.

십수만 원 하는 하나의 자원으로 수백억의 자산이 함께 정지하는 상황은 아마 사업자의 입장에서는 절대 달가운 일이 아닐 것이다. 또한, 기술팀 입장에서도 반드시 해결해야 하는 문제였다.

다음의 그림은 2012년의 넷플릭스 서비스 구조다. 〈그림 2-7〉의 구조와 비교해 보기를 바란다.

▲ 그림 2-10 2012년 넷플릭스 서비스 구조

2012년의 넷플릭스 서비스 구조는 2008년과는 사뭇 다른 모습이다. 각각의 점은 하나의 특정 역할을 하는 서비스를 의미한다. 하나의 서비스는 다른 서비스로부터 요청을 받고, 응답으로 데이터를 주고받는다. 데이터베이스 내부에서 관계를 통해 주고받던 데이터들은 서비스 간에 HTTP 호출을 통해 주고받는다.

거대한 자바 기반의 애플리케이션과 거대한 데이터베이스로 구성되어 있던 것을 수많은 작은 서비스들로 분리해 낸 것이다. 그리고 사람들은 이런 구조를 '마이크로서비스'라고 부른다.

각 마이크로서비스는 자신이 처리해야 할 역할이 있다. 그 역할들은 로그인이나, 검색이나, 분석이나, 영화를 위한 정보를 제공하거나, 영화가 저장된 S3의 위치를 보관하거나 클라이언트가 요청한 영화를 스트리밍하는 등이다. 이것들이 각각 하나의 서비스로 분리된 것이고, 이 서비스들은 자신의 목적을 처리하기에 가장 알맞은 데이터 저장소를 가지고 있다.

즉, 이전처럼 거대한 관계형 데이터베이스 하나만 사용하지 않는다. 영화의 원본과 각 클라이언트에 맞게 인코딩된 비교적 큰 파일들은 S3와 같은 저장소를 사용한다. 주요 데이터들은 카산드라와 같은 고가용성을 제공하는 NoSQL을 사용하고, 더 빠른 속도를 위해서 EVCache로 알려진 인-메모리 키-밸류 저장소를 사용한다. 각 영화별, 장르 간의 관계 등이 필요한 경우에는 그래프 데이터베이스를 사용한다.

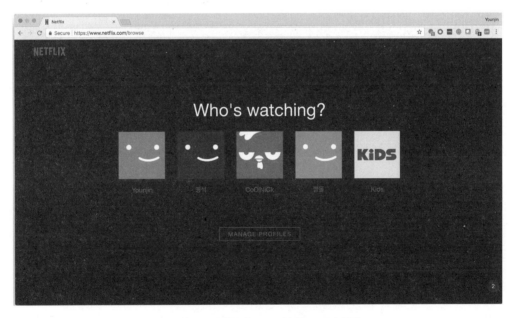

▲ 그림 2-11 넷플릭스 로그인 후 프로필 선택

넷플릭스 서비스를 사용해 보면, 사용자들에게 제공되는 일련의 흐름을 쉽게 그려볼 수 있다. 텔레비전이나 컴퓨터에서 넷플릭스 애플리케이션을 구동하면, 또는 웹브라우저에서 접근하면, 로그인 화면이 나온다. 로그인을 하고 나면 프로필을 선택한다. 가족별로 하나의 계정 안에서 별도의 프로필을 가질 수 있다. 미디어 취향이 다를 수 있으니까. 프로필을 선택하면 첫 화면이 나온다.

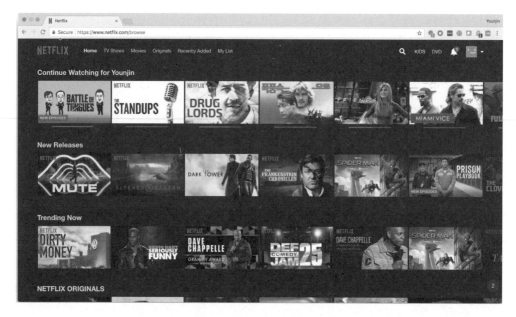

▲ 그림 2-12 넷플릭스 첫 화면

첫 화면에 나오는 재생 가능한 타이틀은 모두 내가 보았던 것들과 관계가 있거나 관심이 있을 법한 콘텐츠들이다. 2018년을 기존으로 하면, 제일 상단에는 이전에 보다가 다 못 본 것으로 기록된 영상들이 어디까지 보았는지와 함께 표시된다. 즉, '전에 보던 게 있던데 마저 볼래?'를 의미한다. 그 아래는 넷플릭스에 새롭게 등록된 콘텐츠들이 표시된다. 2018년 2월 말 한국에서 접근한 사용자 기준으로, 국내 방송사에서 제작한 콘텐츠도 존재하는 것을 확인할 수 있다.

브라우징을 통해 원하는 타이틀을 찾다가 발견했으면, 아마 해당 콘텐츠에 대한 간단한 정보가 필요할 수 있다. 그래서 그 아래에는 콘텐츠를 선택하면 표시되는 정보가 나온다.

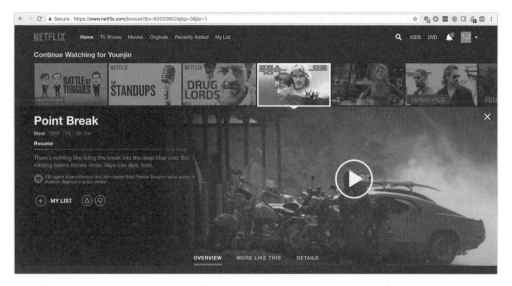

▲ 그림 2-13 콘텐츠의 선택

콘텐츠에 관한 간략한 정보가 표시되는데, 하단에 제공되는 오버뷰, 이 영상과 비슷한 다른 콘텐츠, 그리고 해당 콘텐츠의 디테일에 대한 정보 역시 확인이 가능하다. 이런 정보들을 확인하고 재생을 원한다면, 보기에도 큼지막한 플레이 버튼을 누르면 된다.

▲ 그림 2-14 영상 재생

콘텐츠가 재생되면 사용자의 네트워크 회선 속도에 따라서 처음에는 화질이 좋지 않다가, 점점 개선되는 상태를 볼 수도 있다. 또는 화질이 처음에는 좋다가 네트워크 속도가 저하되는 지역으로 이동한다던가 하면 화질이 나빠지는 경우도 볼 수 있다. 이건 보통 '어댑티브 스트리밍adaptive streaming'으로 불리는 기술로서 클라이언트와 스트리밍 서버 간의 네트워크 품질을 계속 모니터링 하면서 상태에 따라 데이터 전송량을 변경하되, 영상은 끊김이 없는 것을 최우선으로 하는 스트리밍 방식이다.

이런 일련의 사용 흐름을 소개하는 것은, 각각의 페이지와 기능을 위해서 실제로는 굉장히 많은 서비스와 애플리케이션이 동작하고 있음을 설명하기 위함이다. 서비스를 사용하는 사용자의 흐름은 앞에 소개한 것이 가장 기본적인 사용 패턴이다. 접속하고, 인증하고, 선택하고, 재생하는 이 일련의 과정이 넷플릭스 사용자들의 주요 서비스 사용 패턴이다.

하나의 애플리케이션과 하나의 데이터베이스에서 똑같은 기능을 구현해서 서비스하는 것과는 다르게, 마이크로서비스 구조에서는 이 서비스들이 서로 의존성을 가지게 된다. 예를 들어 로그인 후 표시되는 첫 페이지는 그 뒤에 사용자 프로필에 맞는 정보를 요청해서 가져와야 한다. 어떤 콘텐츠를 어디까지 보았는지에 대한 정보를 바탕으로 가장 첫 줄을 표시해야 하고, 새로 등록된 콘텐츠 리스트를 가져다가 두 번째 줄에 표시한다. 그리고 추천 서비스를 통해 만들어진 개인별 추천 리스트들을 순차적으로 배치한다. 실제로는 매우 단순해 보이는 페이지지만, 내부적으로는 페이지 하나를 표시하기 위해 수많은 서비스들이 요청과 응답을 주고받는다.

이런 구조가 제공하는 장점은 서비스 하나의 문제가 전체 서비스로 번지지 않도록 구성할 수 있다는 점이다. 예를 들어 로그인에 문제가 발생하면 클라이언트에 토큰이나 쿠키를 발급받지 못해 로그인이 필요한 가입자들은 서비스 사용에 문제가 발생한다. 하지만 이미 콘텐츠를 시청 중인 사용자들에겐 아무 문제가 없다. 검색 서비스가 동작하지 않는다고 해도 일반적인 사용 흐름에 큰 지장을 주지는 않는다.

어떤 마이크로서비스를 구성하는 하드웨어 또는 소프트웨어에 문제가 발생해도 장애는 그 지역에 국한된다. 뒤에 설명될 서킷 브레이커circuit breakers와 같은 도구를 통해 문제가 발생한 서버로의 연결은 다른 형태로 취급된다. 따라서 각각의 서비스는 다른 서비스의 상태와 관계없이 안정적으로 동작한다.

이런 구성이 어떻게 가능한 것인지 우리는 곰곰이 생각해 볼 필요가 있다. 지난 수년간의 넷플릭스 발표 및 공개된 문서들을 보면 공통적으로 언급하고 있는 것이 'Embracing failure'이다. 장애를 이전과는 다르게 취급함으로써, 조직 전체가 고가용성을 위해 추구하는 방향이 이전과는 달라진 것이다. 어떻게 그럴 수 있었을까?

2.6 | 모든 것은 고장 날 수 있다

우리나라 대부분의 서비스 회사, 그리고 미국도 마찬가지지만 보통 넷플릭스의 2008년 8월과 동일한 장애를 한 번도 겪지 않은 경우는 없다. 의도적으로 점검을 위해서 전체 서비스를 중단하든, 실제 데이터베이스에 문제가 발생했는데 동작해야 하는 HA가 문제가 되어 서비스가 다운되었다거나 하는 일은 얼마든지 있다.

디스크는 언제든 고장 날 수 있고, 서버도 많이 고장 나는 품목 중 하나다. 서버의 메모리 문제를 고치기 위해 운용 중인 서버를 중단하고, 메모리를 제거해, 지우개로 연결 단자를 청소한 뒤, 다시 설치 후 부팅하면 문제가 없어지는 장애 처리 방법을 보고 어이가 없었던 적이 있다. 웃어넘길 이야기일 수도 있겠지만, 이런 문제는 보통 서버가 운용되는 환경에 먼지가 많이 있으면 발생한다. 즉, 서비스 운용을 위해 먼지 관리를 위한 통풍 역시 중요한 부분이라는 점이다.

고장 나지 않는 물건은 없다. 따라서 다음과 같은 사상이 필요하다.

"모든 것은 고장 날 수 있다."

가만히 눈을 감고 지금 운용 중인 서비스의 각 구간이 고장 난다고 상상해 보자. 로드밸런서, 서버의 메모리, 디스크, 데이터베이스, 네트워크 장치, 이런 거대

구간뿐만 아니라 아파치 서버의 중단, 데이터베이스의 커넥션 숫자 초과, 수많은 sort 동작으로 인한 temp 디스크의 용량 초과, 상상 가능한 모든 구간을 생각해 보면 된다. 만약 그 상상의 결과가 전체 서비스 다운으로 이어진다면 어딘가 고쳐야 한다.

이 과정을 보통 SPOF^{Single Point Of Failure}를 제거한다고 한다. 단일 장애가 전체 장애로 번질 수 있다는 개념이다. 서비스에서 발생한 장애가 전체 장애로 확산하지 않도록 하기 위해 점진적으로 개선해야 하는 첫 번째 구간의 대상을 이 방법을 통해 추출할 수 있다.

그 외에, 넷플릭스가 사용하는 방법은 이것보다 조금 더 적극적이다. '카오스 엔지니어링'이라고 종종 언급되는 이 기술은, '장애를 일부러 유발하는 것'이다. 잠깐, 장애를 일부러 유발한다고?

서비스를 운용하고 있는데, 데이터베이스에서 디스크를 일부러 빼는 상상을 해보자. 무슨 일이 발생할까? 만약 디스크의 레이드 구성이 제대로 되었다면, 구성 방식에 따라 일부 성능 저하는 있겠지만 데이터 자체에는 문제가 없어야 한다. 그런데 성능이 얼마나 저감될까? 서비스에 문제는 없을까? 서비스에 문제가 된다면, 데이터베이스의 성능 저하가 서비스의 응답시간에 미치는 지연은 얼마나 될까? 그리고 반대로 다시 정상 디스크를 연결하면 레이드가 복구되는 동안 소비되는 컴퓨팅 자원은 얼마나 될까? 서비스는 그동안 응답속도가 계속 지연될 것인가? 아니면 문제가 없을 것인가?

이 모든 질문에 대한 답변은 '해보지 않고는 알 수 없다'라는 것이다. 서비스 구성 요소가 백억 짜리 시스템 규모라고 하더라도, 그래서 재해 복구 시스템을 80억 주고 다른 지역의 데이터센터에 구성하더라도, 실제로 서비스에서 전원을 뽑기 전에는 아무도 그 재해 복구 시스템이 정상적으로 구동한다고 장담할 수 없다. 동작을 확신할 수 없는 상태로 서비스를 그대로 두는 것이 아니라, 실제로 준비한 시스템이 동작하는지 항상 확인하는 방식이 넷플릭스의 방식이다.

원숭이 군단^{Simian Army}으로 언급되는 넷플릭스의 카오스 시리즈들은 서비스를 망가트리는 역할을 한다. 동작하는 서버를 일부러 끈다.

Simian Army Projects

- Chaos Monkey
- Chaos Gorilla
- Chaos Kong
- Janitor Monkey
- Doctor Monkey
- Compliance Monkey
- Latency Monkey
- Security Monkey

▲ 그림 2-15 넷플릭스 원숭이 군단

몇 가지 예를 들면, 먼저 '카오스 몽키'는 넷플릭스 서비스를 구성하는 가상 머신 중 아무거나 랜덤하게 끈다. 실제로 아마존웹서비스의 EC2를 사용하고 있는 경우, EC2 서비스에 가상머신을 종료하는 API를 보내는 역할을 한다. 물론 프로덕션으로 배포되기 전에도 수행하지만, 카오스 몽키는 실 서비스에서 '항상 동작'하고 있다. 지금 여러분이 넷플릭스를 사용하고 있는 순간에도 카오스 몽키가 넷플릭스 서버를 마구 끄고 있다는 것이다.

'카오스 고릴라'는 이 동작을 확장한다. 아마존웹서비스에서 언급하는 하드웨어 리소스들의 지역 단위가 있는데, 보통 리전Region과 가용존Availabiliity Zone이 그것이다. 하나의 리전은 다수의 가용존으로 구성되며, 하나의 가용존은 다시 다수의 물리적 데이터센터로 구성된다. 그리고 카오스 고릴라는 이 넷플릭스 서비스를 위한 하나의 가용존 전체의 서버를 종료시킨다.

'카오스 콩'은 여기서 더 나아가, 하나의 리전을 완전히 꺼버린다. N+1이라고 불리는 아키텍처 개선을 통해 하나의 리전 전체에 문제가 발생하더라도 다른 리전으로 트래픽을 우회할 수 있도록 구성했다. 넷플릭스는 미국 전체의 주말 트래픽 2/3를 차지한다고 알려져 있다. 이때 하나의 리전에서 수용하는 트래픽 규모는 상당할 것이다. 이런 트래픽 규모를 한꺼번에 다른 리전으로 전환하는 것은 보통 일이 아니다.

이 책의 다음 장에서는 여기에 필요한 기술들을 보다 구체적으로 다룰 것이다.

어쨌든 다른 리전으로 트래픽을 즉시 전환하는 동작을 실 서비스에 적용하고 있다는 점이 중요하다. 이들은 그저 이론으로만 존재하는 장애 복구 계획을 하는 게 아니라 직접 수행한다. 카오스 몽키는 상시 동작하지만, 카오스 콩과 카오스 고릴라는 주기적으로 스케줄을 잡고 구동한다고 한다.

그뿐만 아니라, 넷플릭스는 '장애 주입'이라는 방식을 사용하고 있다. 크게 보면 원숭이 군단도 이 체계의 일원이기는 하다. 장애 주입은 보통, 서비스에 유입되는 트래픽을 목적에 맞게 변조해서 서비스에 넣어보는 것을 말한다. FIT^{Fault Injection Test}로 불리는 이 방식은, 넷플릭스의 서비스와 엔지니어들이 장애에 대비하는 일종의 '백신' 역할을 한다. 서비스가 감기에 걸리지 않도록 하는 백신의 역할을 하는 것이다. 실제 의학에서 사용되는 백신은, '죽어있는 상태'의 병균을 사람 몸에 주입한다. 그래서 항체를 만들어내고, 항체가 만들어지면 해당 질병에는 저항을 가질 수 있는 것이다. 넷플릭스에서는 이 FIT가 비로 백신 체계인 것이다.

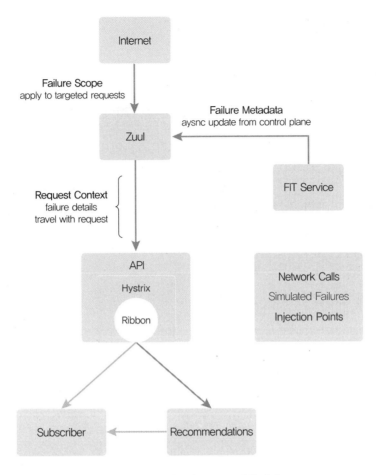

▲ 그림 2-16 넷플릭스 FIT - 백신 체계

왜 이런 위험천만해 보이는 행동을 하는 것일까? 어떤 서비스가 아주 높은 가용
성으로 동작하기 위해서는 반대로 아주 많이 죽여봐야(?) 한다고 생각하기 때문이
다. 역설적이지만, 장애를 많이 겪은 엔지니어가 장애를 빠르게 탐지하고 복구할 수
있는 것과 같은 이치다. 아마존의 CTO가 말하길, 경험은 압축할 수 없다고 했다. 그
렇다면 경험을 늘리는 것이 바로 장애 대비와 복구에 대한 경쟁력을 가지는 것이다.

이 경쟁력은 단순히 '사전 대비'만을 포함하지 않는다. 지금 운용 중인 서비스에
장애가 발생한다고 생각해 보자. 제일 먼저 할 일은 장애를 인지하는 것이다. 장애
발생 사실을 인지했다면, 어디가 문제인지 그 원인은 무엇인지 살펴야 한다. 문제
의 원인이 밝혀졌다면, 이를 제거한다. 그리고 사후 분석을 통해 재발 방지 대책을

세운다. 아마 거의 모든 회사가 이런 방식을 취하고 있을 것이다.

이런 방식의 가장 큰 문제는, 바로 장애가 발생한 다음부터 학습이 시작된다는 점이다. 이미 시스템 구조에 대해 모두 다 알고 있다 하더라도, 어느 부분이 문제인지 파악하기 위해서는 시간이 걸린다. 경험이 있는 장애라도 원인은 다를 수 있다. 경우에 따라서 오래된 시스템의 오래된 코드가 만들어내는 장애는 그 원인을 특정하기 매우 어려울 때가 많다. 장애가 발생한 다음 시작되는 공부가 빠를 리가 없다. 여기에 다른 조직과의 관계까지 고려해야 하는 경우가 되면, 아무도 장애가 왜 생겼는지 모르는 상태가 지속되기도 한다.

넷플릭스의 '먼저 죽이는' 방식은 바로 이 부분을 바로잡는다. 사전 테스트를 통해 미리 죽여보고 같은 문제로 죽지 않도록 대응하기도 하지만, 장애를 일부러 유발함으로써 실제로 발생했을 때의 대응을 매우 빠르게 한다. 이 학습의 반복을 통해 모든 구성원은 자신이 담당한 서비스에 대한 이해를 높인다. 이는 결과적으로 장애 발생 후 복구시간을 매우 빠르게 만든다. 대단히 중요한 부분이다.

장애가 발생한다면, 빠르게 탐지하는 것도 중요하다. 예를 들어 서비스의 특정 부분에 문제가 생겨 '천천히 느려지는' 상태가 발견된다면, 이 상태를 빠르게 탐지하는 기법도 필요하다. 경우에 따라서는 이렇게 천천히 문제가 진행되도록 두는 것보다, 확실하게 해당 부분을 서비스에서 배제하는 것이 좋다. 알람을 만들어내는 매트릭을 이런 목적에 따라 매우 공격적으로 설정하는 것으로 이해할 수도 있다. 문제가 크게 터질 때까지 버티고 버티다가 펑 하고 터지게 하는 것이 아니라, 무언가 문제가 시작될 것 같으면 바로 터트려서 즉시 해결을 시작하게 하는 것이다.

따라서 모니터링의 수준이 전과 달라야 한다. 현재 서비스에 무슨 일이 발생하고 있는지 빠르게 알 수 있어야 한다. 그리고 어디가 느려지고 있는지, 어디가 갑자기 빨라졌는지 등 각각의 서비스 상태에 대한 모니터링 수준이 서비스 개선의 수준을 결정한다.

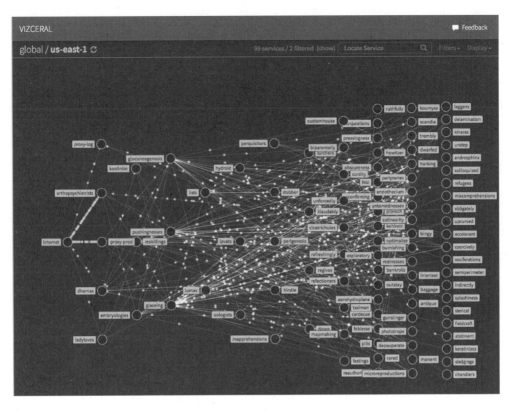

▲ 그림 2-17 넷플릭스 모니터링 비주얼라이제이션 도구, 비즈시럴

 장애에 대한 이런 사상의 변화는 아주 중요하다. 회사의 모든 전략을 바꾼다. IT 서비스의 가용성과 성능이 중요하다면 이런 사상의 변화가 필요하다는 점을 인지해야 한다. 장애에 강력한 서비스 구조와 시스템은 '자주 업데이트할 수 있는 서비스'의 장점을 필연적으로 가져오기 때문이다.

 카오스 몽키를 국내의 많은 개발자와 운영자에게 소개하기 시작한 것이 벌써 2012년부터 인 것 같다. 하지만 실제 적용을 이루어냈다는 업체나 팀을 들어본 적이 없다. 이는 아마도 서비스에 구현하고 배포하고, 그리고 다운을 막기 위해 그동안 해왔던 방법을 계속 연속적으로 해야 하는 모멘텀이 있기 때문이라고 생각한다.

 스프링 부트 프로젝트 리더인 필 웹의 말을 인용하자면, "소프트웨어를 현 상태로 유지하는 데 힘을 쏟기보다, 항상 필요한 소프트웨어가 되도록 유지해야 한다"는 점을 강조하고 싶다. 아울러, 이런 사상을 바탕으로 넷플릭스처럼 변화에 강한 체계를 만드는 국내 기업들이 많아지기를 바란다.

　넷플릭스 사례를 소개하면 놀라워하면서도, 동시에 "우리는 그런 규모가 아니라서요"라고 말하는 기술자들을 종종 접한다. 넷플릭스와 같은 규모로 트래픽을 처리하지 않기 때문에 그들과 같은 구조를 목표로 하는 것은 오버 엔지니어링이라는 것이다. 넷플릭스 서비스에서 배워야 할 가장 강력한 부분은 바로 변화를 적용하면서도 장애에 대한 대응 능력이 매우 뛰어나다는 점이다. 즉, 규모가 우선 조건이 아니라 변화하는 환경 속에서도, 언제든 발생할 수 있는 장애 가능성 속에서도 높은 가용성을 유지하고자 한다면 기술자로서 그 핵심에 대해서 학습할 필요가 있다.

CHAPTER

03

····

넷플릭스의 도구들

3.1 | 클라우드 사용의 핵심

앞서 설명한 다양한 사상을 서비스에 반영하기 위해, 넷플릭스는 자사의 서비스 대부분을 아마존웹서비스가 제공하는 클라우드로 이전했다. 아마존웹서비스는 2000년대 중반 SQS$^{Simple\ Queue\ Service}$와 EC2$^{Elastic\ Compute\ Cloud}$ 서비스를 시작으로 클라우드 서비스를 제공하기 시작했다.

넷플릭스의 다양한 도구들에 대해 이해하려면 그전에 아마존웹서비스에 대한 이해가 다소 필요한 부분이 있다. 이 장에서는 먼저 아마존웹서비스에 대해 아주 간략하게 소개하고, 이 위에서 동작하는 넷플릭스의 다양한 도구들에 대해 설명하는 것을 목표로 한다.

아마존웹서비스는 현재 방대한 양의 서비스를 제공하고 있다. 처음 서비스를 사용해 본 것이 2010년 정도였던 것으로 기억하는데, 당시에는 EC2, Simple DB, SQS 정도의 서비스만 존재했었다. 아마존웹서비스의 발전사에 대해서는 다른 책에서도 많이들 기술하고 있으므로 자세한 설명은 하지 않도록 한다.

클라우드 서비스는 이제 어떤 추상적 개념이 아니라 실질적으로 사용할 수 있는 서비스가 되었다. 간단하게 정의를 해 보자면, 미리 준비한 하드웨어 리소스 풀 안에서 서버와 네트워크, 그리고 스토리지 자원을 원하는 대로 원하는 순간에 할당 받아 사용할 수 있도록 API를 제공하는 형태를 클라우드 서비스라고 할 수 있다.

사용한 만큼 지불하고, 필요할 때 켜고, 필요 없을 때 끄는 방식은 다양한 아키텍처의 변화를 이끌어냈다. 초기에 아마존웹서비스를 사용하기 위해서는 종전의 애플리케이션에 변경이 필수였다. 예를 들어 모든 EC2 인스턴스는 현재 EBS라고 알려진 영구 스토리지가 존재하지 않고, 휘발성 스토리지인 Ephemeral 디스크만 제공되었다. 동일한 이름의 서버를 껐다가 켜면, 이전에 사용하던 데이터는 존재하지 않는 방식이다. VPC^{Virtual Private Network}라고 불리는 서비스 역시 존재하지 않았다. 따라서 모든 EC2 서버들은 동적으로 할당되는 사설 IP 주소와 외부 접근을 위한 공인 IP 주소가 함께 할당되었는데 이것들은 모두 '변경될 가능성이 높은' 자원들이었다.

서버의 네트워크 주소나 디스크가 켤 때마다 초기화되는 구성은 종래의 데이터센터에서 동작하는 서버가 자원을 사용하는 형태와는 매우 다른 것이다. 데이터센터의 서버는 인터넷 서비스 공급자 또는 데이터센터 서비스 사업자가 제공하는 공인 IP 주소 체계와 서비스를 구성하는 서버들이 사용하는 사설 네트워크 기반의 IP를 통해 구성한다. 한 번 할당한 이 네트워크 주소들은 변경될 가능성이 거의 없다. 추가는 있을지언정, 변화는 발생할 가능성이 낮기 때문에 경우에 따라서 애플리케이션의 설정 파일에 이런 네트워크 주소를 직접 추가하는 것이 일반적이다. 이런 구성을 그대로 당시의 아마존웹서비스로 가져간다면, 심각한 혼란을 겪을 수밖에 없었다.

아마존웹서비스 역시 이런 고객의 요구를 알고 있었기에 지속적으로 개선되어 데이터베이스를 사용할 수 있는 디스크 서비스를 내놓고, 일반 데이터센터에서와 같이 고정 IP를 할당할 수 있는 체계로 점진적으로 발전해 왔다. 현존하는 대부분의 x86_64 기반의 레거시 애플리케이션 구성은 거의 그대로 아마존웹서비스로 옮기는 것이 가능할 정도다.

기능이 다양하게 제공된다고 해서 모든 것이 좋은 것만은 아니다. 레거시 방식으로 구현된 서비스 구조를 그대로 클라우드 서비스에 가져다가 사용하는 것은 가능하지만, 클라우드 서비스의 장점을 100% 활용하는 것은 아니다. 클라우드 서비스의 가장 기본적인 항목 중 하나인 '사용한 만큼 지불, 필요할 때 리소스 할당과 해제'의 개념이 반영되기가 매우 힘든 것이 종전의 서비스 구성 방법이기 때문이다.

가장 대표적인 예 중 하나가 오토스케일링의 적용 가능 여부다. 오토스케일링이란, 서비스에 유입되는 트래픽이나 서버의 부하 상태 등의 몇 가지 지표에 따라 자동으로 서버를 늘리고, 줄이는 기능을 말한다. 웹서비스에서 외부의 트래픽을 직접 받는 서버들은 아마 웹 서버일 가능성이 가장 클 것이고, 이 서버들의 오토스케일링이 10대에서 100대까지 서비스에 유입되는 트래픽 규모가 늘어나면 몇 대를 늘리고, 다시 트래픽 규모가 줄어들면 몇 대를 줄이라고 하는 방식으로 설정하는 것이 가능하다.

이 과정을 조금 더 자세하게 살펴보자. 먼저 서비스에 유입되는 트래픽의 규모를 무엇으로 측정할 것인지에 대한 선택이 필요하다. CPU 부하일지, 밸런서에서 측정되는 응답 지연시간으로 할지, 초당 유입되는 요청 규모로 할지와 같은 것들이다. 즉, 모니터링이 적용되어야 한다. 두 번째로 특정 시점에 트래픽 유입이 늘어나면 웹 서버를 더 많이 켠다. 이때, 모든 웹 서버에 동일한 버전의 애플리케이션이 있어야 한다. 새로운 웹 서버가 늘어나면, 로드밸런서에 이 서버들이 추가되어야 한다. 로드밸런서에 추가되면 그때야 비로소 기능한다.

줄어드는 과정은 어떨까? 서비스에 부하가 걸리지 않는다는 지표를 설정하고, 이 지표와 맞으면 몇 대씩 웹 서버를 종료한다. 그냥 종료하면 안 되고, 밸런서에서 제거한 다음 종료해야 할 것이다. 줄어드는 과정은 그게 끝이다. 간단하지 않은가?

하지만 간단하지 않다. 수많은 서비스 사용자들의 가장 큰 걱정은 세션이다. 레거시 시스템에서 세션의 분배는 마찬가지로 어플라이언스 기반의 밸런서가 처리한다. 그런데 그냥 처리하는 게 아니라, 경우에 따라서는 Sticky bit 또는 Persistent connection 등으로 명명되는 기법을 사용한다. 이 기능이 수행하는 동작은 외부 클라이언트 A가 서비스에 접근하면, 내부 서버 A로 연결해 주는 것이다. 그리고 이 연결을 기억한다. 따라서 외부 클라이언트는 항상 동일한 내부 서버 A로 연결되기 때문에, 서비스 입장에서는 내부 웹 서버 간 세션을 공유해야 할 필요가 사라진다. 이러한 네트워크 도구의 기능상 편의를 바탕으로 구현된 서비스는 오토스케일링 적용이 불가능하다. 클라우드 서비스의 밸런서가 동일한 기능을 제공해 주기 전까지는 그렇다.

또는 세션의 처리를 웹 애플리케이션 서버의 세션 클러스터링 기능에 의존하고 있는 경우도 있다. 이때는 웹 애플리케이션 서버 간의 클러스터링 구성이 먼저 진행되어야 하므로 오토스케일링 적용이 불가능하다. 코드와 서비스 구조의 변경 없이는 마찬가지로 오토스케일링 적용이 불가능하다.

모두 당연하게 생각하는 부분 중 하나는, 데이터베이스 또는 데이터 저장에는 오토스케일링이 불가능할 것이라는 점이다. 경우에 따라서 적용이 가능한 서비스가 존재하기도 하지만, 적용이 불가능한 경우가 더 많다.

재미있는 사실은 이 오토스케일링 기능 역시 넷플릭스가 아마존웹서비스로 마이그레이션 하던 시절에는 제공되지 않는 기능이었다는 점이다. 딩시 오도스케일링은 아마존웹서비스의 파트너사인 라잇스케일$^{Right\ Scale}$과 같은 서비스 파트너를 통해 제공되던 기능이었다.

기능이 제공하는 핵심은 특정 지표를 모니터링하다가 이벤트가 발생하면 EC2 서비스에 API 요청을 하는 것이다. 충분한 모니터링 체계를 만들었고 API에 대해 잘 알고 있다면, 직접 구현하는 것도 가능하다. 하지만 아마존웹서비스의 모토가 '누군가 힘들게 만들어 놓은 것이 있으면 내가 직접 구현할 필요 없이 그것을 사용하기로 한다'이므로, 이 기능의 핵심을 이해하고 있다면 다시 직접 구현할 필요가 없이 사용하면 된다. 그렇지만, 레거시 상태로 만들어 놓은 서비스는 아마 그 상태 그대로 아마존웹서비스로 이전해야 할 것이다.

넷플릭스 역시 이런 문제를 안고 있었다. 이미 만들어둔 수많은 코드는 레거시 기반 위에서 동작한다. 2008년의 넷플릭스는 거대한 하나의 덩어리지어진 자바 애플리케이션과 이와 강하게 결합한 거대한 데이터베이스로 구현된 형태로, 대부분의 기업 서비스와 동일한 문제를 안고 있었지만 하나씩 해결한다.

그 과정에서 만들어진 것들이 넷플릭스 도구들이다. 앞 장에서 예로 든 몇 가지 서비스들이 바로 넷플릭스 도구들이다. 그리고 이 도구들은 넷플릭스의 필요에 따라 오픈소스화 되었다. 넷플릭스 OSS^{Open Source Service}로 공개된 도구들은 다음의 링크에서 확인할 수 있다.

https://netflix.github.io/

클라우드에 최적화된 서비스란 앞서 설명한 클라우드의 장점을 가장 잘 활용하는 형태로 만들어진 서비스를 의미한다. 바꾸어 말하면, 서비스의 다양한 구간에 오토스케일링을 적용할 수 있고, 실 서비스 배포 이전에 실 서비스와 동일한 형태로 언제든 배포할 수 있으며, 어딘가 문제가 발생하면 다른 지역에 동일한 서비스를 즉시 배포해서 장애에 능동적으로 대응할 수 있는 것들을 의미한다. 이런 것들이 가능하면, 다운타임 없는 서비스를 만들어 낼 수 있게 된다. 보안 업데이트를 충실히 따르고, 서비스 업데이트를 언제든 원할 때 진행할 수 있으며, 그로 인해 남들보다 강력한 가용성과 성능으로 고객이 더욱더 원하는 형태로 서비스를 개선하는 것이다.

그리고 이것이 바로 변화에 살아남는 서비스를 통해 항상 필요한 서비스로 남는 방법이 될 것이다.

Netflix 2010

▲ 그림 3-1 넷플릭스의 클라우드 마이그레이션

넷플릭스 OSS는 크게 다음의 카테고리로 나눌 수 있다.

- 배포
- 클러스터링 도구
- 기본 클러스터 서비스
- 프레임워크 및 라이브러리
- 데이터 서비스
- 넷플릭스만의 문제를 해결하기 위한 도구

넷플릭스는 주로 아마존웹서비스를 사용한다. 따라서 배포를 위해 개발된 도구는 대부분 아마존웹서비스를 대상으로 하지만, 스피네커^{Spinnaker}와 같은 도구는 멀티 클라우드 배포를 지원하기도 한다. 하지만 아마존웹서비스에 특화된 기능들이 많은데, 예를 들면 WAR 애플리케이션을 AMI에 함께 넣어서 오토스케일링 그룹에 포함하는 구조가 그렇다.

폴리글럿^{Polyglot}, 즉 다양한 언어와 기술을 지원하기 위해 지금은 자바만 지원하는 것은 아니지만 자바로 구현된 기능들이 대부분이다. 주요 핵심 서비스에는 JMX를 사용하고 있으며, JSR-233 언어들을 지원하며, 그루비^{Groovy}와 스칼라^{Scala}를 많이 사용하는 것으로 알려졌다.

아이스^{Ice}는 아마존웹서비스 위에서 비용 최적화를 수행하는 도구다. 아마존웹서비스가 제공하는 비용 지불 관련 API를 사용하도록 디자인되었다. 또한, 아마존에서는 RI$^{Reservced Instance}$라고 불리는 가상머신 사용 계획을 제공하는데, 만약 1년 정도의 장기간에 걸쳐 서버를 지속해서 사용하는 경우에 RI로 등록해 두면 비용 절감 효과를 볼 수 있다.

이 장에서는 다양한 넷플릭스 도구들이 어떤 용도로 만들어지고 사용되는지에 대해 살펴본다.

3.2 | 아마존웹서비스 기본

아마존웹서비스가 제공하는 서비스 종류는 이제 책 한권으로 다 설명하기도 벅
찰 정도로 많아졌다. 사실 이 서비스는 책으로 보는 것보다 그냥 서비스에 등록해
서 계정을 만들고 웹 콘솔을 한번 살펴보는 것이 더 빠르다.

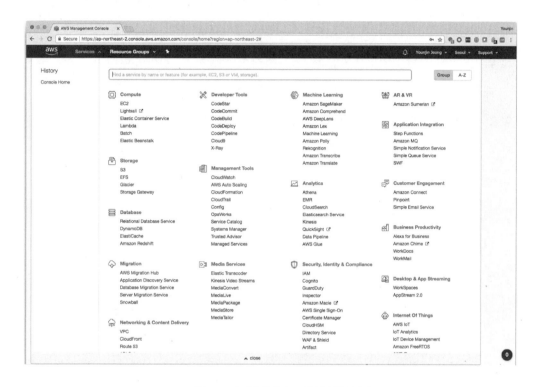

▲ 그림 3-2 아마존웹서비스 웹 콘솔 첫 화면

아마존웹서비스가 제공하는 서비스 대부분은 다음의 주요 서비스들에 의존성을
가지고 있다. 이 책에 필요한 서비스와 기능에 대해서만 간략하게 소개한다.

EC2, Elastic Compute Cloud

일레스틱 컴퓨트 클라우드^{EC2}는 가상머신을 제공하는 서비스다. EC2에는 종속

성을 가지는 많은 하위 기능들이 있다. 처음 출시와는 다르게, 이제는 정말 많은 종류의 가상머신을 서비스하고 있다. 처음에는 가상머신의 프로세서와 메모리가 선택의 포인트였다면 이제는 GPGPU, FPGA 등 특정 컴퓨팅 파워를 늘리기 위한 다양한 옵션이 존재한다. 또한 수십 기가바이트의 메모리가 최대 옵션이었던 부분도 이제 테라바이트 규모의 메모리를 선택해 사용할 수 있다.

각각의 가상머신은 기본적으로 사용 시간 단위로 비용이 청구된다. 일단 켜면 1시간 비용이 청구되고, 1시간 1분이 지나면서 2시간 비용이 부과되는 형태다. 따라서 한 번 켜면 가급적이면 1시간을 가득 채워서 사용하는 것이 유리하다.

대규모 서비스를 위해 수많은 가상머신을 운용하다 보면 이 1시간에 꼭 맞게 자원을 사용하는 것이 어렵다. 오토스케일링을 적용하더라도 2시간에 가까워지는 가상머신을 먼저 종료하도록 하면서, 서로 다른 가용존에 비슷한 수량을 유지하는 기능성이 필요할 수 있다. 또는 컴파일 용도로 가상머신을 할당 받아서 생각보다 빠른 시간에 컴파일이 종료되있다면, 다른 일을 시키는 깃도 가능하다.

EC2 서비스에는 가상머신의 원활한 동작을 지원하기 위한 다양한 서비스가 메뉴에 함께 존재한다. 가장 첫 번째는 저장소를 제공하는 EBS^{Elastic Block Service} 서비스다. EBS는 필요한 만큼 디스크를 생성해 EC2의 가상머신과 연결해서 사용하며, 보통 데이터베이스의 저장소 형태로 한 번 저장한 데이터는 영구히 저장된다. 지금은 모든 EC2 가상머신의 root 디스크가 EBS로 제공되어 시스템 설정을 변경하면 그대로 유지되지만, 이전에는 Ephemeral 디스크였다. 현재도 사용이 가능한데, EC2 인스턴스의 목록을 살펴보면 가상머신의 종류별로 사용할 수 있는 디스크의 수량과 크기가 다르다.

네트워크 관련 서비스들도 존재한다. 대표적인 것이 ELB^{Elastic Load Balancer}로, 외부에서 유입되는 트래픽을 내부의 가상머신으로 분배하는 역할을 한다. ELB 역시 현재는 Sticky 세션 지원, 오토스케일링으로 서버의 수량이 축소되기 전에 해당 서버로 신규 연결을 제공하지 않는 커넥션 드레인 등 다양한 기능을 제공하며, 최근에는 ALB라 불리는 애플리케이션 로드밸런싱도 제공하고 있다. 고정된 공인 IP 사용을 위한 Elastic IP를 통해 IP 주소를 원하는 가상머신에 연결 및 연결 해제가 가능하다.

보안 그룹^{Security Groups}은 가상머신에 유입되거나 가상머신이 외부로 통신할 때 접근할 수 있는 주소와 포트를 설정하는 데 사용한다. 일종의 간단한 방화벽으로 기능하며, iptables처럼 너무 많은 필터를 사용하는 것은 좋은 방법이 아니다.

AMI^{Amazon Machine Image}는 가상머신의 원본 템플릿을 제공한다. 사용을 원하는 운영체제 및 해당 운영체제의 버전을 선택해서 가상머신을 구동할 수 있다. 이렇게 구동된 가상머신을 사용자가 입맛에 맞게 변경하고 다시 사용자만의 커스텀 AMI로 만들 수 있다. 이렇게 만들어진 원본 이미지는 서비스의 확장을 원할 때 언제든지 가져다가 사용해서 원하는 수량의 서버를 만드는 데 사용한다.

이 외에도 디스크 볼륨의 데이터를 저장할 수 있는 스냅샷, 오토스케일링, 그리고 클라우드 와치^{CloudWatch}로 불리는 모니터링 서비스가 기본 제공된다.

넷플릭스에서 주요하게 사용하는 서비스이며, 거의 모든 넷플릭스의 서비스가 EC2로 구성된다.

VPC, Virtual Private Cloud

VPC^{가상 네트워크}는 Virtual Private Cloud Network, 즉 클라우드 환경에 사용자가 원하는 가상 네트워크를 만들고 사용할 수 있도록 하는 서비스다. 아마존웹서비스에 처음 서비스를 구성하고자 하는 경우 아마 가장 먼저 사용하는 서비스가 될 것이다. 최대 16bitmask(10.0.0.0/16, 또는 255.255.0.0)의 네트워크를 생성할 수 있다. 만약 데이터센터와의 물리 네트워크 구성을 원한다면, 이 처음 만드는 주소가 물리 네트워크 또는 아마존웹서비스의 다른 네트워크와 겹치지 않도록 구성해야 라우팅 처리가 가능하다. 네트워크에서 라우팅이랑 서로 다른 마스크를 가진, 즉 다른 네트워크가 게이트웨이를 통해 통신할 수 있는 방법을 말한다.

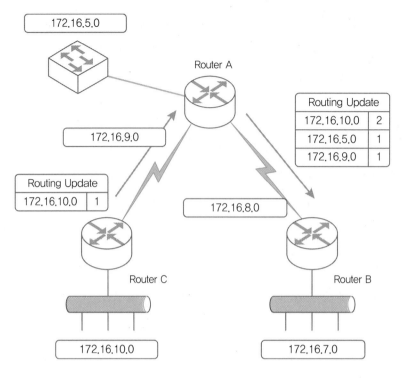

▲ 그림 3-3 네트워크에서 라우딩

라우팅이 동작하는 방식은 〈그림 3-3〉과 같다. 서로 다른 주소의 네트워크가 있고, 이 각각의 네트워크에 모두 연결된 컴퓨터가 존재한다. 이 컴퓨터는 각각의 네트워크에 게이트웨이가 되고, 각 네트워크에 속한 컴퓨터는 모두 이 컴퓨터를 통해 다른 네트워크에 접속한다.

VPC 서비스는 IGW라 불리는 인터넷 게이트웨이와 VGW로 불리는 내부 네트워크 게이트웨이를 모두 제공한다. 기본 동작 방식은 내부 네트워크로 흐르는 트래픽이 아니면 인터넷 게이트웨이를 사용한다고 이해하면 된다. VGW는 다른 VPC와의 연결 또는 물리적으로 존재하는 데이터센터와 연결을 할 수 있는 방법을 제공한다. 하지만 앞서 설명한 대로 실제 데이터센터와 VPC가 같은 네트워크 주소로 되어있는 경우에는 라우팅을 처리할 수 있는 방법이 없기 때문에, 즉, 같은 주소의 네트워크를 서로 구분할 방법이 없기 때문에 불가능하다. 이런 문제로 인해 VPC를 다시 설정해야 할 필요가 발생할 수 있으므로 주의하도록 한다.

대부분 기업에서 데이터베이스는 외부 접근이 차단되는 별도의 고립된 네트워크를 만들어 운용한다. 아마존웹서비스에서도 이런 구성이 필요하다면 VPC에서 외부 연결이 되지 않는, 즉 인터넷 게이트웨이로의 라우팅이 없는 네트워크를 만들면 된다. 이런 경우, 어떠한 방법으로도 해당 가상머신에 접근할 수 있는 방법이 제공되지 않으므로 매우 안전한 환경을 제공한다.

S3, Simple Storage Service

데이터의 저장과 사용은 그 용도에 따라 매우 다르다. 넷플릭스는 그 태생적 데이터의 사용에 영상이 존재한다. 저장된 영상은 수많은 사용자에게 스트리밍으로 네트워크를 통해 전송된다. 당연히 한 대의 서버만으로 이 스트리밍 요구를 처리할 수 없기 때문에, 다수의 서버가 동일한 파일에 접근해야 하는 경우가 매우 자주 발생한다. 데이터센터에서는 이런 경우 보통 NFS라고 불리는 네트워크 저장소를 구성해서 사용한다.

물론 아마존웹서비스에서도 EBS와 EC2 서비스의 조합을 통해 NFS를 VPC 환경에 구성하는 것이 가능하다. 또는 EFS라고 불리는 아마존웹서비스에서 직접 제공하는 서비스를 사용할 수도 있다. 다만 별도의 백업을 구성하거나, 고가용성 요구를 만족하기 위해 적지 않은 수의 EC2 인스턴스가 필요할 수 있고, EC2 인스턴스를 관리해야 하는 부담이 있다.

S3는 웹으로 접근해서 파일을 저장하고, 다운로드하는 기능성을 제공하는 동시에 업로드된 파일을 서비스가 알아서 여러 개의 데이터센터에 분산해서 파일을 저장한다. 99.99%의 서비스 API 가용성과 99.9999999%의 파일 보존성을 자랑한다. SLA가 높기도 하지만, 기본적으로 네트워크 파일 시스템을 사용해서 서버에 연결하고, 이를 다시 웹으로 제공해야 하는 사용성이 있다면 이 모든 기능을 S3가 제공해 주므로 동일한 파일을 더 저렴한 가격에, 더 높은 가용성으로 처리할 수 있다.

넷플릭스에서는 다양한 용도로 이 S3 서비스를 사용한다. 서비스해야 하는 영상뿐만 아니라 각종 로그의 저장도 담당한다.

SQS, Simple Queue Service

SQS 서비스를 만들게 된 배경은 아마존닷컴에 물건을 판매하고자 하는 셀러들을 지원하기 위해서라고 한다. 상품을 아마존닷컴에 팔기 위해서는 상품 정보를 등록해야 한다. 이때 상품 정보를 받아서 처리하기 위한 배치 시스템을 큐를 통해 구현해서 제공하고자 하는 목적으로 SQS를 만들었다는 설이 지배적이다. S3와 함께 아마존웹서비스의 가장 초기 서비스 중 하나이며, 서비스의 성숙도가 매우 높다.

클라우드에서 사용하는 메시지 큐는 특별한 의미를 가진다. 큐라고 하면 보통 FIFO(First In First Out의 약자로, 컴퓨터 시스템에서 사용되는 자료 구조 중 하나이다. 어떤 데이터를 다룰 때 먼저 유입된 데이터가 먼저 나가는 것을 의미한다. 일반적으로 큐(Queue)로 알려진 도구들이 데이터를 처리하는 형태이며, 순차적으로 데이터 처리가 필요한 경우에 사용한다. 이와 다른 자료 구조로는 FILO(First In Last Out) 등이 있다.) 구조의 무엇을 떠올리곤 하는데, 클라우드에서 사용하는 메시지 큐는 이것과는 조금 다른 의미를 가진다. 들어오는 데는 순서가 있지만 나가는 데는 순서가 없을 수도 있다. 메시지 페이로드는 원하는 형태로 바이트 크기만 지키면 사용에 별 문제가 없으며, 보통 워커^{Worker}라고 불리는 배치 작업을 효율적으로 처리하기 위해 사용한다.

앞서 장애의 부분에서 설명했듯, 이들 워커 역시 문제가 발생할 수 있으며 문제가 발생했다고 해서 큐에 할당된 작업이 유실되면 안 된다. SQS에서는 이런 상황을 막기 위한 기능들이 메시지의 상태를 통해 제어할 수 있도록 구현되어 있다. 예를 들어 특정 워커가 큐에 있는 메시지를 가져갔는데, 종료 상태 없이 작업 중이라는 상태를 큐에 알리지 않으면 메시지가 다른 워커에 의해 가져갈 수 있도록 구현할 수 있다.

아마존웹서비스의 API는 대부분 이런 큐를 사용한다. 예를 들어 "서버를 켜줘"라는 API 요청은 큐에 유입되면서 클라이언트에게 "알았어"라고 응답한다. EC2를 담당하는 서버는 이 큐에 유입된 메시지를 확인하고 해당 계정의 원하는 네트워크 위치에 가상머신을 기동한다. 이 가상머신이 구동되면, EC2 콘솔에서 describe 계열의 API 요청을 통해 상태를 확인할 수 있다. 일종의 최종 일관성을 구현하고 있는 것이다.

여기서 소개한 것 이외의 다양한 서비스들은 대부분 이 몇 가지의 서비스를 바탕으로 만들어졌다. 레드시프트^{RedShift}로 불리는 데이터웨어 하우징 역시 데이터 하우징을 위한 EC2 클러스터를 아마존웹서비스가 만들어 주는 형태다. 백업은 S3에 저장하고, 업데이트나 클러스터 크기 조정을 지원한다. RDS라고 불리는 관계형 데이터베이스 서비스 역시 EC2 서비스와 상당히 유사하지만, 데이터베이스 인프라를 아마존웹서비스에서 생성, 삭제, 백업, 업데이트를 제공해 주는 서비스다. EC2와 EBS, 그리고 역시 백업과 로깅을 위해 S3를 사용한다.

3.3 | 플랫폼 도구

이제 넷플릭스의 오픈소스에 대해 살펴보자. 오픈소스 개발에 적극적인 넷플릭스는 다양한 오픈소스를 제작해 공개하고 있다.

유레카, Eureka

첫 번째로 소개할 넷플릭스의 오픈소스는 유레카다. 유레카는 넷플릭스 플랫폼에서 '서비스 디스커버리'라는 역할을 담당한다. 유레카 서비스 디스커버리의 주요 기능은 가상머신이 유레카 클라이언트를 탑재한 상태로 구동되면 이 서버가 어떤 역할을 하는지, 네트워크상의 어느 주소에 위치하는지에 대한 정보를 유레카 서버에 전달한다. 이 정보를 전달받은 유레카 서버는 다시 기존의 클라이언트들에 새로운 멤버가 어떤 애플리케이션으로, 네트워크상의 어디에 존재하는지 전파한다.

이 도구가 대체하는 역할은 바로 서비스 내부에서 사용하는 네임 서버다. 네임 서버의 역할은 도메인으로 구성된 서버 또는 서비스의 이름과 네트워크 주소를 매핑하여 정보를 요청하는 클라이언트에게 네트워크 주소를 할당한다.

다음의 그림은 DNS가 어떻게 동작하는지 보여준다.

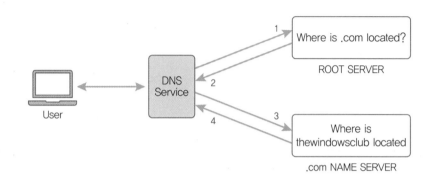

▲ **그림 3-4** 도메인 네임 서버의 동작 DNS

www.mydomain.com과 같은 주소를 브라우저에 넣게 되면 이는 네트워크 정보에 담겨있는 DNS 시비로 물어본다. 이때 순서가 있다.

.com, .net. .io와 같은 최상위 도메인에 대한 정보를 가지고 있는 서버들을 ROOT DNS라고 한다. 이 ROOT DNS 서버 정보들은 사전에 공개되어 있으며, IANA^{Internet Assigned Numbers Authority}와 같은 기관에 의해 관리된다. 기본 동작은 이 ROOT 서버에 mydomain에 관련된 정보를 어디서 찾아야 하는지 물어보고, ns.mydomain.com과 같은 DNS 서버 주소를 찾게 되면 다시 이 ns.mydomain.com에서 www에 대응하는 IP 주소를 넘겨받아 결국 www.mydomain.com으로 직접 IP 연결을 통해 접근하게 되는 형태다. 이러한 메커니즘이 왜 필요한지 생각해 볼 필요가 있다.

첫째로는 4개의 점으로 구분된 숫자와 서비스의 이름을 사람이 직접 기억하는 방법이 불편하기 때문이다. www.amazon.com이 54.239.25.208보다 외우기가 쉽다.

둘째로 도메인과 IP 주소는 영구히 고정되지 않는다. 장애에 의한 고가용성 처리를 위해서나 서버의 물리적 이전이 발생할 수 있다. 사람의 이름은 바뀔 가능성이 매우 낮지만, 살고 있는 주소는 언제든 바뀔 수 있다. 따라서 DNS는 이런 인터넷 상의 특정 서비스로의 접근을 위한 주소 해석 체계를 제공한다.

그런데 클라우드에서는 리소스가 동적으로 할당되고 해제되기 때문에 종래의 DNS 체계로 감당할 수 있는 것 이상으로 주소가 자주 바뀐다. 경우에 따라서는 오래도록 그대로 있는 서버도 있겠지만, 어떤 경우에는 수 시간 또는 수분 단위로도 새로 생성되고, 또 없어질 수 있는 환경이다.

클라우드 환경에서 종전의 네임 서버의 방식은 몇 가지 문제점을 가지게 된다. 그중 가장 취약한 부분은 동적으로 생성되는 서버들의 주소를 애플리케이션 이름과 매핑해서 다른 서비스들에 제공할 수 있을까 하는 것이다.

예를 들어 사용자가 로그인 후 시청 가능한 목록을 동적으로 그리기 위해 사용자별 개인화 시청 목록을 제공하는 서비스에 접근해야 하는 경우를 생각해 보자. 넷플릭스는 다수의 사용자가 동시에 사용하는 서비스이다. 유입되는 트래픽에 따라 영화 목록을 보여주는 서비스 및 개인화 분석 결과를 가지고 있는 서비스를 구성하는 서버들은 늘어났다가 줄어들기도 한다. 이때 만약 새로운 서버가 오토스케일링에 의해 구동되었다면, 이 사실을 어떻게 다른 서비스에 전달할 것인가?

네임 서버를 사용한다면 네임 서버의 존 설정 파일을 끝도 없이 변경하고 네임 서버 데몬을 리로드^{reload}해야 할 것이다. 만약 네임 서버의 존 파일을 변경한 후 리로드하는 것이 자동화되어 있지 않다면, 운영자에게는 굉장히 스트레스를 받는 작업이다. 그래서 잘하지 않게 되고, 결과적으로 서비스에 오토스케일링을 적용할 수 없다. 다른 방법으로는, 각각의 서비스마다 ELB를 배치하는 것이다. 그래서 ELB 하위에 각각의 서비스를 밸런싱하고, 오토스케일링을 통해 ELB와 연결하도록 한다. 하지만, 이 방법은 최소한의 기능성에 대한 해답만 제시한다. 그리고 DNS를 아직도 사용해야 하는 구조를 가진다.

각각의 서비스를 구성하는 서버들이 '다른 서비스를 구성하는 서버들에 대한 애플리케이션 이름 : 네트워크 주소'의 매핑 정보를 가지고 있다면 어떨까? 이 매핑 정보를 동적으로 참조할 수 있다면 어떻게 될까? 게다가 이 네트워크 정보가 코드

내에서 애플리케이션 이름으로 사용할 수 있다면 어떨까? 그리고 누군가 이 네트워크 정보에 대해 헬스체크를 수행해서 멤버의 유입과 이탈을 즉시 업데이트 받을 수 있다면, 매우 동적인 환경이 구성될 수 있을 것이다.

데이터베이스 분산 기술 중에 샤딩이 있다. 특정 키값을 바탕으로 물리적 저장소를 분리하는 기법인데, 이 물리적 저장소를 도메인 이름 기반이 아니라 애플리케이션 이름 기반으로, 클래스 내에서 정의해서 사용할 수 있다면 아마 상당히 유연한 샤드 클러스터를 구현할 수 있을 것이다.

이 부분을 처리할 목적으로 사용하는 도구가 바로 서비스 디스커버리이며, 넷플릭스가 만들어 필요한 클라이언트들에 라이브러리로 제공하는 것이 유레카다.

다음의 그림은 유레카가 어떻게 동작하는지 보여준다.

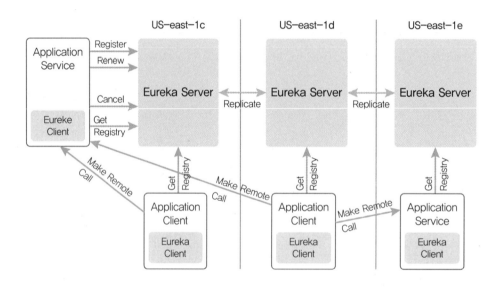

▲ 그림 3-5 넷플릭스 유레카

〈그림 3-5〉의 다이어그램은 유레카 서비스의 클라이언트와 서버가 서로 어떻게 동작하는지 보여준다. 먼저, 유레카 서버는 메모리 이외 데이터베이스와 같은 별도 저장소를 가지지 않는다. 세션 정보를 데이터베이스에 저장하지 않는 것과 마찬가지로, 항상 동적으로 변하는 데이터이기 때문이다. 데이터베이스가 없는 대신

유레카 서버들은 정보의 업데이트가 발생할 때 즉시 서로 복제한다.

다이어그램에서 유레카 서버들은 리전 내의 가용존에 배치된다. 아마존웹서비스의 가용존은 '다수의 데이터센터'를 사용하는데, 가용존 내에서의 트래픽은 보통 수 ms 이내로 안정적이다. 하지만 이 가용존을 넘어가면 지연 시간이 증가하고 네트워크 추가 비용이 발생한다. 별거 아닌 것 같지만 유레카 클라이언트가 수백, 수천 대의 서버가 되면 이 네트워크 지연과 트래픽 비용이 상당하기 때문에 별도의 서버를 두어 가용존 내에서 서버와 클라이언트가 통신하도록 유도하고, 서버와 서버사이의 복제를 구성하는 것이 훨씬 효율적이다.

장애 부분에서 설명했던 '카오스 고릴라'를 기억한다면, 이렇게 가용존별로 서버를 배치하는 것이 도움이 된다. 특정 가용존 전체가 문제가 되더라도, 유레카 서비스는 동작하고 다른 문제 없는 가용존의 서비스들은 여전히 잘 동작한다.

이렇게 전달받은 정보를 바탕으로, 유레카 클라이언트를 탑재한 애플리케이션 서버는 다른 애플리케이션 서버의 네트워크 주소를 알고 있으므로 직접 요청하는 것이 가능하다. 이 과정에 별도의 로드밸런서가 필요 없게 되고, 마찬가지로 네트워크의 홉^{hop}이 증가하지 않아 지연시간을 줄일 수 있다. 또한 로드밸런서 역시 추가 비용이 드는 자산이므로 비용을 절감할 수도 있다. 더 좋은 것은 다른 애플리케이션으로의 요청이 실패했을 때, 다시 시도하는 retry 동작에 다음 애플리케이션 서버를 지정할 수도 있다는 것이다. 이것이 바로 클라이언트가 다른 서비스를 구성하는 클라이언트에 직접 연결을 밸런싱하는 주체가 되기 때문에, 클라이언트 대 클라이언트 로드밸런싱이 가능하다.

이와 유사한 기능을 수행하는 도구들이 몇 가지 있다. 하쉬코프^{Hashcorp}의 콘술^{Consul}, 아파치의 주키퍼^{Zookeeper} 등이 있으며, Node.js를 사용하는 경우에는 유레카를 위한 클라이언트를 사용할 수도 있다. 닷넷의 경우에는 스틸토(https://Steeltoe.io) 프로젝트가 피보탈의 엔지니어를 통해 오픈소스로 공개되고 있으므로 참고할 만하다.

유레카는 전체 서비스에 폭넓게 사용되는 플랫폼 컴포넌트라고 할 수 있다. 다른 서비스의 멤버를 참조해야 하고, 내 서비스를 다른 서비스에 존재를 알려야 하는 경우에는 반드시 추가해야 하는 의존성이다. 넷플릭스는 사이드카 패턴을 사용한다고 알려져 있는데, 이 사이드카의 구현체가 프라나^{Prana}이다. 뒤에 자세히 설명하겠지만, 이런 플랫폼이 제공하는 기능성을 수많은 마이크로서비스에서 공통적으로 적용해야 하기 때문에 별도의 패키지로 제공된다. 따라서 넷플릭스 내에서 새로운 기능을 하는 마이크로서비스를 개발한다면, 이 프라나를 추가하면 넷플릭스 플랫폼을 쉽게 사용할 수 있게 된다.

이 같은 기능성은 스프링 클라우드 넷플릭스를 통해 넷플릭스의 도구를 사용할 수도 있다. 이 부분은 뒤의 기술 적용 부분에서 더 설명하기로 한다.

아카이어스, Archaius

거대한 자바 코드를 운영하는 조직에서 가장 골치가 아픈 부분 중 하나가 바로 설정이다. 애플리케이션이 정상적으로 구동하는 데 필요한 설정은 엄청나게 많다. 가볍게는 연결해야 하는 데이터베이스에 대한 정보부터, 로그 레벨을 에러로 할지 디버깅으로 할지, 애플리케이션 이름을 무엇으로 지정해야 하는지, 메모리를 얼마나 할당할지, 애플리케이션이 동작하는 포트를 무엇으로 할지와 같은 수많은 설정이 존재한다. 이를 위해 속성을 관장하는 파일, XML, INI, JNDI, JDBC, 시스템 환경 변수, 애플릿이나 서블릿 등 정말 많은 설정이 필요하다.

코드의 규모가 점점 커질수록 필요한 설정도 증가한다. 이 설정은 종종 중복되거나 누락되기도 하며, 개발자로서는 어디에서 어떤 설정을 참조하는지 알기 힘들 때가 많다. 개발자의 랩톱에서는 동작했던 코드가 실 서비스 환경에서 동작하지 않는다면, 아마 이런 설정의 참조 문제일 가능성이 매우 크다.

랩톱에서는 동작했는데, 프로덕션에서 동작하지 않는 문제가 생긴다면 서로 어디가 다른지 살피는 것이 중요하다. 대부분은 그 참조 위치를 알기 힘들어, 코드에 직접 설정을 넣어버리는 경우가 발생한다. 그렇다면 해당 부분은 동작할 수 있겠지만, 기존의 설정을 참조하고 있던 코드의 다른 부분이 문제가 될 수 있다.

단일 애플리케이션을 개발하고 운영할 때도 이런 문제가 발생하는데, 수많은 서버로 이루어진 마이크로서비스 구조에서 이런 문제가 발생한다면 어떨까. 아마 지옥도가 펼쳐질 것이다.

이런 문제를 해결하기 위해서는 일관된 설정의 참조 방법이 필요하다. 모든 애플리케이션은 설정의 참조 순서가 존재한다. 하나의 설정이 다른 설정을 덮어쓰는 방법이 제공되는 것이다. 그리고 동일한 역할을 하는 애플리케이션은 동일한 설정을 바탕으로 동작해야 한다. 클라우드가 동적으로 서버를 켤 수 있는 환경임을 기억한다면, 역시 매번 켜지는 애플리케이션 서버의 설정이 다르면 큰일이 날 것이라는 것은 쉽게 짐작할 수 있을 것이다.

이전의 넷플릭스는 주로 자바를 사용하고 있다. 따라서 넷플릭스는 아파치의 공통 설정 라이브러리를 바탕으로 새로운 도구를 만들었는데, 이것이 바로 아카이어스다. 아카이어스는 기존의 아파치 공통 설정 라이브러리에 다음과 같은 추가 기능을 구현했다.

- 동적(스칼라 래퍼를 포함) 또는 타입 속성
- 설정을 참조하는 수많은 클라이언트를 위해 높은 대역폭과 스레드 세이프 적용
- 변경된 설정을 클라이언트에서 폴링할 수 있는 기능
- 수많은 설정 사항에서 우선순위를 바탕으로 적용할 파이널 설정을 만들 수 있는 콜백 구조
- JConsole을 통해 속성 적용 상태를 확인할 수 있도록 JMX MBean 추가

아카이어스가 제공하는 기능을 어떻게 사용하는지는 다음의 링크를 참조하도록 한다.

https://github.com/Netflix/archaius/wiki/Features

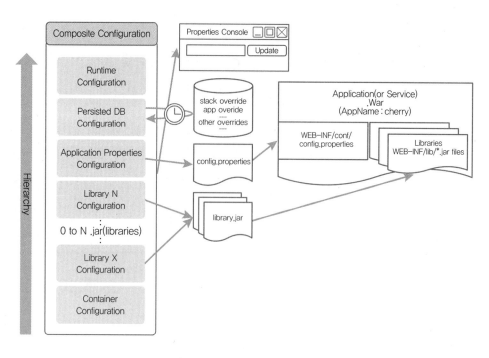

▲ 그림 3-6 넷플릭스 아카이어스 동작 예

〈그림 3-6〉의 다이어그램에서 왼쪽 박스 안의 내용이 설정 내용이다. 아래에서 위로 우선순위를 가지고 있다. 이 내용이 아카이어스를 통해 오른쪽의 애플리케이션에 제공된다. 컨테이너 설정과 애플리케이션에 필요한 다수의 라이브러리 설정, 그리고 애플리케이션 속성과 애플리케이션이 접근할 데이터베이스 설정, 끝으로 런타임에 대한 설정이 합성된다.

더욱 놀라운 것은 이 도구를 통해 애플리케이션이 이미 구동해서 동작하는 와중에도 설정 변경을 지원한다는 점이다. 실 서비스에서 생성되는 로그의 양이 너무 많다면, 디버그에서 에러 레벨로 변경하거나 코드 내에서 다양한 기능의 제공을 위해 플래그를 사용하는 경우, 이 플래그를 애플리케이션으로 다시 컴파일할 필요가 없이 즉시 반영이 가능하다. 이를 위해 클라이언트에서 폴링의 방식을 사용할 수도 있으며, 거꾸로 서버 측에서 푸시를 사용할 수도 있다.

기존 대부분의 레거시 애플리케이션에서 설정의 변경은 빌드를 다시 수행하는 것을 의미한다. 빌드를 다시 수행한다는 것은 다시 수많은 업무 프로세스를 거쳐야 배포를 할 수 있다는 것을 의미한다. 동시에, 설정의 변경과 빌드 그 자체가 굉장히 피곤한 일이다. 만약 이미 구동하고 있는 애플리케이션의 설정을 빌드 없이, 이미 동작하는 상태에서 즉시 변경할 수 있다면 잘못된 설정의 수정과 신규 반영해야 하는 설정 또는 이미 구동 중인 애플리케이션의 기능을 사전에 구현된 플래그 변경을 통해 사용할 수 있다.

추가적인 장점은 수많은 마이크로서비스에 필요한 설정을 중앙관리 할 수 있다는 점이다. 즉, 어떤 서비스가 무슨 설정 내용을 가졌는지 확인할 수 있다. 클라우드 환경에서 특정 애플리케이션을 제공하는 서버를 부팅하는 순간, 아카이어스 클라이언트는 이 애플리케이션이 구동하는 데 필요한 설정을 제공한다. 이 방식은 동시에 몇 대의 서버를 기동하더라도 동일하게 동작하는 방식이다. 이렇게 기동 중인 애플리케이션에 설정 변경이 필요하다면, 아카이어스를 통해 서버 측의 새로운 설정을 클라이언트에 반영한다. 그러면 다시 전체 배포 프로세스를 수행하지 않아도 설정이 변경된다. 그리고 다시 트래픽이 줄어들면, 오토스케일링에 의해 서버들은 종료된다.

스프링 클라우드에서는 이런 기능을 스프링 클라우드 컨피그 서버와 클라이언트를 통해 조금 더 쉬운 방법으로 사용할 수 있다. 이에 대해서는 뒤에 도입 부분을 참고하도록 하자.

그리고 스프링 부트 애플리케이션에서 역시 아카이어스 서버와 연결할 수 있는 메커니즘을 제공한다. 스프링 클라우드에는 스프링 환경 브릿지^{Spring Environment Bridge}를 통해 아카이어스가 읽을 수 있는 정보를 제공한다. 만약 넷플릭스 도구로 구성한 에코 시스템에 스프링 설정을 적용하고 싶다면, 이 부분을 살펴보길 바란다.

프라나와 사이드카 패턴, Prana & Sidecar Pattern

요새는 자주 보기 힘들지만, 오토바이의 옆에 종종 자동차처럼 생긴 별도의 좌석을 설치하는 경우가 있다. 구동 계통은 오토바이의 것을 사용하며 사이드카 자체는 보조 승객을 태우는 것, 그리고 바퀴가 추가되면서 구조적으로 오토바이를 조금 더 전도로부터 안전하게 하는 역할을 한다.

▲ 그림 3-7 사이드카

앞서 소개한 넷플릭스의 도구는 넷플릭스의 플랫폼이라고 할 수 있다. 특히 유레카나 서킷 브레이커, 아카이어스 등 수많은 도구들은 넷플릭스의 마이크로서비스 체계에서 필수적인 도구들이며, 이 체계 안에서 동작하는 모든 서비스들은 이 도구들과 연계해서 동작하는 방법을 제공해야 한다.

즉 〈그림 3-7〉의 사이드카 이미지를 토대로 설명하면, 실제 서비스 애플리케이션은 오토바이^{또는 모터사이클}다. 사이드카는 직접 동력을 제공하거나 하지는 않지만, 주 애플리케이션의 동작을 돕기 위해 넷플릭스의 플랫폼 도구들과 연동한다. 이것이 넷플릭스의 사이드카 패턴의 핵심이다.

이 사이드카 패턴을 구현한 도구가 바로 '프라나^{Prana}'다. 프라나가 수행하는 역할을 간단하게 정리하면 다음과 같다.

- 서비스 디스커버리, 즉 유레카 클라이언트. 동작 상태를 체크하는 구현 포함(heartbeat)
- 외부 서비스에서 즉시 참조할 수 있는 헬스체크 URL
- 클라이언트–사이드 로드밸런싱(리본)
- 서비스 간 지연 시간과 서비스 상태에 대한 매트릭
- 동적 설정 관리(아카이어스)
- 애플리케이션 수준에서 제공되는 매트릭(서보를 통해 생성됨)
- 의존성 있는 서비스들에 서킷 브레이커를 제공(히스트릭스)
- 런타임에 대한 수동 및 자동화된 통제(크레용)

넷플릭스 서비스의 멤버라면, 그리고 다른 서비스에 대한 의존성을 기반으로 동작해야 한다면 이 프라나를 반드시 사용해야 한다. 여기에는 넷플릭스의 철학이 존재하는데, 한 번 만들어진 도구는 다른 서비스들에서도 쉽고 편리한 방법으로 재사용 할 수 있도록 해야 한다는 점이다. 사이드카 패턴에서는 주된 애플리케이션이 무엇이든지, 넷플릭스에서 원하는 장애 고립과 서비스의 성능 등을 확인하기 위한 다양한 플랫폼 도구들을 사용하는 이점을 프라나를 통해 쉽게 이룰 수 있다.

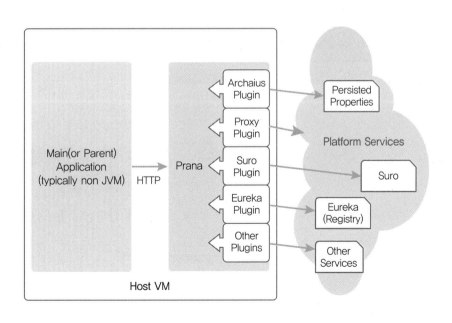

▲ 그림 3-8 프라나

〈그림 3-8〉은 프라나를 이해하는 데 도움이 된다. 왜 프라나가 사이드카 패턴의 구현이라고 불리는지도 확인할 수 있다.

넷플릭스는 서비스를 모니터링하고, 가용성을 높이는 등의 목적을 위해 다양한 도구들을 개발해 왔다. 그리고 이 도구들은 각각의 마이크로서비스에서 경우에 따라서는 플랫폼과 연동하고, 어떤 경우에는 프라나 내부에서 직접 동작한다. 서비스 메인 애플리케이션은 가상머신 안에서 HTTP를 통해 프라나에 필요한 데이터를 요청하고 응답 받는다.

이런 구조를 취한 데에는 또 다른 목적이 있는데, 바로 JVM 위에서 동작하지 않는 다른 애플리케이션을 지원하기 위함이다. 이전의 넷플릭스 서비스들은 대부분 자바로 구현되어 있으며, 이 경우에 플랫폼과의 연동을 위해서는 라이브러리를 사용하면 된다. 제공된 라이브러리의 사용으로 각종 플랫폼 서비스가 제공하는 이점을 그대로 누리면 된다. 하지만 사이드카는 자바로 되어있지 않은 애플리케이션 역시 지원한다.

유레카를 생각해 보자. 앞서 설명한 유레카는 클라우드 기반의 동적 환경에서 애플리케이션이 동작하는 네트워크의 위치 정보의 즉시 업데이트와 헬스체크를 통해 애플리케이션이 동작하고 있는지 아닌지를 의존성 있는 서비스 간에 공유할 수 있는 매우 중요한 도구다.

자바의 경우에는 유레카 클라이언트 라이브러리를 통해 유레카 서버와 직접 통신할 수 있지만, 자바가 아닌 다른 애플리케이션의 경우에는 어떨까? 앞서 살펴본 EVCache 서버를 생각해 볼 수 있다. EVCache 서버는 그 자체로 가상머신에서 동작하는 메인 애플리케이션인 동시에, 유레카 서비스와의 연동을 통해 다른 클라이언트들이 EVCache에 접근할 수 있는 사용성을 제공해야 한다. 이때 EVCache가 동작하는 호스트에는 유레카 플러그인이 탑재된 프라나가 사이드카로서 동작하여 EVCache에 다른 클라이언트들이 주소 체계에 대한 걱정 없이 접근할 수 있도록 돕는다.

이런 방식의 유연성을 '폴리글럿^{Polyglot}'이라고 부르며 전체 서비스 내에서 다양성을 제공하는 핵심적 역할을 한다. 각각의 서비스는 자신이 해결해야 하는 문제를 가장 올바른 기술 스택을 선택해서 사용할 수 있어야 하는 것이 마이크로서비스의 기본이다. 자바는 보편적으로 많은 엔지니어에게 익숙하고 또 넷플릭스 내에서도 수많은 라이브러리가 존재하기 때문에 높은 생산성을 제공하지만, 엔코딩이나 디코딩과 같이 강력한 프로세스 성능을 요구하는 워크로드에는 아마도 적합하지 않을 수 있다. 또는 저수준의 시스템 제어가 필요한 경우, 매우 높은 수준의 I/O가 필요한 경우도 있을 수 있다. 이런 경우 엔지니어들은 자신의 목적에 맞는 도구들을 선택해서 사용할 수 있으며, 이런 도구들이 기존 넷플릭스의 다양한 도구들과 연동하는 방법을 제공하는 핵심이 프라나라고 할 수 있다.

넷플릭스는 서로 다른 언어를 기반으로 동작하는 애플리케이션에 넷플릭스의 플랫폼 도구들이 제공하는 다양한 장점을 동일하게 사용할 수 있도록 하는 기능성을 위해 만들었다고 한다. 자바를 주로 사용한다면 필요한 도구들이 라이브러리로서 제공되기 때문에 사이드카 패턴이 '반드시' 필요하지는 않다. 즉, 이 프라나를 도입해서 사용하고자 하는 경우는 JVM 기반으로 동작하지 않는 애플리케이션을 위한 것이다.

만약 스프링 애플리케이션에서 EVCache를 사용하고자 하는 의도가 있을 수 있다. 이때 필요한 것이 바로 프라나와 같은 사이드카다.

스프링 클라우드에서는 서비스 디스커버리 패턴의 적용을 위해 유레카 서버를 즉시 만들 수 있다. 이렇게 생성된 유레카 서버는 스프링 부트에서 유레카 클라이언트 의존성 추가를 통해 유레카가 제공하는 장점을 사용할 수 있다. 즉, 여러분 서비스의 플랫폼에 유레카를 준비하고 다양한 애플리케이션에 API 게이트웨이 패턴이나 클라이언트-사이드 로드밸런싱 같은 기능을 사용할 수 있다는 의미다.

이때 EVCache를 이 환경에서 제공하는 도구로 포함하고자 한다면 EVCache 서버에는 스프링 클라우드를 통해 동작하는 유레카 서버와 연계할 수 있는 사이드카가 필요하다.

스프링 클라우드 팀은 이 사이드카를 스프링 부트 애플리케이션에서 사용할 수 있는 방법을 제공한다. 스프링 클라우드 넷플릭스 사이드카^{Spring Cloud Netflix Sidecar}

로 불리는 이 도구는 이름에서 알 수 있듯 넷플릭스의 프라나를 본 따 만든 것이다. 의존성 그룹ID에 org.springframework.cloud, 아티팩트ID spring-cloud-netflix-sidecar를 추가하면 @EnableSidecar 어노테이션을 사용할 수 있다.

따라서 EVCache가 동작하는 환경에 이 사이드카 애플리케이션을 구동하고 EVCache 서버는 HTTP를 통해 이 사이드카 애플리케이션과 요청과 응답을 주고받는다. 그리고 이 사이드카는 다시 스프링 클라우드로 만들어진 설정^{Config} 서버나 유레카 서버와 통신하며 EVCache 애플리케이션과 EVCache 클라이언트 애플리케이션이 클라우드에서 유기적으로 연동하는 방법을 제공한다.

이는 단순히 EVCache 서버에만 적용할 수 있는 패턴은 아니다. 서비스에 필요한 도구들, 예를 들면 메시지큐, NoSQL, RDBMS, 스트림 도구 등 다양한 서비스들에 사이드카를 추가함으로써 다른 마이크로서비스들과 동적으로 연동할 수 있는 방법을 제공할 수 있는 것이다. 이것은 서킷 브레이커나 API 게이트웨이만큼 아주 중요한 도구로서, 여러분의 시비스가 클라우드 위에서 더 높은 가용성으로 동작해야 할 때 반드시 검토해야 할 도구라고 할 수 있다.

넷플릭스의 프라나 관련 코드는 다음의 링크에서 확인할 수 있다.

https://github.com/Netflix/Prana

스프링 클라우드 넷플릭스 사이드카는 다음 링크에서 더 자세한 내용을 확인할 수 있다.

https://cloud.spring.io/spring-cloud-netflix/multi/multi__polyglot_support_with_sidecar.html

레이가드, Raigad

CHAPTER 03

넷플릭스의 도구들

▲ 그림 3-9 넷플릭스 레이가드 로고

넷플릭스에서는 일반적인 회사들이 사용하는 것과 다른 형태의 데이터베이스를 몇 가지 사용한다. 마이크로서비스 구현에서 한 가지 중요한 사상 중 하나는 특정 서비스가 해결하려는 문제에 가장 적합한 데이터 소스를 선택해서 사용하는 것이다.

오늘날 데이터를 저장할 수 있는 도구는 관계형 데이터베이스나 네트워크 파일 시스템뿐이 아니다. 먼저 데이터를 저장할 수 있는 도구들은 디스크와 메모리, 그리고 솔리드 스테이트 드라이브로 불리는 SSD, NVRAM 등 다양한 옵션이 존재한다. 그리고 이런 물리적 장치들에 데이터를 블록 단위로 쓰느냐 파일 단위로 쓰느냐에 따라 그 용처가 달라지고 또 이렇게 구성된 저장소를 묶는 방법에 따라 또 다른 다양한 분기가 생긴다.

넷플릭스는 카산드라와 다이노마이트^{Dynomite}를 많이 사용한다. 그리고 이 두 도구가 모두 채우지 못하는 목적을 이루기 위해 엘라스틱서치를 도입했다고 한다. 엘라스틱서치는 문서의 검색이나 데이터의 저장 및 저장된 데이터의 인덱스와 같은 부분에 강점을 가진다.

엘라스틱서치의 활용도는 넷플릭스의 많은 팀에서 지속적으로 증가했다. 레이가드^{Raigad}를 발표한 2014년에 이미 15개 이상의 클러스터가 755개 노드에서 실 서비스에 사용되었다.

넷플릭스에는 CDE라고 불리는 팀이 있다. 클라우드 데이터베이스 엔지니어링 Cloud Database Engineering의 약자다. 이 팀에서 하는 일은 주로 넷플릭스가 사용하는 데이터베이스의 설치, 업데이트, 확장과 같은 운영에 필요한 기술의 자동화다. 그리고 이렇게 만들어진 자동화 체계는 각 용도에 맞는 데이터베이스를 사용하고자 하는 팀들에 의해 사용된다. 또한, CDE팀은 실 서비스에 사용하는 데이터베이스의 동작 상태 등을 확인하고 개선할 필요가 있다.

이런 목표로 인해 넷플릭스의 CDE팀은 카산드라를 위한 사이드카인 프리암 Priam을 만들었다. 그리고 이 레이가드는 엘라스틱서치의 프로덕션 자동화를 지원하기 위한 사이드카다. 사이드카를 간략하게 소개하자면, 넷플릭스의 다양한 플랫폼 도구를 사용하기 위해 필요한 클라이언트 라이브러리를 자바가 아닌 경우에 제공하고자 할 때 클라이언트와 함께 배포되어 HTTP를 통해 사용하는 도구의 묶음으로 이해하면 편하다.

지금까지 책의 내용을 충실히 읽었다면 넷플릭스 플랫폼 도구들이 어떤 것이 있는지 알 수 있을 것이다. 그중 기본적인 서비스 디스커버리의 유레카, 다양한 시스템 매트릭을 살피고 모니터링하기 위한 서버 또는 스펙테이터와 같은 것들이다. 즉, 레이가드는 엘라스틱서치를 구동하고 있는 노드들에 사이드카로 붙어서 유레카와 아스가드에 엘라스틱 관련된 동작을 수행하는 도구다.

레이가드는 엘라스틱서치 노드에서 수집한 다양한 매트릭을 알람 및 모니터링을 위해 아스가드로 보낸다. 스펙테이터와 서보가 여기에 관여하며, 레이가드는 필요한 경우 여러분이 사용하는 시스템과 연동하도록 구성할 수도 있다.

클라우드의 특징 중 하나가 매우 자유로운 리소스 할당이라고 했다. 넷플릭스는 엘라스틱서치를 위해 만든 서버들의 부트스트래핑을 통해 자동으로 구성하고 이렇게 준비된 서버를 추적한다. 이때 부트스트래핑 정보는 카산드라를 통해 공급된다. 따라서 신규로 생성된 엘라스틱서치 노드는 카산드라에 접근할 수 있어야 하는데 이런 기능성은 바로 유레카를 통해 가능한 것이다.

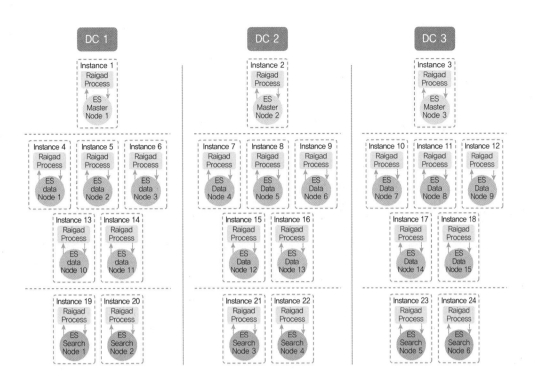

▲ 그림 3-10 넷플릭스 레이가드를 통해 배포된 엘라스틱서치 노드들

레이가드는 elasticsearch.yml 파일을 부트스트랩 과정에 공급한다. 여기에는 넷플릭스 기본 설정인 오토스케일링 그룹을 포함, 멀티 리전 배포 설정과 각 노드의 용도 등이 포함되어 있다. 〈그림 3-10〉은 레이가드를 통해 배포된 엘라스틱서치 클러스터이다. 검색과 데이터 및 마스터 노드의 분리가 데이터센터별로 존재하며, 이런 구성과 배포를 역동적인 클라우드 환경에서 구현할 수 있도록 돕는 것이다.

레이가드의 역할은 여기서 끝이 아니다. 엘라스틱서치는 유입된 수많은 데이터에 대한 인덱스를 제공하는데, 넷플릭스는 레이가드를 통해 엘라스틱서치의 효율적 사용을 위해 인덱스의 재구성을 처리할 수 있다. 발표 당시 넷플릭스는 일간, 월간, 연 단위의 반복적으로 도래하는 시기를 변수로 지정해 인덱스의 재구성을 자동화할 수 있다고 밝혔다.

또한, 다른 많은 서비스와 마찬가지로, 이 모든 것들은 아마존웹서비스 환경에서 동작한다. 아마존웹서비스에 서비스를 생성하고 접근하거나 하려면 IAM이라고 불리는 도구를 통한 인증이 필요하다. 넷플릭스가 사용하는 엘라스틱서치 역시 아마존의 EC2 도구를 사용해서 준비되므로 이를 위해 서비스 접근을 위한 키 관리가 필요하다. 클러스터의 키 관리 및 로테이션과 같은 부분 역시 레이가드에 구현되어 있다.

그뿐만 아니라 엘라스틱서치의 데이터를 스케줄링을 통해 S3로 백업하는 역할도 수행한다. 필요하다면 복구도 수행할 수 있다.

레이가드는 넷플릭스가 필요한 서비스를 어떻게 다루는지 보여준다. 넷플릭스의 사이드카는 대부분 이런 형태로 구성된다. 기본적으로는 유레카를 통해 필요한 노드로의 접근 및 멤버 구성에 대한 정보를 획득하기도 하며, 반대로 스스로 구성한 노드의 역할을 다른 클러스터 멤버에 알린다.

이때 각 클러스터의 설정은 어디서 가져올까? 바로 아카이어스다. 넷플릭스에 배포되는 모든 애플리케이션 및 도구들은 아카이어스를 통해 설정을 제공받는다.

원하는 동작을 시작한 이후 모니터링을 위해 필요한 정보를 서보나 스펙테이터를 통해 아틀라스로 보낸다. 이 두 가지가 가장 기본적인 사이드카의 동작이다.

이외에도 각 도구에 따라 추가적인 기능이 추가된다. 백업, 복구, 설정, 노드의 용도 설정, 멀티 리전 구성 등 엘라스틱서치를 위해 만들어진 사이드카가 바로 레이가드다.

넷플릭스 마이크로서비스의 숨겨진 동작은 바로 삼박자에 있다고 볼 수 있다. 먼저 어떤 역할을 하기 위한 플랫폼 도구들, 그리고 이 플랫폼 도구를 자바 클라이언트에서 사용하기 위해 제공되는 라이브러리, 그리고 자바가 아닌 경우의 언어와 프레임워크를 지원하기 위해 HTTP를 통해 플랫폼과 연동 기능을 제공하는 사이드카가 바로 하나의 거대한 축이다.

레이가드에 대한 더 자세한 정보는 다음의 링크를 통해 참조하면 된다.

https://github.com/Netflix/Raigad

3.4 | 트래픽의 분리, 엣지서비스

클라우드 기반의 애플리케이션 아키텍처를 이야기할 때 빠지기 힘든 주제 중 하나가 '사용자 요청을 어떻게 백엔드 서비스로 적절히 분리해낼 것인가'이다. 이것은 단순히 요청을 순차적으로 백엔드 서버에 할당하는 방식의 분배 문제를 포함, 요청이 어떤 것인지 구분해 백엔드에 전달하는 기술을 동시에 구현해야 한다.

웹의 초창기에 이런 부분은 네트워크적인 접근에서 처리됐다. 도메인에 연결된 '로드밸런서'라는 네트워크 장치의 역할은 외부 인터넷으로부터 받은 모든 HTTP/HTTPs 요청에 대해 내부에 등록된 서버들로 전달하고, 서버로부터의 응답을 대신해 전달하거나 분배만 밸런서가 하고 응답은 서버가 직접 클라이언트에 수행하는 등의 방식DSR으로 구현했다. 이런 네트워크적인 접근방식은 우리가 익히 들어 알고 있는 OSI 7 Layer 구분방법에 따라 구분했는데, 예를 들면 L4 또는 L7과 같은 '네트워크 장치'들이 있었다. 여담이지만, 한국의 인터넷 쇼핑몰들을 보면 상품을 설명하기 위한 이미지의 크기가 상당한 경우를 자주 볼 수 있다. 경우에 따라서는 수십 메가바이트의 이미지를 보기도 하는데, 그것도 하나의 이미지가 아니라 이런 이미지를 여러 개 붙여서 상품을 설명한다.

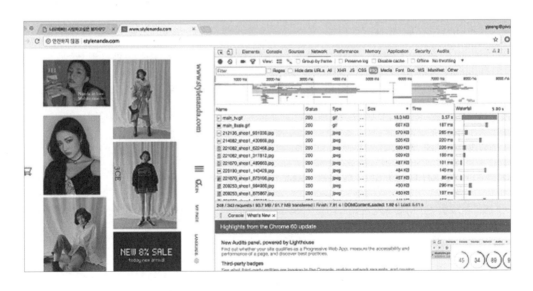

▲ 그림 3-11 스타일난다 메인페이지

이런 경우 요청을 받은 웹서버가 자바^{Java}나 PHP를 구동하는 동시에 하나의 요청에 대한 응답으로 수십 MB의 파일을 클라이언트에 전송해야 한다면, 이 이미지 전송 부분이 굉장한 오버헤드가 아닐 수 없다. 요청의 처리를 위한 콘텍스트 스위칭으로 인해 비효율성이 매우 증가하고, 캐시의 효율이 떨어지며, TCP 패킷의 재전송 등의 보이지 않는 실패와 재시도가 서버의 성능을 좀먹기도 하는 데다, 상품에 관심이 떨어져 다른 페이지로 이동하는 브라우저가 발생하면 자원의 낭비가 시작된다. 이 모든 것들은 서비스의 품질을 기하급수적으로 낮추게 되는데, 이로 인해 '이미지 서버 팜'이라는 것의 구현을 원하게 된다.

이에 대해 현재 CDN^{콘텐츠전송망}이 많은 부분을 처리해주고 있기도 한데, 업체 간 경쟁의 심화로 합리적 가격에 사용할 수 있는 서비스들이 많지만, 그 이전의 시점에는 직접 구현해야 하는 경우가 많았다. 이 경우 이미지만을 전문으로 처리하는 서버들을 따로 로드밸런서로 그룹화하고 유입되는 요청을 크게 두 가지로 처리히는 것이 일반적이었다. 첫 번째는 '시브 도메인', 즉 image.우리쇼핑몰.com 과 www.우리쇼핑몰.com 등의 형태로 구분하고 각각의 밸런서를 별도로 두는 형태다. 다른 하나는 www.우리쇼핑몰.com/images/*와 www.우리쇼핑몰.com/uploads/* 등의 방식으로 구분하는 것이다.

물론 밸런서에 메모리를 많이 추가하고, 이미지나 파일과 관련된 요청에만 캐시를 적용할 수도 있다. 물론 이런 콘텐츠의 전송에 gzip과 같은 압축을 적용하는 방법으로 대역폭의 소비를 줄이고 전송시간을 빠르게 하는 방법을 제공하는 등 다양한 형태로 진화하는 구간이기도 했으며, 이런 기능들은 모두 이제 CDN의 일부로 흡수됐다고 볼 수 있다.

이런 트래픽 흐름의 조정에 종전의 네트워크 장비에만 의존하기 힘든 상태의 서비스들이 출현하면서 밸런서의 성능에 따른 비용을 추가하는 것보다 '리버스 프록시'라는 기법을 사용한 서버를 추가하는 방법이 대두되기 시작했다. 즉, 네트워크의 주소 체계를 사용하는 형태만 사용하는 기법 대신 실제 클라이언트의 요청이 '어떤 것인지' 확인하고 이를 적절한 내부 서버로 전달하는 기능이 서비스들에 추가

된 것이다.

클라이언트의 요청을 확인한다는 것은 바로 밸런서가 분배 처리를 위해 마치 웹 서버처럼 요청을 받아서 확인할 수 있다는 말이다. 요청의 확인은 보통 클라이언트가 사용한 브라우저 또는 장치의 종류, 어디서 접속해왔는지 등과 같은 지리정보, 어떤 HTTP 메소드를 사용했는지, 예를 들면 GET, PUT, POST, DELETE 중 어느 것인지 등등 각종 헤더 정보를 포함한 요청내용을 바탕으로 더 세밀한 분배를 하게 될 수 있었다. 이런 세밀한 분배정책의 사용은 물론 일정 부분 오버헤드를 수반하지만, 더 다양한 분배 시나리오를 지원함으로서 서비스의 가용성을 높일 수 있는 방법을 제공한다.

그리고 이런 기능성은 단순히 외부 요청에 대해서만 동작하는 것이 아니라, 내부 서버의 응답도 적용할 수 있다. 예를 들면 외부 클라이언트로부터 전달받은 요청을 특정 내부 서버에 전달했는데 할당받은 내부 서버가 5xx 관련 에러를 발생시켰다면, 이 응답을 클라이언트에 그대로 전달하는 대신 내부의 다른 서버에 요청, 즉 클라이언트 대신 서비스에 요청을 다시 시도하는 동작을 구현할 수도 있게 된다. 이 모든 방법은 서비스의 신뢰를 향상시키며, 가용성을 높일 수 있는 방법이다.

주울, Zuul

모바일을 필두로 한 '데이터 폭발' 현상이 발생하고, 이 수많은 장치에서 생산되는 트래픽의 처리를 위해 인기 있는 서비스들은 클라우드 서비스로 옮겨가기 시작한다. 클라우드 서비스는 종량제 과금 방식으로, 서버를 몇 대 사용했는지에 대한 단위 시간 비용에 따라 운영비용이 달라지지만, 필요한 만큼 서버를 바로 할당해 사용할 수 있는 장점을 통해 가변적 서비스 운용이 가능해졌다.

이 가변적 서비스 운용이라는 측면을 밸런서에 대입해보자면, 일단 리버스 프록시나 밸런서들은 특정 요청 또는 URI에 대해 매핑될 서버 클러스터를 사전에 등록해야 한다. 그리고 이 등록에 변경이 발생할 때마다 프락시의 프로세스 재시작을 요구한다. 프로세스의 재시작은, 즉 서비스의 순단[瞬斷]을 의미하며, 이 동안은 클라이언트와 서버 사이에 트래픽이 흐르지 않음을 의미한다.

이런 문제를 해결하기 위해, 넷플릭스와 같은 회사들은 앞서 설명한 '유레카'와 같은 서비스 디스커버리 도구를 프락시와 백엔드 서비스 모두에 적용해 서로가 서로의 네트워크적인 위치를 애플리케이션에서 참조할 수 있도록 하는 모델을 만들었다. 즉, 동적으로 변경되는 자원들의 네트워크적인 위치를 계속 업데이트함으로써, 생겨나고 없어지는 자원들을 순식간에 활용할 수 있도록 하는 것이다.

여기에 프락시를 구성한 것이 기본적으로 넷플릭스의 '주울[Zuul]'이라고 볼 수 있다. 백엔드의 어디에서 어떤 애플리케이션이 동작하고 있는지에 대한 정보는 유레카를 통해서 받고, 이렇게 얻은 정보를 통해 요청을 전달하는 역할을 하는 것이 이 주울이라는 도구가 하는 역할이다.

추가로 중요한 몇 가지 사실이 더 있다. 첫째로, 지금까지 이야기해왔던 분배의 모델을 모두 적용할 수 있어야 한다. 둘째로, 이 프락시 도구 자체가 동적으로 확장과 축소가 가능해야 트래픽을 제한 없이 처리할 수 있다는 것이다. 셋째로, 이 구간은 서비스에 유입되는 모든 트래픽이 통과하는 구간이라는 점이다.

이 세 번째 역할이 새롭게 다뤄지는 부분인데, '모든' 트래픽이 오고 가는 부분이라는 것은 다음과 같은 장점이 있다.

- 서비스에 유입되는 모든 요청과 서비스가 응답하는 모든 요청을 '기록'할 수 있다.
- 서비스에 유입되는 모든 요청과 서비스가 응답하는 모든 요청을 '변조'할 수 있다.
- 서비스에 유입되는 모든 요청을 확인하기 때문에, 보안을 적용하기 좋다. 즉, 게이트 키퍼 역할을 한다.
- 다수의 서비스에 대한 모니터링이 가능하다. 즉, 특정 기능을 하는 API 호출에 대해 지연 시간 등을 보기 좋다.
- API의 종류별로 요청에 응답을 제공하기 위해 적절한 백엔드를 다양한 방법으로 선택하는 것이 가능하다. 즉, API 게이트웨이(Gateway)의 역할을 한다.

▲ 그림 3-12 영화 '고스트버스터즈'에 등장하는 게이트 키퍼 '주울'

[출처] http://ghostbusters.wikia.com/wiki/Zuul

이러한 이해를 바탕으로, 주울이 제공하는 기능은 다음과 같은 것들이 있다. 넷플릭스는 영화 이름이나 영화에 나오는 캐릭터 이름으로 소프트웨어 이름을 자주 짓는데, 주울은 영화 '고스트버스터즈'에서 지옥문을 지키는 게이트 키퍼다.

- **인증 및 보안** : 각 요청이 갖춰야 할 내용을 충족하지 못한 경우 해당 요청을 거부한다.
- **모니터링** : 모든 트래픽이 지나기 때문에 의미 있는 데이터와 지표를 수집할 수 있다.
- **동적 라우팅** : 필요에 따라 즉시 원하는 백엔드 클러스터로 트래픽을 보내고 끊을 수 있다.
- **부하 테스트** : 신규 추가한 서비스 또는 백엔드에 트래픽을 점진적으로 증가하는 등의 방식으로 부하를 유발할 수 있다.
- **트래픽 드롭**^{정확히는 Shedding} : 각 요청에 대해 제한된 이상의 요청이 발생한 경우 이를 드롭하는 방식을 사용할 수 있다.

- **정적 응답처리** : 특정 요청에 대해서는 백엔드로 트래픽을 보내는 대신 즉시 응답하도록 구성할 수 있다.
- **멀티 리전 고가용성** : 주울은 받은 요청을 아마존웹서비스^AWS의 리전 레벨에서 분배할 수 있다.

그리고 넷플릭스가 추가적으로 사용하고 있는 기능성은 다음과 같다.

- **테스트 & 업데이트** : 넷플릭스 규모의 마이크로서비스 구성에서는 어떤 테스트는 반드시 프로덕션을 통해서만 가능한 경우가 발생한다. 이때 신규 서비스를 배포하고, 전체 트래픽 중 아주 일부의 트래픽만 흘려 테스트를 수행하고 있다. 또는 이 개념을 조금 더 확장해서 카나리^Canary 테스트로 사용할 수도 있다. 배포 전 신규 버전의 서비스를 준비하고, 이 신버전으로 구버전을 대체하기 전에 동일한 요청에 대해 아주 작은 양의 트래픽만 신버전으로 흘린다. 로그를 모니터링하고, 테스트를 통과해 서비스에 문제가 없다는 것이 확인되면 트래픽의 비율을 조정한다. 자연스럽게 구버전으로 흐르는 트래픽은 감소하고 신버전은 증가하며, 구버전에 더 이상의 트래픽이 처리되지 않으면 모두 종료^terminate한다.

- **FIT**^Fault Injection Test : 굉장히 넷플릭스다운 도구인데, 클라이언트의 요청을 특정 시나리오에 맞게 변조해 서비스가 정상 동작하는지 테스트한다. 즉 악의적 사용자가 사용할 법한 공격을 서비스에 대고 직접 수행함으로써 이에 대한 면역력을 키우는 방법으로 보안성을 높여가는 것이다. 단순히 보안성뿐만 아니라 보안 위협으로 인해 발생할 수 있는 가용성 문제, 그리고 실제 동작하는지 테스트를 수행함으로써 프로덕션의 운영에서 동일한 문제가 발생하더라도 강성을 확보하는 방법을 제공한다.

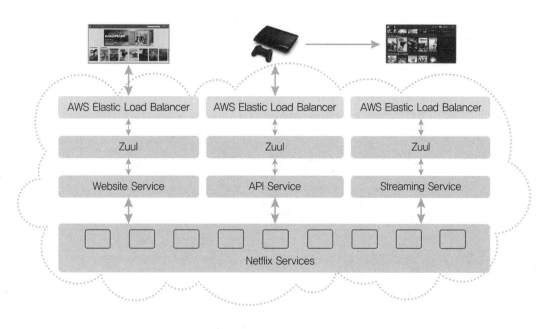

▲ 그림 3-13 넷플릭스의 주울 사용

스프링원 플랫폼SpringOne platform에서 넷플릭스의 주울 담당 디렉터가 다양한 내용을 소개해줬다. 넷플릭스는 주울을 사용해 50개 이상의 ELB로 트래픽을 분배하고, 3개의 AWS 리전을 사용하고 있으며, 넷플릭스 서비스의 대부분의 트래픽을 처리하고 있다고 했다. 그리고 이 도구를 엣지 게이트웨이Edge-gateway라고 부르고 있다. infoq.com 계정이 있는 이들은 넷플릭스의 주울 매니저의 발표를 다음 링크를 통해 확인할 수 있다.

https://www.infoq.com/presentations/netflix-gateway-zuul?utm_source=infoq&utm_medium=QCon_EarlyAccessVideos&utm_campaign=SpringOnePlatform2016

넷플릭스가 공개하고 있는 주울에 대한 정보는 다음의 링크에서 더 찾아볼 수 있다.

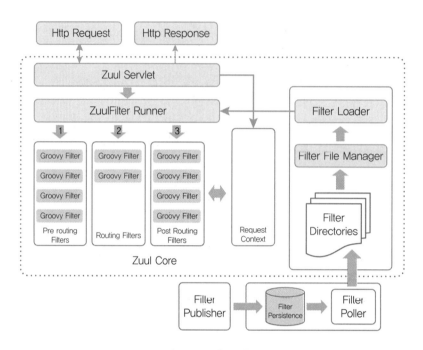

▲ 그림 3-14 주울 코어 구성도

〈그림 3-14〉에서 주울이 어떻게 동작하는지 확인할 수 있다. 앞에서 언급한 바와 같이 주울은 필터를 사용할 수 있는데, 필터의 종류는 크게 PRE, Routing, POST의 세 가지로 나뉜다. 각각의 필터에 대한 정보는 그루비 파일이 담긴 디렉터리를 지정해서 사용할 수 있다. 예를 들어 PRE 필터를 적용해야 하는 경우, 이 필터들을 제공하는 파일이 어느 디렉터리에 있는지를 주울에 알려주면, 주울 필터 러너 ZuulFilter Runner가 해당 디렉터리에서 필터들을 가져다가 적용하는 방식이다. 여기에 반드시 그루비를 사용해야 하는 것은 아니며, JVM을 지원하는 어떠한 언어라도 사용할 수 있도록 구성되어 있다.

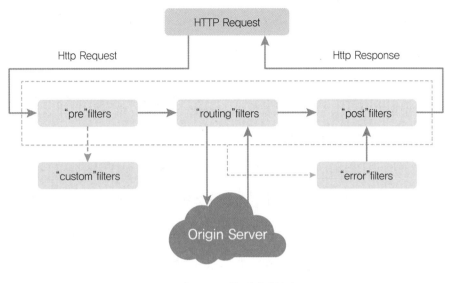

▲ 그림 3-15 주울 필터의 동작

〈그림 3-15〉는 주울 필터가 동작하는 방식을 보여준다. 외부로 유입된 요청은 먼저 PRE 필터의 적용 조건인지를 확인한다. PRE 필터의 적용 조건이면 지정된 커스텀 필터에 따라 처리한다. 아니라면 라우팅 필터를 거친다. 이 라우팅 필터는 어떤 백엔드 서비스로 외부 요청을 전달할지 결정한다.

라우팅을 통해 서비스 응답을 받았다면, 이 응답을 그대로 클라이언트에 리턴하거나 또는 POST 필터를 적용할 수 있다. POST의 적용을 통해 응답을 변조했다면, 또는 하지 않았다면 이게 클라이언트에게 응답으로 전달된다. 각각의 필터에서 발생하는 에러는 에러 필터와 POST 필터를 거쳐 처리된다.

주울 프락시는 서비스를 여러 개로 나눌 수 있을 때 매우 핵심적인 역할을 하는 도구다. 보통 마이크로서비스 전환을 시도할 때 가장 먼저 도입을 생각하는 도구기도 하다. 그도 그럴 것이, 기존의 레거시 오리진 서버와 스프링 부트 등으로 새로 만든 오리진 서비스가 있는 경우, 새로운 서비스가 처리해야 할 요청만 분리해서 라우팅해야 할 필요가 있다. 이때 새로 만들어진 서비스의 라우팅 처리를 통해 레거시와 신규 서비스로 분리해 낼 수 있고, 이런 과정의 반복을 통해 종래의 애플리케이션을 새로운 애플리케이션으로 마이그레이션 처리를 하는 것이 가능하다.

주울 프락시 역시 JVM 위에서 동작하는 애플리케이션이므로, 컨테이너에 탑재되어 확장이 가능하다. 따라서 게이트웨이에 유입되는 요청이 늘어나면 늘어날수록 함께 확장할 수 있다.

또한 서비스 디스커버리와 연동해서 사용할 수 있다. 라우팅의 대상이 되는 서비스들이 서비스 디스커버리를 통해 전달되고, 이를 즉시 가져다가 라우팅하는 데 사용할 수 있는 것이다. 스프링 클라우드 도구들은 이런 형태의 연동을 제공함으로써 복잡하게 리소스의 상태가 변하는 상황에서도 대응할 수 있도록 한다.

주울의 네트워크적 위치에 대해 질문을 받는 경우가 많다. 아마존웹서비스를 예로 들면, 이 주울 프락시가 ELB 이전에 요청을 받아야 하는지, ELB 뒤에서 요청을 받는 역할을 해야 하는지에 대한 것이다. 결론은 '상관없다'이다.

넷플릭스가 N+1 아키텍처로 전환하면서 가장 중요했던 것 중 하나는 하나의 리전 트래픽을 다른 리전으로 전환할 수 있었던 기능이다. 주울은 EC2 인스턴스 위에서 동작하므로, 특정 조건에 의해 다른 리진 또는 다른 시비스 시스템으로 트래픽을 즉시 전환할 수 있는 구간이 바로 여기다. 라우팅만으로 모든 장애 시나리오를 대비할 수 없으므로, 라우트53^{Route53}과 같은 네임서버 구간에서 역시 장애 대비책이 있을 것으로 예상한다.

주울이 위치한 구간은 모든 요청과 응답이 지나는 곳이다. 따라서 서비스에 어떤 일이 발생하고 있는지, 얼마만큼의 트래픽이 발생하고 있는지 등 각종 정보를 수집하기에 최적의 여건을 가지고 있다. 외부 요청에 응답하기까지 얼마나 걸리는지, 에러율은 얼마나 되는지와 같은 간단한 정보부터 외부 유입된 요청을 FIT 등을 통해 변조하고 이를 다시 유입시켜 그 결과를 추적한다든지 하는 흐름을 확인할 수 있는 구간이기도 하다.

넷플릭스 주울에 대한 이해는 서비스에서 기능에 따른, 또는 용도에 따른 트래픽 흐름을 어떻게 분산할 수 있는지에 대해 좋은 아이디어를 제공할 것이다.

리본, Ribbon

앞서 소개한 넷플릭스 도구들을 통해 아마도 SOA^{Service Oriented Architecture}를 떠올리는 이들이 많을 것 같다. 넷플릭스는 다양한 문서와 발표를 통해 자신들이 SOA를 구현해서 사용하고 있음을 밝히고 있다.

사실 많은 이들이 SOA, 마이크로서비스, 클라우드 네이티브들이 서로 어떻게 다른지 구분을 어려워하는 경우를 보곤 한다. 이들은 서로 다른 것이 아니라 서비스의 개발과 배포를 더 낮은 다운타임을 유지한 상태로 수행하려는 방법들이다. 클라우드 시대를 맞아 데이터베이스를 포함한 각종 서버의 자원을 더 많이, 더 자동화된 방법으로 사용할 수 있게 되었고 마이크로서비스를 통해 각 팀은 이전보다 더 작은 코드를 서로 다른 전문성을 가진 사람들이 개발하고 운영할 수 있는 환경을 구현할 수 있었다. 여기에 더해 클라우드에 최적화를 통해 장애가 발생하더라도 스스로 극복하고, 장애를 미리 일으켜 어떤 일이 발생하는지 확인할 수 있는 등의 자원의 풍요로움을 이용해 더 높은 가용성을 가진 서비스를 만들어 내는 것이 클라우드 네이티브라고 할 수 있다.

이를 이룩하는 방법에 넷플릭스는 각자 자신에게 주어진 문제를 해결하는 독립적인 애플리케이션의 모음으로 거대한 하나의 넷플릭스 서비스를 구성한다. 자신에게 주어진 하나의 중요한 문제를 해결하는 애플리케이션들은 다시 다른 서비스와의 요청과 응답을 필요로 하며, 여기에 REST를 사용하고 있다.

넷플릭스는 이 다양한 서비스들을 넷플릭스 인터널웹서비스 프레임워크^{Netflix Internal Web Service Framework, aka NIWS}를 통해 구현하고 있으며 여기에 JSR-311 기반의 REST 클라이언트-서버 프레임워크를 사용하고 있다고 밝혔다. 수많은 서비스들은 Avro, XML, JSON, Thrift와 같은 다양한 시리얼라이제이션 포맷을 사용하고 있으며 NIWS는 이들 모두를 지원하고 있다.

▲ 그림 3-16 넷플릭스 리본

　이런 환경을 기반으로 넷플릭스는 리본^{Ribbon}을 발표했다. 리본은 기본적으로 클라이언트-대-클라이언트 로드밸런싱을 위해 만들어진 도구다. 리본을 설명하기 위해 두 가지 단어를 먼저 설명해야겠다. 클라이언트 대 클라이언트와 로드밸런싱이다.

　로드밸런싱이란, 보통 외부에서 유입되는 요청을 내부의 여러 개 동일한 목적으로 구동하는 서버 또는 애플리케이션에 몇 가지 알고리즘을 기반으로 분배하는 것을 말한다. 한 대의 서버 또는 애플리케이션이 동시에 처리할 수 있는 숫자는 무한대가 아니므로 외부에서 수많은 사용자로부터 발생한 요청을 여러 개의 서비스로 분산 처리하는 것을 목적으로 한다. 따라서 서비스의 사용자 처리량은 하나의 애플리케이션이 처리할 수 있는 양 × 애플리케이션의 숫자로 표현할 수 있다.

　분배의 알고리즘은 목적에 따라 다양하다. 보통 라운드-로빈^{Round Robin}으로 불리는 방식은 연속되어 유입되는 외부 요청을 내부에 존재하는 여러 개의 애플리케이션에 순차적으로 분배한다. 내부 애플리케이션이 10개라면, 로드밸런싱을 수행하는 로드밸런서는 1번부터 10번까지^{또는 0번부터 9번까지}의 애플리케이션에 외부 요청을 순차적으로 분배한다.

　해시를 사용하는 방식은 로드밸런서에 기능이 추가되어 외부 요청을 내부의 특정 애플리케이션에 항상 전달해 주는 기능을 포함한다. 동일한 10개의 애플리케이션이 있다면, 처음 한 번 할당될 때는 보통 라운드 로빈을 통해 할당되고 이렇게 연결된 외부의 사용자는 항상 동일한 서버에서 동작하는 애플리케이션에 연결이 이루어진다. 주목적은 내부 애플리케이션 간에 사용자 데이터에 대한 공유 구조를 별도로 구현하지 않아도 되는 장점을 제공하지만, 반대로 이 기능이 없는 환경에서는 애플리케이션이 정상적으로 동작하지 않는다.

가장 적은 연결 숫자에 기반한 분배 알고리즘도 존재한다. 새로 유입된 요청은 10개의 애플리케이션 중 현재 가장 적은 숫자의 연결을 보유한 애플리케이션에 우선 할당되는 방식이다. 이 외에도 고객의 IP를 확인하고 글로벌 어느 지역에 위치한 고객인지에 따라 가까운 위치에 존재하는 내부 서버로 연결을 지원하는 방식도 존재한다.

로드밸런싱의 1차 목표는 말 그대로 부하분산이다. 부하분산은 외부 요청을 내부의 여러 개 애플리케이션으로 나누는 형태로 그 목적을 이룰 수 있다. 더하여 외부 요청이 어떻게 생겼는가, 헤더가 무엇인지 HTTP 프로토콜을 이해하는 수준의 밸런서도 있고 단순하게 내부 서버들의 IP 또는 MAC 주소를 기반으로 분산하는 저수준의 밸런서도 존재한다. 네트워크 수준에서는 Anycast나 Geocast와 같은 방식으로 대단위 네트워크를 보유한 사업자만이 제공할 수 있는 부하분산의 방식도 존재한다.

이 분산의 부분에서 개발자들이, 또 운영자들이 이해해야 하는 것은 클라우드에서는 어떻게 이것이 달라지는가 하는 점이다. 오토스케일링의 장점이 바로 풍요로운 클라우드 리소스를 적용하는 가장 첫걸음이자 기본이다. 서버가 '언제나 줄어들고 언제나 늘어나는' 구성은 애플리케이션이 가급적이면 RESTful 형태로 동작하는 것을 요구한다. 즉, 앞서 소개한 라운드-로빈 외의 다른 구성은 그다지 권장하지 않는다는 점을 이해할 필요가 있다.

리본과 로드밸런싱

이 로드밸런싱을 클라이언트 대 클라이언트로 한다는 것이 두 번째 설명의 대상이다. 앞의 설명에서는 모두 '로드밸런서'라고 불리는 구간이 존재한다. 요청을 받

고, 분배하고, 분배의 결과 응답을 받아 응답을 제공하는 일을 반복하는 도구가 로드밸런서다. 클라우드 이전 데이터 센터에서는 하드웨어 기반의 상용 제품을 많이 사용했다. 클라우드 시대에서는 하드웨어보다는 엔진엑스^{NginX}나 HAproxy와 같은 도구들이 선호된다.

하지만 넷플릭스와 같이 다양한 종류의 수많은 애플리케이션의 부하 분배를 위해 항상 밸런서를 포함하는 것은 상당한 비용이 필요하다. 네트워크를 통해 전달되는 데이터는 수많은 멤버의 통신이 필요하다. 이 단계를 나타내는 것이 바로 홉^{Hop}이다. 라우터나 스위치 같은 네트워크 장치를 배제하더라도 밸런서는 그 자체로 1개의 추가 네트워크가 된다. 애플리케이션 → 밸런서 → 애플리케이션 연결이 필요한 1개의 구간 역시 오토스케일링을 통해 애플리케이션과 애플리케이션 사이에서 요청이 증가할 때 함께 오토스케일링되어야 한다. 뿐만 아니라 클라우드에서는 네트워크 역시 비용이 청구되는 구간이므로 밸런서를 통한 네트워크 비용이 발생한다. 따라시 시비 디하기 네트워크 비용이 추가로 발생하고, 넷플릭스 수준의 거대한 마이크로서비스 집단이라면 이 밸런서가 상당히 많이 필요하게 된다.

클라이언트 대 클라이언트 로드밸런싱, 또는 클라이언트-사이드 로드밸런싱은 보통 이 애플리케이션 간에 발생하는 요청과 응답의 밸런싱이 필요할 때 밸런서 없이 동작할 수 있는 구조를 말한다. 그리고 이 구현체가 넷플릭스에서는 바로 '리본'이다.

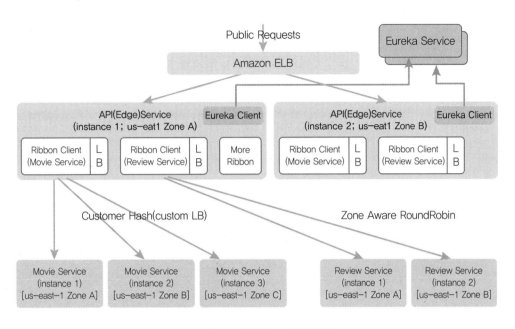

▲ 그림 3-17 넷플릭스 리본의 동작

〈그림 3-17〉은 넷플릭스의 전반적인 밸런싱 구조가 어떻게 동작하는지 한눈에 보여준다.

먼저 넷플릭스의 사용자들은 브라우저나 플레이스테이션 같은 장치를 통해 서비스에 접근한다. 이런 사용자 요청은 아마존 ELB로 유입된다. ELB는 아마존웹서비스의 대표 서비스로서 외부 요청을 내부에 등록된 가상 서버들에 분배한다.

이 그림에서 ELB가 받는 트래픽은 API 게이트웨이 애플리케이션이다. 엣지^{Edge} 서비스는 일반적으로 API 게이트웨이를 의미한다. 앞서 설명한 주울^{Zuul}이 바로 이 구간에 속한다. 그림에서의 엣지서비스는 API 게이트웨이의 역할을 하는 하나의 애플리케이션이다. 이 애플리케이션은 ELB로부터 유입된 요청을 내부의 서비스로 전달한다. 주울은 지정된 규칙에 따라 유입된 트래픽을 필터 처리하거나, 적절한 내부의 마이크로서비스로 라우팅하거나, 또는 이렇게 라우팅을 통해 마이크로서비스로부터 받은 응답을 클라이언트에 전달하기 전에 다시 필터를 적용하거나 하는 역할을 한다.

여기서 잘 살펴보면 라우팅 이후 특정 애플리케이션으로 요청을 전달할 때 리본이 사용된다. 그림에서 영화^{Movie Service} 애플리케이션과 리뷰^{Review} 애플리케이션으로 요청을 전달한다. 각각의 애플리케이션을 보면, 고가용성을 위해 서로 다른 가용존에 애플리케이션이 배포되어 있음을 확인할 수 있다. 그리고 여기에 오토스케일링이 적용되었다면, 영화나 리뷰 애플리케이션에 더 많은 요청이 유입될수록 더 많은 애플리케이션을 탑재한 서버가 생겨날 것이다.

이 애플리케이션들은 모두 유레카를 통해 서로가 서로에 대한 정보를 공유받는다. 그리고 리본 역시 영화 애플리케이션이 동작하는 모든 서버의 주소를 동적으로 넘겨받는다. 그리고 이 정보를 분산에 사용한다. 앞서 설명한 대로 영화 애플리케이션은 단 1대의 서버에서 동작하는 것이 아니라, 수많은 서버 위에서 동작한다. 그리고 이 서버들은 서비스에 유입되는 부하에 따라 그 숫자가 늘어나거나 줄어든다. 이렇게 늘어나거나 줄어든 서비스들은 유레카에 의해 누가 어디에서 동작하는지의 정보를 유레카 클라이언트들에 전파하고, 이렇게 업데이트된 정보는 리본에 의해 애플리케이션에서 영화 애플리케이션 로드밸런싱에 사용한다.

이때 엣지 애플리케이션과 영화 애플리케이션 사이에는 별도의 밸런서가 없이도 로드밸런싱이 동작한다. 즉, 애플리케이션에 참조가 필요한 다른 애플리케이션의 정보를 바탕으로 로드밸런서 없이도 밸런싱을 수행하는 것이다. 이것은 내부 서비스용 ELB를 별도로 구성하지 않아도 되는 장점을 제공한다. 이를 통해 더 빠른 요청과 응답 성능을 기대할 수 있고, 밸런서 유지를 위한 다양한 트래픽과 자원이 소모되지 않는다.

리본의 밸런싱 알고리즘

리본은 기본적인 몇 가지 밸런싱 알고리즘을 지원한다. 먼저 가장 단순한 라운드-로빈 방식이다. 한 번의 요청을 다른 애플리케이션에 하나씩 수행한다. 타겟 애플리케이션의 응답속도를 기반으로 더 빠른 응답을 주는 서버에 먼저 분배하는 방식도 존재한다.

몇 가지 방식 중 주목할 만한 것은 가용존 인식을 기반으로 한 밸런싱 알고리즘이다. 리본이 어떻게 동작하는지를 보여주는 동시에, 넷플릭스가 어떻게 성능과 가용성을 동시에 구현하는지를 보여준다. 이 알고리즘이 선택되면 리본은 다음과 같이 동작한다.

1. 리본은 각각의 가용존이 어떤 상태로 동작하는지 계산한다. 〈그림 3-17〉에서 3개의 가용존 중 가장 부하가 높은 가용존을 분산 대상에서 제외한다. 특정 가용존이 밸런서에서 지정한 트래픽 임계 값에 도달했는지의 여부를 바탕으로 대상을 선택하며, 만약 이 임계 값에 도달한 가용존이 두 개 이상인 경우 서버당 요청이 가장 많은 존이 분산 대상에서 제외된다.
2. 세 개 중 하나의 가용존이 제외되면, 나머지 두 개의 가용존 중 서버가 더 많이 존재하는 가용존을 분배 대상으로 선택한다.
3. 선택된 가용존에서 지정된 로드밸런싱 규칙을 바탕으로 하나의 서버를 선택한다. 만약 라운드-로빈 방식이라면, 선택된 가용존에 동작하는 서버를 순차적으로 분배 대상으로 지목한다.

놀라운 것은 이 동작이 모든 요청에 실시간으로, 그리고 개별적으로 동작한다는 점이다. 따라서 리본을 사용하면 타겟 애플리케이션의 동작 여부와 밸런서가 계산해내는 부하 상태와 가용 상태에 대한 다양한 수치 해석을 바탕으로 요청 하나하나를 적절하게 분배한다.

이 외에도 리본은 몇 가지 중요한 기능을 제공한다.

- 넷플릭스 유레카와 함께 사용 가능
- 상태 정보를 JMX를 통해 확인 가능하며, 서보를 통해 퍼블리싱
- 선택 가능한 다양한 시리얼라이제이션(JSR-311, Jersy)

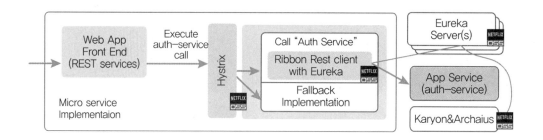

▲ 그림 3-18 넷플릭스 요청의 흐름

〈그림 3-18〉은 요청 흐름의 동작을 다른 방향에서 보여준다. 외부 요청을 받은 애플리케이션은 인증 서비스로 필요한 데이터를 요청한다. 이때 다른 서비스로의 요청은 먼저 히스트릭스를 통해 서킷을 통과하고 이후 유레카 서버를 통해 받은 인증 서버의 정보를 바탕으로 리본이 가용한 인증 서버 중 하나를 선택해 요청을 수행한다. 인증 서비스 역시 유레카와 아카이어스를 통해 네트워크상 어디에서 동작하는지에 대한 정보를 다른 애플리케이션에 제공한다.

밸런서를 없앰으로써 네트워크 흐름을 단순화하는 동시에 서킷 브레이커를 통해 해당 서비스 그룹이 온전한지를 확인하고 리본을 사용해 적절한 타겟 애플리케이션에 접근하는 구조다. 모든 단계가 세밀하게 디자인되어 있고 발생 가능한 문제에 대비한다.

이 그림에서 확인할 수 있듯이 리본은 각각의 밸런싱 그룹에 대해 존재한다. 이 것은 애플리케이션 내에서 다른 프로세스 참조가 필요할 때 밸런싱을 적용할 수 있다는 의미다. 이런 편의는 샤딩을 구현하거나 고수준의 부하 분산을 디자인할 때 애플리케이션 내에서 제어가 가능하다. 운영에서 제공하는 클러스터 규칙에 따라 도구를 사용하는 것이 아니라, 애플리케이션에서 필요에 따라 다른 애플리케이션을 호출하는 데 적용할 수 있는 방법이 무궁무진하다는 점이다.

이 도구들은 모두 넷플릭스 서비스에서 사용되었으며, 다른 말로 하면 대단위 서비스에서 검증된 도구라는 것이다. 서보와 같은 모니터링 도구, 주울, 서킷 브레이커, 리본과 같은 도구들은 처음부터 모두 한꺼번에 적용하기는 힘들겠지만 이 콘셉트를 바탕으로 만들어진 다양한 선택 가능한 도구가 존재한다.

스프링 클라우드 넷플릭스 리본이 이미 구현되어 있으며 역시 스프링 애플리케이션에서 사용이 가능하다. 다음의 링크를 통해 어떻게 적용할 수 있는지 살펴보면 된다.

https://spring.io/guides/gs/client-side-load-balancing/

3.5 │ 관측성 확보를 위한 도구

아틀라스, Atlas

아틀라스[Atlas]는 서비스 동작 상태를 실시간에 가깝게 파악할 수 있도록 서비스에서 발생하는 다양한 타임-시리즈 데이터를 다루기 위해 개발되었다. 이 도구는 대량의 타임 시리즈 데이터를 메모리에 저장해서 실시간에 가까운 리포트를 만들어낼 수 있다.

일반적으로 타임-시리즈 데이터는 사용자의 클릭 스트림과 같은 데이터를 모아 거대한 데이터웨어 하우징 도구나 하둡과 같은 분석 도구를 통해 사용자 분석에 사용하는 것이 일반적이다. 하지만 아틀라스의 주목적은 현시점에 전체 시스템의 상태를 즉각 확인하는 것이다. 수년 동안의 데이터를 저장해서 분석하는 것이 아니라 애플리케이션이 지금 현재 어떻게 동작하는지를 확인하는 데 사용한다.

넷플릭스의 홈페이지에서는 '오퍼레이션 인텔리전스'를 위해 만들어졌다고 소개한다. 현재 운영에 필요한 정보를 거의 실시간으로 확인하고, 필요한 그래프를 쿼리를 통해 얻는다. 아틀라스는 실시간 데이터에 집중하기 때문에 수 시간 내의 데이터는 메모리에 저장해서 실시간 데이터를 빠르게 얻는 데 집중하고 그 이후, 보통 4시간 이상의 데이터에는 다른 저장 기법을 사용한다. 이 경우에는 실시간 데이터 조회보다는 더 느린데, 모네타의 사용에서 아이디어를 얻을 수 있듯 오래된 데이터는 디스크에 저장하기 때문이다.

아틀라스의 전신은 에픽Epic이라는 도구였다. 넷플릭스 내부에서 자체 개발된 에픽은 타임 시리즈 데이터를 처리하기 위한 도구로 MySQL과 RRDTool 로깅, 그리고 CGI 스크립트로 구성되었다. 이 도구는 넷플릭스의 사업이 라틴 아메리카와 유럽으로 확장되면서 200만 개 이상의 매트릭 처리에 대한 부하로 종종 다운되었기에 아틀라스로 대체되었다.

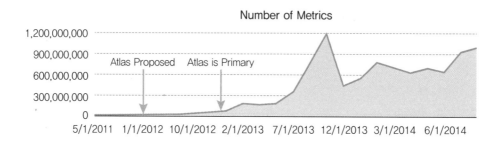

▲ 그림 3-19 모니터링 매트릭 처리량

〈그림 3-19〉의 그래프는 넷플릭스의 실시간 모니터링을 위한 매트릭 처리량이 어떻게 증가했는지 보여준다. 2011년에 만들어진 아틀라스는 에픽을 대체하며 당시 200만 개의 매트릭을 처리할 수 있었는데, 거듭된 발전을 통해 2014년경에는 12억 개의 매트릭이 처리되고 있다고 한다.

아틀라스가 타임-시리즈 데이터를 초고속으로 처리하기 시작하면서 BI비즈니스 인텔리전스 분야에도 사용을 원하는 사용자들이 생겨났다. 아틀라스는 보통 14일 정도의 데이터를 저장한다고 알려졌는데, BI를 위해서는 이보다 더 길게 데이터를 저장해야 한다. 따라서 다음의 간단한 질문을 통해 아틀라스를 어떻게 사용해야 하는지 아이디어를 얻을 수 있다.

- 오퍼레이션에서는 '현재 무슨 일이 발생하고 있는가?'가 중요하지만, 비즈니스에서는 '시대에 따라 트렌드가 어떻게 변화하고 있는가?'에 주목한다.
- 특정 이벤트에 대한 추적을 위해 쿼리가 필요한가? 아니면 시간의 흐름에 따라 이벤트의 통계가 필요한가?

아틀라스에 저장된 데이터 조회를 위해서는 '스택 언어Stack Language'를 사용한다. 이 쿼리 언어는 폴란드식 표기법을 사용하는데, 변수 뒤에 오퍼레이터가 위치하는 식이다. 아틀라스의 조회 속도는 놀라울 정도로 빠른데, 2015년에 발표한 수치에 의하면 넷플릭스의 미국 동부 리전에 2주일간 발생한 모든 네트워크 트래픽 그래프를 14억 개의 데이터 인풋 포인트를 바탕으로 1.6초 만에 그려낸다.

아틀라스가 그래프를 그리는 방식은 먼저 타임-시리즈 데이터를 다루기 때문에 지정된 시간 범위의 데이터를 선택한다. 이 범위 안에 있는 데이터를 가지고 있는 모든 서버로부터 데이터를 취합하고, 이를 바탕으로 PNG나 JPEG 파일 포맷의 그래프를 그리는 방식이다.

속도를 유지하는 것이 매우 중요하다. 이 도구는 필요할 때 즉시 사용해야 하는 도구이고, 그렇기 때문에 그래프를 그리는데 너무 오랜 시간이 걸리면 그만큼 문제의 추적이나 복구 역시 오래 걸린다. 따라서 아틀라스는 매트릭을 5분 이내에 표시해야 한다는 SLA 바탕으로 동작한다. 이 5분의 시간을 충족하기 위해 쿼리 수행 시간을 제한하거나 결과 세트를 제한하는 등의 행위가 적용된다. 또 데이터의 정확성과 지연 시간을 선택해야 한다면 지연 시간을 낮추는 방향을 선호한다. 아틀라스 V2 API에서는 그래프를 그리는데 시간이 지나면 더 많은 데이터를 볼 수 있는 형태의 방법을 제공하기도 한다.

아틀라스 팀은 JVM 튜닝, 이를테면 가비지 컬렉션 알고리즘 선택이나 아마존웹서비스에서 가상머신의 타입을 매우 신중하게 선택한다. 가비지 컬렉션의 경우 메모리 파편화를 막을 수 있는 G1 타입을 적용한다. 그저 가장 큰 메모리를 가진 가상머신을 선택하면 될 것 같지만 메모리의 파편화를 잘 관리하는 것이 더 중요한 우선순위다. '히스토리컬 클러스터'는 다이렉트 바이트 버퍼와 힙 메모리를 함께 사용한다. 다이렉트 바이트 버퍼는 시계열 데이터를 저장하거나 로드하는 데 사용하고 힙 메모리는 데이터의 조작과 같은 다른 동작을 위해 존재한다.

아틀라스의 처리량은 얼마나 될까? 넷플릭스는 아틀라스를 리전별로 운용하고 있다. 분당 20억 개의 매트릭 유입을 처리할 수 있으며, 최대 2주간의 데이터를 메모리에 저장할 수 있다. 이보다 긴 기간의 데이터는 S3에 저장되며 필요할 때 프레스토^{Presto} 또는 하이브^{Hive}를 사용해 데이터를 볼 수 있다. 각 가용존에 걸쳐 리전당 수천 대의 가상머신으로 동작하며 3개의 주요 리전에 모두 배포되어 리전 간 장애 복구를 지원한다.

이런 규모의 서비스가 수십억 건의 데이터를 초고속으로 처리하는 비결은 타임-시리즈 데이터 각각에 태그^{tag}를 잘 사용하는 것이다. 아틀라스 시스템은 데이터에 기본적으로 8가지의 태그를 자동으로 제공한다. 또 20여 가지의 사용자 지정 태그를 사용할 수 있다.

애플리케이션 개발자라면 수백 개의 애플리게이션이 클라우드의 어디에서 동작하고 있고, 그렇기 때문에 어떤 키를 사용해야 어떤 그래프를 얻게 될지 예측하기 어렵다면 도구가 제공하는 편의와 거리가 있다. 따라서 아틀라스는 개발자가 자신의 애플리케이션의 상태 확인에 필요한 개별 키를 일일이 알지 않아도 쉽게 사용할 수 있도록 디자인되었으면, 그 핵심이 바로 태그다. 애플리케이션 이름과 같은 키를 시스템이 자동으로 태그로 붙여주기 때문에 클라우드 상의 수많은 애플리케이션 중 내가 관심 있는 애플리케이션에 대한 데이터만 즉시 뽑아올 수 있다. 그리고 아틀라스 시스템에 익숙해지면 커스텀 태그를 사용해 데이터를 다각도로 조망할 수 있는 그래프를 그려낼 수 있으며 이런 애플리케이션과 시스템에 대한 관찰은 서비스가 어떤 상태로 동작하고 있는지 즉시 확인할 수 있는 능력을 제공한다.

다음은 아틀라스의 타임 시리즈 데이터 구조를 보여준다. 모든 데이터는 1개 이상의 태그를 가져야 하고, 'name'을 키로 한다. 이 타임 시리즈 데이터의 예를 살펴보자.

```
{
 "name":      "server.requestCount",
 "status":    "200",
 "endpoint":  "api",
 "nf.app":    "fooserver",
 "nf.cluster": "fooserver-main",
 "nf.stack":  "main",
 "nf.region": "us-east-1",
 "nf.zone":   "us-east-1c",
 "nf.node":   "i-12345678"
}
```

태그는 일반적으로 2개의 카테고리 안에 속한다. 하나는 name을 기반으로 한 데이터의 취합과 구분을 위한 이름 규칙이다. 클라우드에서 동작하는 수많은 서버 속에서 필요로 하는 애플리케이션의 데이터만 모을 수 있게 하는 방법이다. 디멘션은 각 항목을 기반으로 어떤 데이터를 볼 것인지를 지정한다. 애플리케이션의 HTTP 응답 코드가 200인지 아니면 다른 응답인지 이를 바탕으로 그래프를 그려 서비스의 상태에 대한 즉시 참조를 다각도에서 제공한다. 이와 같은 이름 규칙에 대한 자세한 사항은 아틀라스의 문서를 참조하면 된다.

http://netflix.github.io/spectator/en/latest/intro/conventions/

애플리케이션에서의 매트릭은 서보 또는 이의 발전된 도구인 스펙테이터를 통해 수집된다. 기본적으로는 JMX를 통해 얻을 수 있는 정보를 아틀라스 시스템에 퍼블리싱하는 역할을 한다. 자바 라이브러리로 되어있으며 마찬가지로 자바 애플리케이션이 아닌 도구들은 프라나를 통해 서보나 스펙테이터를 사용할 수 있다.

넷플릭스의 시스템을 가만히 살펴보면 요청을 내부 애플리케이션으로 분배해서 적절한 응답을 받아 처리하는 부분과 이 동작을 지원하기 위한 플랫폼 부분, 그리고 데이터 저장을 위한 부분으로 나뉜다. 이들 중 플랫폼 부분의 역할에서 서킷 브레이커나 유레카 같은 도구들은 많이 알려졌지만, 이런 로깅을 위한 도구는 잘 알려져 있지 않다. 유레카나 서킷 브레이커와 마찬가지로 운영을 위해 필요한 각종 모니터링을 위한 매트릭을 수집하는 플랫폼 체계가 바로 아틀라스다.

아틀라스와 모니터링

클라우드 기반의 마이크로서비스 구현에서 아주 중요한 하나의 축이 모니터링이다. 현재 서비스에 어떤 일이 발생하고 있는지에 대해 필요할 때 즉시 확인할 수 있는 체계는 서비스의 성능 개선 방향과 문제 발생 시 조치가 필요한 부분이 어느 곳인지 알려주고, 경우에 따라 문제에 대한 핵심 원인을 특정할 수 있도록 돕는다.

서보와 스펙테이터는 애플리케이션이 동작하는 가상 서버에서 함께 동작해 '게이지', '카운터'와 같은 매트릭을 아틀라스로 보내고 아틀라스는 사용자 UI 또는 스택 쿼리를 통해 수집된 데이터를 빠르게 조회해서 그래프를 그린다.

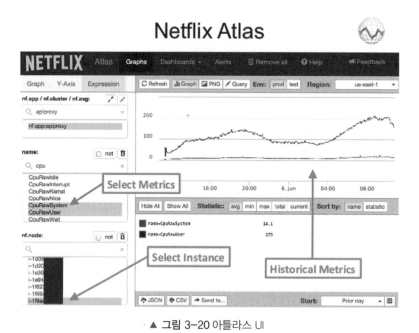

▲ 그림 3-20 아틀라스 UI

[출처] https://www.slideshare.net/brendangregg/monitorama-2015-netflix-instance-analysis

시간의 흐름에 따라 발생하는 데이터를 다루기 때문에 데이터 포인트는 크게 3개로 구분된다. 하나는 태그이고 다른 하나는 타임스탬프이며 마지막 하나는 값이다. 스텝 사이즈로 불리는 시간의 구획에 따라 측정된 데이터의 숫자를 노멀라이즈한 값을 제공하는 형태다.

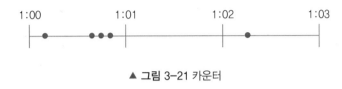

▲ 그림 3-21 카운터

〈그림 3-21〉은 어떤 애플리케이션이 받은 요청에 대한 타임 시리즈 데이터다. '시간:분'의 형태이며, 그림을 보면 1시 00분에서 1시 01분까지 4개의 요청이, 다시 1시 02분부터 1시 03분까지 1개의 요청이 발생한 것을 알 수 있다. 이를 초 단위로 나누면 각각 1시 01분은 4/60 = 0.0667, 1시 02분에는 0, 1시 03분에는 1/60 = 0.0167의 값으로 나타낼 수 있다. 1분 단위 또는 초 단위로 구획한 것이 바로 스텝 사이즈로 볼 수 있으며 스텝 사이즈 내에서 발생한 값을 타임스탬프에 대한 카운터로 나타낼 수 있다.

넷플릭스에서 이런 동작은 각각의 개발팀이 직접 신경 써서 구현하지 않아도 스펙테이터를 사용하면 기본 태그들이 추가되어 아틀라스 시스템으로 수집된다. 여기에 게이지^{Gauges}와 레이트^{Rates}의 두 가지를 살펴볼 필요가 있다.

게이지는 특정 시점의 값이다. 히스토리컬로 표현되는 연속성을 기반으로 한 데이터가 아니라 특정 시점의 값으로 이해하면 된다. 예를 들어 자동차 RPM 게이지는 현재 엔진의 RPM 값을 보여준다. 마찬가지로 아틀라스 시스템에서 스펙테이터를 통해 수집된 게이지는 특정 시점에 HTTP 상태가 200이 몇 개인지, 에러가 몇 개인지, 가상머신 숫자가 몇 개인지와 같은 값을 나타낸다.

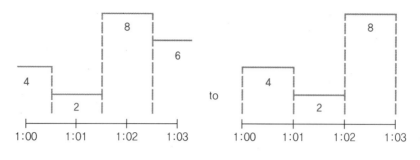

▲ 그림 3-22 게이지 노멀라이즈

레이트는 보통 특정 사건이 이전 값에 대비하여 초당 얼마나 많이 증가했는지 또는 감소했는지를 표현하는 데 사용한다.

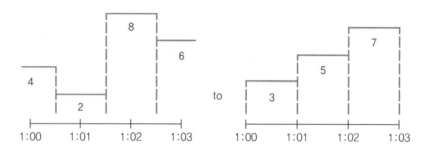

▲ 그림 3-23 레이트 노멀라이즈

〈그림 3-23〉의 데이터를 살펴보면 수집된 데이터는 정확히 스텝 사이즈에서 30초(50%)씩 밀려서 유입되고 있다. 아틀라스에서는 왼쪽의 그림을 오른쪽으로 노멀라이즈한다. 방식은 앞과 뒤의 값에 50%를 적용하고 이를 더해서 레이트를 구한다. 따라서 1시간 01분의 값은 $4 \times 0.5 + 2 \times 0.5 = 2 + 1 = 3$으로 구하는 형식이다.

레이트 값을 구할 때 이전의 값이 없을 수가 있다. 이 경우에는 평균을 사용해 노멀라이즈 하는 방식을 취한다. 이런 방식은 두 가지의 경우를 대비하는데, 하나는 수집된 값과 스텝 사이즈가 다른 경우에 값이 부정확해지는 문제를 대비한다.

예를 들어 매트릭은 10초에 한 번씩 수집되는데 스텝 사이즈는 1분인 경우에는 10초에 한 번씩 수집된 값을 모두 더해 평균을 낸다. 게이지만 사용하는 경우에는 마지막 값만 취하는 경우가 발생해 앞의 5회(10초에 한 번이므로)를 유실하는 대신 더 정확한 값을 얻을 수 있다. 이 값이 1, 5, 90, 5, 4, 2로 10초마다 측정된 경우, 레이트 값은(1+5+90+5+4+2)×10=1,070이 된다. ×10은 레이트가 '초당'으로 환산하기 위해 필요하다.

다른 하나는 데이터의 편향으로 발생하는 문제를 완화한다. 실제 트래픽이 급작스럽게 상승하는 환경에서는 원하든 원치 않든 데이터가 밀려서 유입되는 현상이 발생할 수 있다. 만약 이전 값을 참조해서 평균을 내는 방식을 사용하지 않는다면 그래프에는 커다란 구멍이 발생한 것처럼 보일 것이다. 실제 데이터는 일부 편향이 발생했을 수 있지만, 애플리케이션이 처리하는 레이트 값은 실제로 서비스 다운과 같은 큰 문제가 발생하지 않는 한 자연스러운 연결 흐름을 나타낼 것이다.

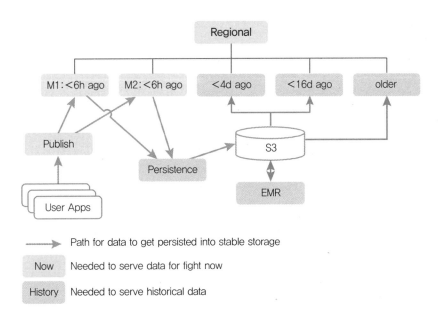

▲ 그림 3-24 시간에 따른 아틀라스의 데이터 저장 구조

실제로 아틀라스는 〈그림 3-24〉보다 훨씬 복잡하게 구성되어 있다. 각 리전에 배포된 아틀라스 클러스터는 해당 리전에 동작하는 애플리케이션과 함께 동작하는 서보 또는 스펙테이터로부터 퍼블리싱된 정보를 받는다. 이렇게 받은 데이터는

6시간을 기준으로 아틀라스 클러스터의 메모리에 저장된다. 이 구간에서는 굉장히 빠른 속도로 데이터를 참조하고 그래프를 그려낼 수 있다. 즉, 원래의 용도에 맞는 즉각적인 운영 정보를 얻어낼 수 있는 것이다.

이 시간이 지나고 더 오래된 데이터, 즉 6시간 이후의 데이터는 S3에 저장된다. 이때 데이터의 중복 처리와 같은 정규화 작업이 EMR을 통해 수행된다. EMR은 아마존웹서비스가 제공하는 하둡 클러스터다. S3와 EMR은 고속의 데이터 복제가 가능하고, EMR에서 하이브^{Hive}와 같은 도구를 사용하는 경우 S3의 데이터를 테이블처럼 사용하는 것도 가능하다. 이 같은 사용성을 바탕으로 더 오래된 데이터에 대한 참조를 통해 애플리케이션의 동작 지표에 대한 트렌드를 확인하는 것이 가능하다.

클라이언트에 자바 라이브러리로 제공되며, 오픈소스로도 존재하는 넷플릭스의 서보는 더는 업데이트되지 않는다. Java 8 이상의 버전을 사용하고 있다면 스펙테이터를 사용하면 된다. 클라이언트 측에서 아틀라스 시스템으로 전송되는 매트릭은 다음과 같다.

- 요청에 대한 지연 시간
- 요청에 대한 응답 데이터 사이즈 통계
- 실시간 활성 커넥션 숫자
- 서버 응답의 다양한 상태 추적. 상태 코드, 국가, 에러 발생 시 예외 타입 등

아틀라스는 시스템의 상태 모니터링을 위해 매우 중요한 체계다. 이를 동일하게 구현하고자 하는 경우, 먼저 두 가지를 살펴볼 것을 권한다.

하나는 트위터에서 만들고 오픈소스로도 존재하는 집킨^{Zipkin}이다. 집킨은 현재 다양한 언어와 프레임워크를 지원한다. 주요한 역할은 외부에서 유입되는 요청이 내부의 다른 서비스로 어떻게 전달되어 응답하는지에 대한 추적을 제공한다. 아틀라스와 같이 아주 세밀한 뷰를 제공하지는 않지만 적어도 당장 서비스가 어떤 응답 시간을 가지고 어떤 서비스와 의존성을 지닌 채로 통신하고 있는지를 확인하는 데 아주 유용하다.

다른 하나는 스프링 부트를 사용한다면 액추에이터를 살펴보는 것이다. 액추에 이터는 서보나 스펙테이터와 유사한 기능성을 제공한다. 애플리케이션의 현재 카 운터와 게이지와 같은 값들을 제공한다. 또한, 이 값들을 원한다면 타임 시리즈 데 이터베이스 또는 ELK 같은 도구에 전달해 아틀라스와 유사한 체계를 구현할 수도 있다. 이와 관련해 보다 자세한 내용은 다음의 링크에서 확인할 수 있다.

https://docs.spring.io/spring-boot/docs/current/reference/html/production-ready-metrics.html

넷플릭스의 아틀라스는 수천 대의 머신에서 발생하는 타임 시리즈 데이터를 바 탕으로 수초 내에 표시하는 기능성을 바탕으로 시스템에 발생하는 현상을 알아내 는 데 사용하고 있다. 타임 시리즈 데이터의 저장과 검색, 그리고 처리는 다양한 도 구가 존재하지만, 넷플릭스와 같이 확실한 목적을 바탕으로 구현하고, 이것과 연동 하는 서보나 스펙테이터 같은 도구를 모든 애플리케이션에서 사용할 수 있도록 기 능성을 제공하는 것이 마이크로서비스 구현을 생각한다면 반드시 필요한 고려사항 이라고 할 수 있다.

비즈시럴, Vizceral

아틀라스를 통해 수집된 다양한 정보들은 특정 시점의 데이터를 표현하는 도구 로만 사용하기는 아깝다. 서비스의 운영에 관여하는 팀들이 많을수록, 서비스의 현 재 상태에 대한 가시성을 더 나은 인터페이스와 함께 그래픽 인터페이스를 포함한 다면 어떨까.

특히 넷플릭스는 카오스 몽키 뿐만 아니라 카오스 콩과 같이 리전 수준의 장애 극복 시나리오를 실제 테스트하고 있으므로, 실시간으로 유입되는 매트릭을 바탕 으로 현재의 트래픽 상태를 보여주는 도구가 있다면 서비스의 현황 파악에 매우 유 용할 것이다. 아마 다양한 서비스 운영 센터에 가면 거대한 스크린으로 나타난 '네트워크 모니터링' 도구의 넷플릭스 버전이라고 할 수 있겠다.

비즈시럴^{Vizceral}은 다음과 같은 데이터를 시각화하기 위해 만들어졌다.

- 실시간 데이터의 표시
- 데이터양, 지연시간, 정상 및 비정상 요청의 구분을 가시화
- 각 서비스 요소 간 네트워크 연결과 흐름 도식화
- IPC(Inter Process Communication) 트래픽, 즉 내부 서비스 간 트래픽 가시화
- 서비스 간 의존성 도식화

NMS라고 불리는 다양한 네트워크 모니터링 시스템들이 이미 존재하는데, 왜 넷플릭스는 이런 모니터링 도구를 별도로 만들었을까? 답은 의외로 간단하다. 대부분의 NMS 도구들은 다이어그램과 함께 수치를 표시한다. 화면에 표시된 수치들은 성공적인 응답의 횟수, 평균 지연시간 같은 것들을 표시한다. 따라서 시스템을 잘 이해하고 있는 사람들은 이런 모니터링 화면을 보면 수치해석을 통해 서비스에 무슨 일이 발생했는지 알 수 있다. 하지만 직관적이리고 보기엔 무리가 있다.

비즈시럴은 전문가가 아니라도 보는 순간 '아 서비스의 상태가 어떻구나'를 직관적으로 이해할 수 있는 화면을 가지고 있다. 지연시간이 증가하고 있다면 트래픽의 흐름이 천천히 나타난다거나, 트래픽이 많아진다면 엔티티 간에 흐르는 점들의 양이 많아지는 형태다.

모든 사람이 전체 트래픽을 볼 수 있는 것도 중요하지만, 각 팀에서 담당하고 있는 서비스가 서로 의존성이 있는 다른 서비스들과 어떻게 동작하고 있는지 실시간으로 가시성을 확보하는 것은 대단히 중요한 기능이다.

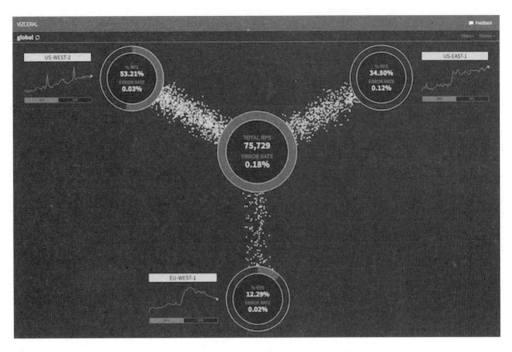

▲ 그림 3-25 비즈시럴 리전 간 화면

〈그림 3-25〉는 비즈시럴이 아틀라스를 통해 얻은 데이터를 바탕으로 실시간 흐름을 도식화한다. 넷플릭스는 리전 간 장애 극복을 수행하므로, 이를 위해 평소에 데이터의 유입이 발생하는 순간 다른 리전으로 데이터를 복제하는 구성을 다양한 데이터 저장소에서 구현하고 있다.

유튜브에서 'Vizceral'로 검색하면 움직이는 화면을 볼 수 있다. 전체 리전에서 발생하고 있는 트래픽과 에러 레이트를 한눈에 볼 수 있고, 어느 리전이 트래픽이 현재 증가하고 있는지 감소하고 있는지도 확인할 수 있다. 여기에 리전을 선택하면 리전 내부 화면으로 전환된다.

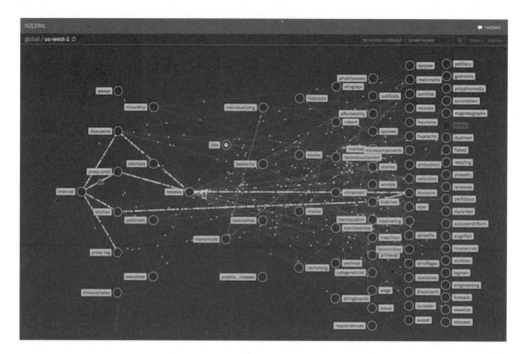

▲ 그림 3-26 비즈시럴 리전 뷰

리전 내부는 전체 리전을 도식화한 것보다 더 복잡하다. 각각의 서비스에 트래픽이 어떻게 전달되는지 실선과 이 실선을 흐르는 점들로 트래픽과 의존성을 묘사한다.

서비스를 한눈에 볼 수 있으며, 필요하다면 특정 애플리케이션만을 집중해서 확인하는 것도 가능하다. 또한, 현재 어떤 서비스에 문제가 발생하고 있는지에 대한 확인도 색상을 통해 표현한다.

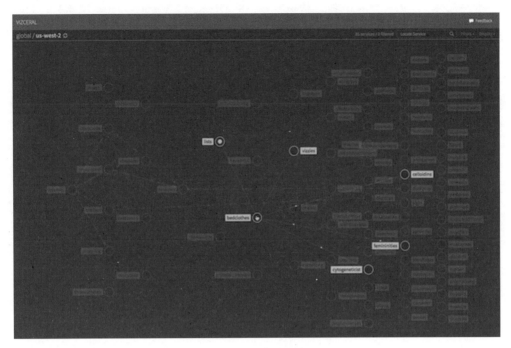

▲ 그림 3-27 비즈시럴 의존성 뷰

특정 애플리케이션을 선택하면 이 애플리케이션이 요청을 주고받는 의존 관계에 있는 서비스들이 하이라이트 된다. 따라서 서비스를 담당하고 있는 팀은 서비스의 상태 파악, 의존성, 트래픽의 규모 같은 정보를 실시간으로 확인할 수 있다. 아마 팀별로 이 화면을 표시하는 대시보드를 팀이 위치한 어딘가에 띄워 놓았을 것 같다.

다음 링크의 비디오를 보면 20초 부근에서 넷플릭스가 리전 장애 테스트를 수행하는 것을 볼 수 있다.

https://youtu.be/ftIsVoJNCHk

비즈시럴은 JSON 데이터를 받아서 화면을 구성한다. 깃허브의 Vizceral-example(https://github.com/Netflix/vizceral-example) 페이지를 통해 여러 분만의 모니터링을 비즈시럴로 구현할 수도 있다.

집킨과 비교해 보자면 일단 비즈시럴이 훨씬 보기가 아름답다. 집킨 역시 서비스 간 의존성을 표시해주고 외부 요청에 대한 내부 요청의 의존성을 모두 추적해 정보를 보여주지만, 역시 비즈시럴이 훨씬 아름답다. 하지만 비즈시럴 자체는 거시적인 트래픽의 규모를 보는 데 더 적합하다고 생각한다. 각각의 요청에 대해 더 자세한 내용을 보고싶다면 아틀라스를 사용해서 그래프를 그리는 것이 유용하다. 집킨의 경우에는 전체 트래픽에서 샘플링으로 확보한 요청 데이터를 자세하게 살펴볼 수 있으므로 이 나름대로도 유용하다할 수 있겠다.

3.6 | 숨겨진 마이크로서비스, 고가용 캐시

EVCache

EVCache는 넷플릭스에서 '숨겨진 마이크로서비스^{Hidden Micro Service}'라고 할 정도로 매우 중요한 데이터 시비스다. 기본적으로 데이터의 더 빠른 참조를 위해 메모리에 저장하고, 애플리케이션에서 데이터베이스 대신 이 메모리를 참조하게 하는 구조를 제공하기 위해 만들어졌다. 단순히 메모리에 저장하기만 한다면 memcached만 사용하면 되지만, EVCache는 한발 더 나아가 기본적으로 하나의 클라이언트에서 데이터를 저장하고자 할 때 3개의 memcached 인스턴스에 중복 저장하는 것을 목적으로 만들어졌다.

memcached를 처음 들어보는 이들을 위해 부연 설명을 조금 하자면, 이는 KV 데이터를 메모리에 저장하되 클라이언트와의 인터페이스를 TCP/IP를 사용할 수 있도록 구성된 서버 애플리케이션이다. 동일한 서버에서도 포트를 다르게 하면 여러 개의 인스턴스를 구동할 수 있으며, 크게 복잡하지는 않지만 메모리 및 포트, 네트워크 등에 관련된 설정을 가진다.

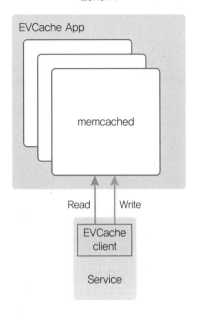

▲ 그림 3-28 넷플릭스 EVCache 기본 구조

일단 기본 구조는 매우 간단하다. 3개의 memcached 클러스터를 기본으로 하는 EVCache App과 이 앱을 사용하는 서비스의 사이드카에 포함된 EVCache 클라이언트다. 클라이언트는 이 구조를 통해 데이터를 저장하고 참조할 수 있다.

이때 사용하는 알고리즘은 케타마[Ketama]라고 알려져 있다. 이 알고리즘의 역할을 해시된 값을 이용해서 서버 리스트를 관리하고 임의의 서버를 선택할 수 있도록 한다. 여기서 핵심은 해시 테이블을 변경하더라도 키, 즉 서버 리스트에만 재배열이 발생하고 값에 대한 재배열은 없다. 목적은 어떤 문제에 의해서 캐시 서버가 멤버에서 빠지거나 새로 추가되면 키만 다시 배열하고 빠진 서버의 데이터를 다른 서버들에게 돌려주고 제거되는 구현을 위한 것이다. 이 케타마 알고리즘에 대해서는 다음의 링크에서 더 자세하게 알아볼 수 있다.

또한 EVCache 앱은 다른 일반적인 넷플릭스의 서비스들과 마찬가지로 서비스 디스커버리인 유레카와 연동한다. 각 마이크로서비스는 자신이 사용 가능한 EV-Cache 클러스터가 어디에 존재하는지 별도의 설정이 없어도 동적으로 참조가 가능하다. EVCache 클러스터 역시 리사이징을 수행하는데, 이때의 방식이 더 많은 가상 서버를 쓰거나 적게 쓰는 형태이기 때문에 네트워크 주소가 바뀐다. 유레카는 이때 각 클러스터의 멤버가 네트워크상에 어디에 위치하는지를 정확히 알고 있음으로써 클라이언트와 서버가 동적인 환경에서 서로 통신할 수 있는 환경을 제공한다.

뒤에 설명할 서보^{Servo}도구를 통해 퍼포민스 모니터링도 제공한다. 캐시는 CDN처럼 일반적으로 '빠를 것이다'라고 생각하는데 이것보다는 더 정확하고 자세한 지표들이 필요하다. 데이터의 참조 효율, 콜드 캐시와 핫 캐시의 구분은 서비스의 데이터 사용 형태에 따라 달라지기 때문에 이런 값들을 세밀하게 모니터링해야 더 나은 성능 조절이 가능하겠다.

memcached의 기본은 놀라울 정도로 간단하다. 이에 대해 조금 더 살펴보자.

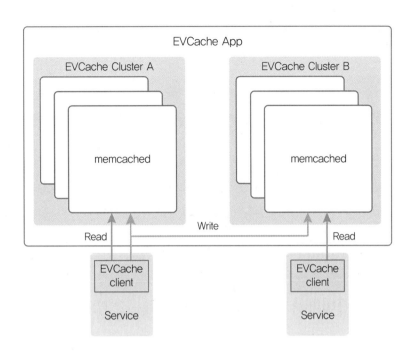

▲ 그림 3-29 멀티 클러스터 EVCache

멀티 클러스터는 EVCache의 가용성을 더욱 높여준다. 하나의 리전 내에서 다수의 가용존을 사용할 때 이런 방식을 사용할 수 있다. 이때 하나의 가용존에 위치한 EVCache 클러스터 전체에 문제가 발생하더라도 데이터 참조에는 전혀 문제가되지 않는다. 물론 이 캐시를 참조하는 서비스들이 캐시에 요청하는 숫자는 늘어날수 있지만, 캐시가 감당할 수 있는 양이면 문제가 되지 않는 것이다.

데이터를 저장할 때는 하나의 클러스터에 저장하고 클러스터 간 복제가 발생하는 구조가 아니다. 이후에도 다양한 넷플릭스의 도구들을 접하겠지만, 카산드라와같이 특별한 경우를 제외하고 넷플릭스에서 사용하는 애플리케이션의 구조는 대부분 사이드카를 통한 다수의 클러스터 접근이지, 관계형 데이터베이스를 복제하듯데이터를 한군데에 넣으면 클러스터가 알아서 복제하는 형태로 만들지 않는다.

이것은 매우 중요한 설계 사상인데, 데이터를 데이터가 저장하는 도구가 직접복제를 구현하는 것보다 클라이언트가 한꺼번에 여러 개의 저장소에 저장하는 형태를 취하고, 데이터 노드들끼리는 서로 통신이 없도록 하는 것이 훨씬 효율적이고 경제적이기 때문이다. 구조는 단순하지만 확실하게 동작하는 방법이다.

다시, 쓰기 및 삭제와 같은 요청들은 모든 클러스터에 즉시 반영된다. 읽기는 클라이언트 서비스가 위치한 가까운 네트워크의 EVCache 클러스터로부터 참조한다. 이는 훨씬 나은 성능과 더 저렴한 비용, 게다가 매우 높은 캐시 가용성을 제공한다.

또한, 전체 가용존에 문제가 발생하여 하나의 클러스터 전체를 잃는다고 하더라도, 다시 가용존이 복구되거나 새로운 가상머신을 사용하여 클러스터를 준비하면 기존의 클러스터로부터 데이터를 가져올 수도 있다. 이 경우, 일반적으로 캐시에 데이터를 다시 끌어올려야 할 때 데이터베이스와 같은 곳으로부터 참조하는 것보다 다른 캐시로부터 직접 복제하는 것이 훨씬 빠르다.

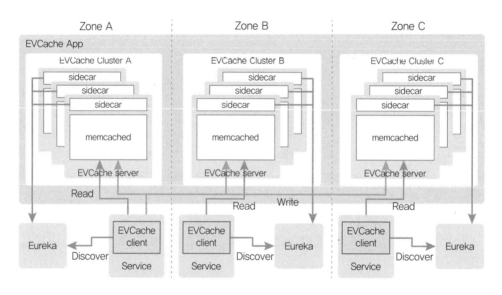

▲ 그림 3-30 서로 다른 AZ에 구성된 3개의 EVCache 클러스터

〈그림 3-30〉은 EVCache의 전체 구성을 잘 설명해 준다.

먼저, 각 EVCache 서버는 memcached와 사이드카를 가지고 동작한다. 서버들은 몇 개가 모여 클러스터를 이루고, 이렇게 이루어진 클러스터는 가용존별로 존재한다. 하나의 리전은 보통 복수의 가용존으로 구성되므로 3개의 가용존을 사용한 EVCache 클러스터들은 각 가용존에 위치한 서비스들에 아주 빠른 데이터 참조 속도를 제공한다.

사이드카에 포함된 유레카 클라이언트들은 각각의 EVCache 서버의 네트워크 위치를 알고 있고, 이 정보를 통해 클러스터를 구성하고, EVCache 서비스를 사용하고자 하는 클라이언트 서비스들은 유레카를 통해 정보를 얻는다.

이 전체 구성은 특정 가용존 전체를 죽여도 동작하는 매우 뛰어난 고가용 구성인 동시에, 새로 캐시 클러스터를 생성하더라도 빠르게 데이터를 기존의 클러스터로부터 복제해 서비스에 투입이 가능한 구조이기도 하다. 그 태생 자체가 메모리를 사용하기 때문에 데이터베이스로부터 데이터를 참조하는 것보다 훨씬 빠른 응답속도를 제공한다.

또한, 그 원시 도구가 memcached라는 구조적으로 매우 간단한 오픈소스 도구이기 때문에 복잡성으로 인한 고장의 발생확률도 매우 낮다. 그야말로 클라우드에 최적화된 캐시 클러스터의 모습이라고 할 수 있겠다. 넷플릭스의 EVCache 발전은 여기에서 멈추지 않는다.

EVCache를 이용한 글로벌 서비스 시간 감소

넷플릭스는 2016년에 3개의 아마존웹서비스 리전을 사용한다고 밝혔다. 버지니아 북부Northern Virginia, 오리건Oregon, 아일랜드Ireland가 바로 그 3개의 리전이다. 거의 대부분 현지에서 발생하는 트래픽을 처리하기 위해 존재한다. 아일랜드는 넷플릭스의 유럽 사용자를, 오리건은 미국 서부와 아시아 트래픽을, 그리고 버지니아는 미국 동부의 사용자들을 위해 존재한다.

여기에 넷플릭스는 하나의 리전에 심각한 문제가 생겼을 때 넷플릭스의 해당 리전의 트래픽을 가까운 다른 리전으로 즉시 전환한다. 이런 즉시 전환이 정상적으로 동작하는지 실험하기 위해 '카오스 콩'을 사용한다.

이런 동작이 가능하게 하려면 다른 지역으로 트래픽이 전환되었을 때 그 해당하는 다른 지역에도 사용자 데이터가 존재해야 한다는 점이다. 이것은 매우 필수적인 요구사항이며, 넷플릭스의 많은 데이터는 EVCache에 저장되어 있기 때문에 다른 지역의 EVCache에도 트래픽 전환 시점에 데이터가 존재해야 함을 의미한다.

그렇지 않다면 데이터를 어딘가의 파일이나 디스크의 백업으로부터 복구해야 하고, 이렇게 복구한 데이터를 다시 캐시에 올려야 한다는 것을 의미한다. 서비스의 규모를 막론하고라도 이런 방식의 데이터 복구와 캐시 워밍은 상당한 시간이 걸리는 일이며, 상당한 시간이 걸린다는 의미는 사용자들이 상당한 시간동안 느린 넷플릭스를 경험해야 한다는 말이다. 사용자가 서비스를 이탈하기 아주 좋은 현상이다.

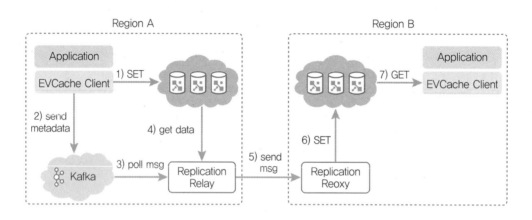

▲ 그림 3-31 글로벌 EVCache

〈그림 3-31〉은 이런 문제를 해결하기 위해 넷플릭스가 어떻게 EVCache 데이터를 글로벌하게 복제하는지 보여준다.

먼저 서비스의 EVCache 클라이언트는 EVCache에 SET 명령을 통해 데이터를 저장한다. 이때 EVCache 클라이언트는 EVCache에 데이터를 추가했다는 내용의 메타 데이터를 카프카Kafka에도 퍼블리싱한다. 그러면 '복제 릴레이'라고 불리는 일종의 워커가 카프카에 새로 유입된 메타 데이터를 서브스크립션하고, 이 메타 데이터 정보가 SET인 경우라면 데이터가 필요하므로 EVCache로부터 해당 데이터를 받아온다. 이렇게 원본 데이터와 명령을 재구성한 복제 릴레이 서버는 '다른 지역에' 위치한 복제 프락시에 이 데이터를 전송한다. 복제 프락시는 해당 지역의 로컬에 있는 EVCache 클러스터에 수신된 데이터를 SET 처리한다. 이후에는 해당 지역의 로컬 서비스가 EVCache를 통해 복제된 데이터를 참조할 수 있다.

모든 구간이 복제가 더 많이 발생한다면 언제든 확장이 가능한 구조다. 특히 카프카는 일종의 메시지 큐 역할을 하는 구간이다. 그림에서는 1개의 컨슈머만 존재하는 것처럼 보이지만, 전술한 대로 넷플릭스는 3개의 리전을 사용하므로 각 리전을 위해 2개의 서로 분리된 복제 릴레이가 존재한다. 따라서 데이터는 유입되는 순간 3개의 지역에 동시에 존재한다. 각 지역은 서로 다른 지역에 복제를 제공한다.

이 시나리오에서 하나의 리전이 완전히 다운되면, 해당 리전을 담당하는 카프카 큐는 복제를 받을 프락시가 없으므로 언젠가 꽉 차게 된다. 카프카의 큐가 꽉 차게 되면, 큐에 있는 오래된 데이터들을 먼저 드랍하면서 해당 리전으로 데이터를 보내지 않는다.

디자인은 지역과 지역 간의 데이터 복제를 기본으로 한다. 미국 동부와 서부, 유럽에 이르는 매우 장거리 회선 간 데이터 복제를 의미하며 네트워크의 지연시간에 따라 복제 큐에 쌓이는 데이터 양이 그때그때 달라질 수 있다. 따라서 카프카를 사용한 모델은 이런 경우 매우 훌륭하게 버퍼의 역할을 한다.

memcached에서 SET은 데이터를 필요로 하지만, DELETE는 데이터가 없이 그저 명령이다. 그렇기 때문에 앞의 그림에서 카프카가 메타 데이터 더하기 데이터의 조합을 사용하지 않고 이를 분리해 낸 것은 이런 동작을 지원하기 위해서다.

넷플릭스에 따르면 이 구조는 그날그날의 트래픽 양에 따라 클러스터의 크기가 변경된다고 한다. 사용자 유입이 더 많고 사용이 활발한 날에는 더 많은 가상 서버가 이런 동작을 위해 존재한다는 의미다. 즉, 오토스케일링을 적용할 수 있는 '글로벌 캐시' 시스템이다.

2016년의 넷플릭스 발표에 따르면, 이렇게 글로벌로 복제되는데 필요한 지연시간은 99% 확률로 400ms 정도라고 했다. 복제되는 데이터양은 초당 백만 건에 이른다고 한다. 굉장한 규모가 아닐 수 없다.

이런 데이터 복제에 복제 릴레이와 복제 프락시 간 매번 연결을 위해 핸드쉐이크$^{3way\ hand\ shake}$를 수행한다면 상당한 오버헤드가 아닐 수 없다. 넷플릭스는 이 구간에 HTTPS를 사용하도록 변경하고 가급적 연결을 유지하는 형태로 구성해서 새로운 커넥션 생성 과정을 줄여 상당한 성능적 개선을 이끌어냈다고 발표하고 있다.

넷플릭스가 앞으로 개선해야 할 점으로 꼽은 내용은, 이렇게 대량의 메시지와 데이터가 교환되는 과정에서 생각보다 아마존웹서비스의 가상 서버 간의 네트워크에 유실되는 데이터가 많다는 점이다. 또한, VPC$^{가상\ 사설\ 클라우드}$로 전체 시스템을 옮기는 과정에서 아마존웹서비스의 새로운 제한^{limits}이 발생하여 패킷 드랍이 많아진 것도 한 몫 한다고 했다. 이런 세세한 문제를 확인하기 위해 앞의 그림에 보여진 모든 단계에서 정밀한 모니터링이 필요했다.

그래서 넷플릭스는 다음과 같은 추가적인 작업이 있음을 시사했다.

- 카프카 클러스터의 확장과 축소가 그다지 편리한 방법으로 동작하지 않는다. 클러스터를 확장하고 축소하는 과정에서 일부 데이터의 중복이 발생할 수 있어서 일관성에 일부 문제가 발생할 확률이 있었다.

- 원격 리전의 EVCache 클러스터 멤버에 문제가 발생하면, 문제가 발생한 클러스터 멤버에 변경을 반영하기 위한 요청을 재시도하는 동안 새로운 복제 요청들에 지연이 발생하는 현상을 목격했다. 따라서 문제가 발생한 상태의 조건을 매우 '짧게' 잡아서 재시도를 수행하는 시간을 짧게 처리하고, 문제가 된 노드는 즉시 교환하는 형태로 처리한다.

- 카프카 모니터링은 많은 노력과 개선을 요구한다. 넷플릭스는 카프카에 유입된 메시지의 수와 복제 노드들을 통해 전송된 메시지의 수를 비교하는 등의 추가 지표들을 모니터링했다. 이 숫자가 심각하게 다른 상황이 발생하면 즉시 조사를 시작해 문제를 파악해야 했다. 이런 과정을 통해 복제의 성능과 정확성은 점점 개선되고 있다.

지금까지의 내용을 정리해 보면, 일단 EVCache는 memcached를 사용한 간단한 형태의 캐시 구성이지만 넷플릭스의 유레카와 같은 다른 구성요소와 연결되어 클라우드 상에 언제든 그 서버가 등장하면 클라이언트에게 네트워크 정보가 전달될 수 있는 구조를 가지고 있다. 캐시 그 자체도 서버의 문제에 대해 내결함성을 보유하고 있으며, 클라이언트가 서버를 사용하는 방법은 자신이 접근할 수 있는 모든 로컬 서버에 데이터를 한꺼번에 넣는 것이다. 이 과정은 클라이언트를 사용하는 서비스 팀이 개발하는 것이 아니라, 라이브러리로 제공되어 memcached 사용하듯 하면 자연스럽게 이루어지는 과정이다.

이렇게 만들어진 캐시는 하나의 지역 내에서도 고가용성을 확보하는 구조이며, 필요에 따라 글로벌 복제를 구성함으로써 리전 수준의 장애에도 대응할 수 있다.

하나의 서비스만 보더라도 넷플릭스가 어떻게 자사의 서비스와 도구를 발전시켜 나가는지 볼 수 있는 아주 좋은 사례다. 하지만 여기서 끝이 아니다.

모네타, Moneta

EVCache 엔지니어들은 이런 글로벌 수준의 데이터 복제가 망가진 리전의 트래픽을 빠르게 전환해서 서비스에 문제가 없도록 하는 데 공헌했다. 그런데 이렇게 복제된 데이터를 보관하고 유지하기 위해서 각 리전은 모든 리전의 데이터를 보관할 만한 메모리가 필요하다는 단점을 가지게 된다. 즉, 단순한 산술 계산으로 전체 넷플릭스 사용자의 캐시를 유지해야 하는 데이터 저장소 곱하기 3이 되는 것이다.

이것은 상식적으로 굉장한 양의 메모리 자원이다. 그리고 아마존웹서비스를 비롯한 대부분의 클라우드 서비스 공급자들은 자원의 사용에 비례해 과금을 책정한다. 컴퓨팅 또는 메모리 자원이 그것보다 한 단계 높을 때마다 거의 두 배에 달하는 비용을 지불해야 하는 것이다. 따라서 이 경우, 하나의 리전에서 사용해야 할 메모리가 2기가라면, 6기가가 필요하게 되는 것이므로 두 단계, 즉 4배의 비용을 고가용성을 위해 지불해야 하는 것이다. 물론 이것은 메모리 비용뿐으로, 리전과 리전,

가용존과 가용존 사이의 복제 비용은 포함되지도 않았다.

넷플릭스의 엔지니어들은 이점에 착안하여 EVCache를 개선하기 시작한다. 프로젝트 이름은 그리스 여신 헤라의 비용을 관리했다고 알려진 '모네타^{Moneta}'였다.

아이디어의 착안은 두 가지에서 시작되었다. 첫 번째는, 대부분의 사용자 데이터는 리전 장애가 아니면 해당 지역의 EVCache 클러스터에서 데이터를 가져간다. 따라서 정상 상황에서 하나의 지역 캐시에 있는 핫 데이터는 다른 지역에서 콜드 데이터가 된다. 두 번째는, 저장 디스크 성능의 발전이다. 아마존웹서비스는 몇 년 전부터 가상머신의 디스크로 SSD를 제공한다. 즉, 콜드 데이터를 이 SSD에 저장하면 2개 지역 분량의 메모리 사용 비용을 디스크 사용 비용으로 전환하되, 문제가 발생한 경우 메모리만큼 빠른 것은 아니지만 역시 매우 빠른 속도로 데이터 참조가 가능하다는 점이다.

그 구조의 설명에 앞서, 이런 넷플릭스 엔지니어들의 서비스에 대한 개선 방향과 의지, 그리고 결과물은 다음 장에 소개될 조직의 문화와 싱딩히 관련이 깊다. 모든 엔지니어는 자사의 더 나은 서비스에 관심이 있고, 메모리 사용 비용을 줄이는 것은 누가 지시하지 않아도 스스로 해법을 찾아내는 것이다. 그리고 실제로 프로젝트를 추진해 모네타라는 결과물을 만들기에 이른다. 조직과 관련된 부분은 다음 장을 참고하도록 하자.

모네타의 동작은 크게 보면 컴퓨터 과학에서 항상 비용에 따른 자원 규모의 역학을 그대로 따른다. 알려진 것으로는 프로세서 안에 존재하는 캐시 메모리는 보통 L1과 L2 캐시로 나뉜다. 이 영역들은 캐시 메모리의 성능에 따라 그 가격이 다르므로, 크기가 다르다. 마찬가지의 접근으로 프로세서 내의 캐시 메모리와 시스템 메모리가 별도로 존재한다. RAM$^{Random\ Access\ Memory}$으로 알려진 일반적인 메모리는, 프로세서에 탑재된 메모리보다는 저렴하지만 디스크보다는 비싸다. 그러므로 일반적으로 디스크보다는 작은 양을, 하지만 프로세서 캐시 메모리보다는 훨씬 많은 양이 시스템에 인가된다.

같은 개념으로, 모네타는 앞서 설명한 로컬 리전의 데이터를 L1으로 취급할 수 있는 memcached로, 다른 리전의 콜드 데이터를 SSD에 저장한다.

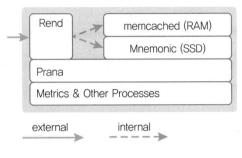

▲ 그림 3-32 모네타 기본 구조

모네타는 기존의 EVCache 서버가 memcached만을 사용하던 구조에서, 램과 SSD를 함께 사용하는 구조로 변경됐다. 렌드[Rend]로 알려진 마이크로프락시가 동작하면서 유입된 데이터를 어디에 저장해야 하는지 판단한다. 외부에서 유입된 데이터는 렌드를 거쳐 메모리인 memcached에 전달하거나 SSD에 저장을 관장하는 네모닉[Mnemonic]에 전달한다. memcached는 그 자체로 메모리에 KV로 데이터를 저장하고, 네모닉은 이보다 조금 더 복잡한 과정을 거치지만 종국에는 다수의 RocksDB를 통해 데이터를 SSD에 저장한다.

모네타 서버 역시 EVCache 서버와 마찬가지로 프라나[Prana]로 불리는 사이드카를 가지고 있으며, 이를 통해 넷플릭스의 다른 서비스 멤버들에게 자신의 존재를 알리거나, 상태를 모니터링하는 등의 플랫폼 관련 동작을 수행한다.

이런 구조의 개선을 통해 넷플릭스 엔지니어들은 70%에 가까운 비용 절감 효과를 이룰 수 있었다고 한다. 70%는 어마어마한 숫자다. 기술이 사업의 목적을 이해하고 실행할 때, 이런 개선이 가능하다. 대부분 조직에서 비용 절감을 위해 도무지 어떤 방향성이 맞는지 찾아낼 수 없을 때 넷플릭스는 기존의 도구를 스스로 혁신함으로써 이루어 낸다.

EVCache에 대해 놀라운 점은 또 있다. 바로 이 EVCache를 사용하는 클라이언트다.

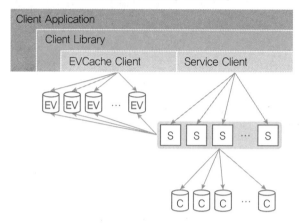

▲ **그림 3-33** EVCache 사용 사례 첫 번째, 참조 캐시(look aside)

일반적으로 캐시는, 특히 memcached 같은 간단한 KV 저장소는 세션 데이터와 같은 빠르게 참조해야 하는, 하지만 영구 저장할 필요는 없는 데이터에 사용한다. 그 외로는 관계형 데이터베이스의 쿼리 결과에 대한 캐시를 위해 사용하곤 한다.

이 경우는 후자에 가깝다. 먼저 클라이언트 애플리케이션은 클라이언트 라이브러리로 제공된 EVCache 클라이언트를 사용해 데이터의 존재 여부를 캐시에서 먼저 찾는다. 만약 캐시에 원하는 데이터가 있다면 즉시 참조가 가능하므로 이 데이터를 사용하고, 캐시에 데이터가 없다면 카산드라와 같은 데이터베이스를 참조하고 있는 다른 서비스에 API 요청을 통해 응답으로 데이터를 가져와 사용한다. 이렇게 가져온 데이터는 애플리케이션에서 사용 전 또는 사용 후에 동기 또는 비동기의 방식으로 EVCache에 저장하고, 다음에 동일한 요청이 있을 때 캐시를 참조해서 더 빠른 성능을 내도록 한다.

대표적인 캐시의 사용 방식이다. 데이터를 캐시에서 먼저 찾고, 없으면 데이터가 있는 곳에 질의하고, 가져온 데이터를 캐시에 넣는다.

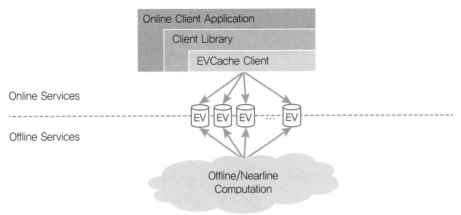

▲ **그림 3-34** EVCache 사용, 데이터 저장소로서의 사용

두 번째 사용방법부터는 좀처럼 보기 힘든 구조다. 이 경우 데이터의 존재 여부나 일관성이 크게 걱정되지 않는 경우에 사용할 수 있다. EVCache 자체를 오프라인 서비스의 결과를 저장하는 데 사용하고, 이 결과를 온라인 서비스에서 즉시 참조하는 데 사용하는 것이다. 그러니까 온라인과 오프라인 사이에 데이터 공유를 목적으로 하는 형태에서 사용하는 것이다.

온라인과 오프라인 서비스의 구분이 중요하겠다. 여기서 오프라인 서비스는, 직접 사용자의 요청을 받거나 하기보다는 뒤에서 배치와 같은 작업을 수행하고 있는 서비스를 의미한다. 넷플릭스는 영상 콘텐츠를 제공한다. 따라서 새로운 영상에 대한 자막이나 영화의 해설, 설명, 별점과 같은 다양한 체계들이 서비스의 뒤편에서 다양한 분석과 자동화된 배치 작업을 통해 만들어진다.

사용자별 개인화된 페이지가 이런 식이다. 사용자가 마지막에 보았던 콘텐츠의 종류, 어디까지 보았는지, 시작하자마자 재미가 없어서 꺼버렸는지 어쩐지 모르지만 그 아래 추천 리스트 등 보기에는 '즉시' 서비스되는 것 같지만 이런 페이지는 사용자가 넷플릭스의 버튼 하나하나를 클릭하는 순간 각각의 역할을 하는 오프라인 서비스에 전달되어 배치 작업이 진행되고 업데이트된 콘텐츠를 만들어 EVCache에 저장한다.

새로운 데이터가 저장되기 전까지는 기존에 EVCache에 저장된 데이터가 온라인 서비스를 통해 제공된다. 페이지를 업데이트하는 문제는 은행의 계좌 간 트랜잭션 처리가 아니다. 따라서 있는 데이터를 화면에 뿌려주면 된다. 그러다가 오프라인 서비스가 데이터를 업데이트하면, 그 순간 온라인 서비스는 업데이트된 정보를 클라이언트에 전달한다.

이 방식은 마이크로서비스가 동작할 때 어떻게 서비스 간 데이터가 처리될 수 있는지를 보여주는 하나의 예다. 모든 것을 관계형 데이터베이스로 처리하기보다는 서비스들을 나누었을 때, 용도에 따른 캐시를 적절하게 사용하면서도 직접적인 의존성을 가지도록 하지는 않는다. 어떤 서비스가 문제가 되어 캐시 업데이트를 하지 못해도 클라이언트에 정보를 전달하는 데는 크게 문제가 없는 구조다.

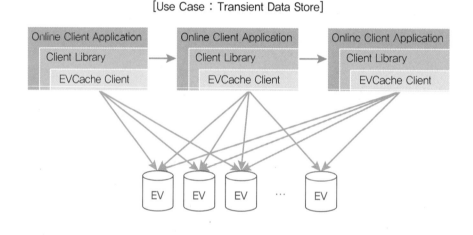

▲ 그림 3-35 서비스의 흐름에 따른 데이터 공유 저장소로서 EVCache 사용

여러 개의 서비스에서 동일한 데이터에 대한 상태 변화를 처리해야 하는 경우가 있다. 반드시 이 경우에 들어맞는 것은 아니지만, 온라인 주문 프로세스에서 장바구니, 결제, 배송의 흐름을 이런 형태로 처리하는 것이 가능하다. 넷플릭스에서는 보통 콘텐츠에 대해 다계층의 처리가 필요할 때 이런 구성을 사용한다고 하지만, 아마 주문 배송 프로세스가 더 이해하기 편리할 것 같다.

먼저 장바구니 애플리케이션이 데이터를 EVCache에 저장한다. 그러고 나서 사용자가 장바구니에 있는 물건을 결제하고자 하면, 결제 애플리케이션은 EVCache를 통해 해당 사용자의 장바구니에 어떤 아이템들이 있는지 확인하고, 결제를 진행한다. 결제가 완료되면, 해당 주문 건에 대한 정보를 EVCache에 업데이트하고 메타 정보를 카프카나 아마존 SQS와 같은 도구에 전달한다. 그러면 이 메시지 큐를 서브스크립션하고 있던 배송 애플리케이션은 배송을 처리해야 할 새로운 주문 건이 있음을 알게 되고, 메타 데이터의 내용을 참조해서 해당 주문의 내용을 EV-Cache로부터 받고, 배송상태의 업데이트가 발생할 때마다 이 주문의 배송상태를 업데이트 한다.

이런 일련의 워크플로우에서 캐시 자체를 메인 저장소로 사용하는 것이다. 어떻게 이것이 가능할까? 바로 앞서 설명한 캐시 자체가 보유한 상당한 수준의 고가용성과 한 번 유입된 데이터의 글로벌 수준 복제 때문에 가능하다. 물론 주문에 대한 결제 배송 시스템의 경우 더 강력한 신뢰가 필요하기 때문에 이런 방법을 직접 적용하는 것은 고려해 볼 문제지만, 비슷한 워크플로우를 가진 서비스의 흐름에 있어서 관계형 데이터베이스의 스토어드 프로시저를 사용하는 방법 대신 이런 형태의 구현이 가능한 것이다.

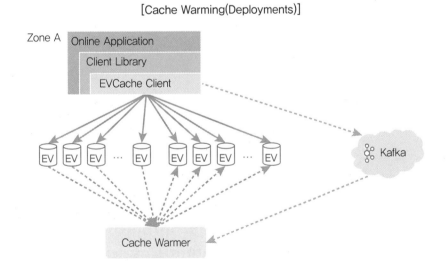

▲ 그림 3-36 EVCache의 확장과 워밍

레디스^{Redis}나 memcached를 사용하는 많은 이들은 이 서버들에 담긴 캐시 클러스터를 다른 서버로 옮기거나 확장하는 것이 얼마나 까다로운 일인지 경험으로 알고 있을지도 모른다. 현재 사용 중인 캐시 클러스터보다 더 큰 캐시 클러스터를 원하거나, 더 작은 캐시 클러스터를 원하는 경우와 같이 동적으로 캐시의 크기를 변경해야 하는 요구상황이 발생하는 경우 이를 처리하는 것이 쉬운 일은 아니다. 전자의 경우 더 높은 성능이 요구되는 경우이며, 캐시를 빨리 확장하지 않으면 예상되는 문제는 매우 치명적이다. 후자의 경우 클라우드에서 너무 크게 캐시 클러스터를 사용하는 경우 발생하는 비용 부담에 대한 걱정이다. 하지만 대부분은 현재 동작하는 캐시 클러스터의 다운타임 없이는 어떻게 해볼 염두가 잘 나지 않는다.

넷플릭스는 이 부분에 있어 카프카를 사용하는 방법을 고안했다. 먼저 각 EV-Cache 서버들은 사이드카를 통해 유레카와 연결되어 있음을 상기하자. 캐시의 확장이 필요한 경우 넷플릭스는 먼저 새로운 규모의 캐시 클러스터를 생성한다. 이때 '캐시 워머'라는 애플리케이션을 힘께 준비한다. 이 캐시 워미가 하는 일은 기본적으로 글로벌 데이터 복제 부분의 복제 릴레이와 프락시를 한꺼번에 합쳐 놓은 것이라고 이해하면 편리하다.

즉, 카프카로부터 메타 데이터를 받아 새로운 캐시 클러스터에 저장한다. 이를 통해 새로운 클러스터는 기존의 클러스터와 동일한 데이터 세트를 보유하게 된다. 이 과정이 완료되면 애플리케이션의 EVCache 클라이언트는 기존의 클러스터 대신 새로운 클러스터를 참조하고, 기존 규모의 EVCache 클러스터를 운용하는 가상 서버는 없애 버린다.

넷플릭스 전체 구조에서 EVCache는 그 중요성이 이루 말할 수 없다. 마이크로서비스 또는 서비스의 성능 개선에 목마른 상태라면 EVCache의 구조와 사용에 대한 검색은 크나큰 도움이 될 것이라고 믿는다. 또한, 서비스 아키텍트에게는 매우 다양한 아이디어를 제공한다. 세상에는 관계형 데이터베이스만을 사용하는 방법만 존재하지 않는다. 이것은 명백한 사실이며, 이런 데이터 도구를 사용할 수 있는 팀이 풍부하고 많을수록 서비스는 더욱 빠르고 안정화 될 것이다.

EVCache에 대해 더 깊은 이해가 필요하다면 해당 깃허브 페이지 또는 다음의 한글 자막이 포함된 발표 영상을 살펴보길 권한다.

https://www.youtube.com/watch?v=Ve7ueEYC4TM

추가적으로, 이런 사용성이 필요한 엔터프라이즈라면 EVCache를 직접 도입하는 것이 어려우므로, Apache Geode 또는 피보탈의 Gemfire 인메모리 데이터 그리드를 참조해 보기 바란다.

3.7 | 장애에 대한 적극적 대응

서킷 브레이커

단일 코드베이스를 사용하는 애플리케이션으로 넷플릭스를 만들지 않고 여러 개의 서비스를 조합해서 만들었다면 분명 서비스 간 의존성이 존재한다. 서비스 간 의존성이 있다는 것은 어떤 특정 서비스에 문제가 발생해서 응답 불가 상태에 빠진다면 그 서비스를 호출하는 다른 서비스들도 문제에 빠진다는 의미다.

장애가 전체 서비스로 번지는 효과를 막기 위해서 마이크로서비스를 구현하는데, 실제로 마이크로서비스 간에 의존성이 존재하고 특정 서비스에 발생하는 문제를 막지 못해 전체 서비스로 장애가 전이된다면 안정성이 떨어지게 된다.

서비스 A가 서비스 B를 호출하는 과정에서 만약 서비스 B가 어떤 사유로 인해 응답 불가 상태에 빠진다면 어떻게 될까? A로 유입되는 요청을 처리하기 위해 B로 서비스 요청을 하는데, 500이나 timeout과 같은 상태로 응답이 없는 경우라면 서비스 A에 요청이 누적되게 된다. 특히 블러킹 I/O 형태로 구현한 경우라면 서비스 A를 이루는 수많은 서버가 응답대기로 인해 메모리가 고갈되고, 이것이 오토스케일링 조건이라면 장애는 해결되지 않은 상태로 애꿎은 서버만 늘어나게 된다. 이렇게 늘어난 서버들 역시 서비스 B가 복구될 때까지는 동일한 상태에 진입하므로, 결국 오토스케일링에 지정한 한계 서버 수량에 다다를 때까지 B가 복구되지 않는다면 A 역시 장애 상태에 빠지게 된다.

서비스 의존성을 가진 체인이 A-B뿐만 아니라 C-D까지 존재한다면, 결국 특정 기능을 하는 의존성에 대해서는 전체 서비스 다운으로 이어질 수 있다. 이것은 매우 위험한 장애의 캐스케이딩, 즉 도미노 현상을 불러올 수 있다.

다음은 넷플릭스가 SLA를 계산하는 방법인데, 서비스 의존성과 관련해 왜 기존과는 다른 도구가 필요한지 설명한다.

99.9930 = 99.7% uptime

0.3% of 1 billion requests = 3,000,000 failures

2+ hours downtime/month even if all dependencies have excellent uptime.

예로서 하나의 애플리케이션이 99.99%의 가용성을 보장하는 30개의 서비스에 의존성이 있다면, 애플리케이션 전체로는 99.7%의 가용성만 가진다는 뜻이다. 이 0.3%는 10억 개의 요청을 기준으로 300만 개의 고객 요청이 실패한다는 뜻이며, 매월 2시간의 다운타임을 가지는 것과 마찬가지라는 것이다.

마이크로서비스에서 서비스들이 늘어나게 되면 서비스 전체의 업타임이 늘어나는 것을 당연하게 생각한다. 하지만 각 마이크로서비스가 의존성에 있어 다른 서비스가 붕괴되었을 때의 대처 방법이 없다면 거꾸로 서비스의 가용성이 떨어질 수 있다는 것이다.

이를 방지하기 위해 만들어진 도구가 서킷 브레이커다. 그리고 서킷 브레이커를 넷플릭스에서 구현한 것이 '히스트릭스^{Hystrix}'다.

히스트릭스, Hystrix

서킷 브레이커의 의미는 우리가 익히 알고 있는 두꺼비집, 가정마다 설치된 누전 차단기를 의미한다. 누전 차단기가 하는 일이 각 가정의 가전제품들을 전기적 문제에서 보호하는 것 같지만, 사실은 한 가정의 전기적 문제가 연결된 전체 전력망에 문제를 끼치지 않도록 하는 데 그 목적이 있다. 아파트와 같은 생활환경에서 한 가정의 누전이 전체 아파트 또는 해당 단지의 전력망을 다운시키지 않도록 보호하는 역할을 하는 것이다.

히스트릭스 역시 동일한 사상에서 만들어진 도구이며, 마이크로서비스의 구성요소 중 매우 핵심적인 기능을 한다고 볼 수 있다. 넷플릭스 닷컴이라는 거대한 하나의 서비스를 이루는 수많은 애플리케이션이 이 도구를 탑재해서 특정 애플리케이션의 다운이 넷플릭스의 다운으로 연결되는 것을 막는다.

다음은 넷플릭스가 말하는 히스트릭스의 디자인 콘셉트이다.

- 하나의 의존성에서 발생한 문제가 전체로 번지는 현상을 막는다.
- 특정 지점에서 이상이 발생하면 빠르게 문제로 규정해서 요청이 큐에 쌓이는 것을 막는다.
- 의존성이 있는 서비스에 문제가 발생하면 대체할 수 있는 메시지로 즉각 응답한다.
- 장애고립을 위해 '격벽', '수영장의 레인', '서킷 브레이커' 패턴을 사용한다.
- 문제 발생 시 즉시 탐지를 위해 모니터링, 실시간 지표와 알람을 제공한다.
- 빠른 장애 해결을 위해 동적 설정의 변경과 적용을 낮은 지연시간으로 처리할 수 있어야 한다.
- 단순히 네트워크의 장애를 해결하는 것이 아닌, 요청을 받는 클라이언트가 수행하는 모든 동작에 관여할 수 있어야 한다.

그렇다면 히스트릭스는 이런 목표들을 어떻게 구현했을까? 다음은 넷플릭스의 설명이다.

- 히스트릭스를 사용하도록 구성된, 즉 HystrixCommand와 HystrixObservableCommand를 사용하는 구간에서 발생된 외부 요청에는 모두 히스트릭스가 제공하는 정보가 별도의 스레드에 의해 덧씌워진다. 이는 보통 커맨드 패턴Command pattern으로 알려져 있다.

- 실제 타임아웃이 발생하는 기준은 설정값을 통해 적용한 것보다 늦게 동작한다. 히스트릭스로 서로 의존 관계로 정의된 구간에서 이렇게 동작하는 것이 기본이며, 이 시간은 각각의 구간마다 사용자가 별도로 지정할 수 있다.
- 다른 서비스로 요청하는데 사용하는 스레드풀 또는 세마포어의 크기를 아주 작게 유지한다. 따라서 다른 서비스로 요청할 때, 이 스레드풀이 꽉 차게 되면, 큐에 요청을 쌓는 대신 즉시 요청을 중지한다.
- 클라이언트에 전달된 요청이 성공하는지 또는 실패하는지, 타임아웃이 발생하는지 또는 스레드에서 요청이 거부되었는지를 모니터링한다.
- 서킷으로 연결된 다른 서비스 요청 성공률이 99.95% 이하로 떨어지면 즉시 서킷 브레이커를 가동한다.
- 서킷 브레이커가 일단 가동되면 사전에 지정된 응답을 제공한다.
- 실시간에 가까운 모니터링과 지표들을 제공한다.

여기에서 클라이언트는 서로 의존성이 있는 서비스 A와 B에서, A→B로의 요청이 발생한다면 B가 클라이언트다. 서킷 브레이커가 동작하는 지점은 A이며, 당연하게도 B가 문제가 발생하면 서킷이고 뭐고 동작하지 않기 때문에 애초에 요청을 하는 쪽에서 B에 문제가 발생했음을 인지하고 A를 개발 운영하는 팀에서 B라면 주었을 메시지를 폴백^{fallback}으로 A에 요청을 하는 클라이언트에 제공하는 것이다.

서킷 브레이커는 마이크로서비스 구현에 있어 핵심 중의 핵심이다. 서킷 브레이커의 동작을 조금 더 살펴보자.

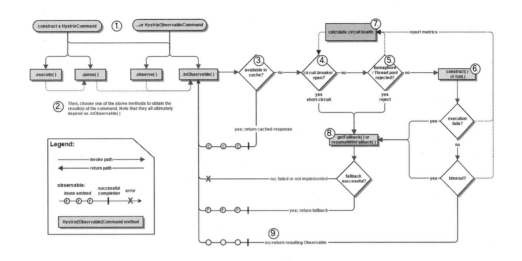

▲ 그림 3-37 히스트릭스 흐름도

다음의 설명은 〈그림 3-37〉의 흐름도에서 동그라미 안에 표시된 번호와 함께 보면 된다.

1. HystrixCommand 또는 HystrixObservableCommand 개체를 생성한다.
2. 커맨드를 실행한다.
3. 응답이 캐시에 있는지 확인한다.
4. 서킷이 '열려 있는' 상태인지 확인한다.
5. 스레드 풀/큐/세마포어가 꽉 찬 상태인지 확인한다.
6. HystrixObservableCommand.construct() 또는 HystrixCommand.run()
7. 서킷의 상태를 계산한다.
8. 폴백 메시지를 가져온다.
9. 요청에 대해 성공적인 응답을 리턴한다.

서킷 브레이커는 마이크로서비스 구현에 있어 매우 중요한 부분이다. 서로 의존성이 있는 서비스 간에 문제가 발생한 경우, 요청을 수행하는 서비스는 다른 서비스로 보내는 모든 요청의 응답에 대한 다양한 상태를 확인하고, 문제가 발생한 경우 더는 해당 서비스로 요청을 보내지 않는다. 이런 동작이 존재하지 않는다면 하나의 서비스 장애는 2008년의 넷플릭스의 구조에서와 같이 전체 장애로 번져나갈 것이다.

마틴 마울러^{Martin Fowler}는 이 서킷 브레이커 패턴을 보다 간략하게 정리했다. 내용은 그의 사이트인 마틴 파울러 닷컴에서 확인할 수 있다.(https://martinfowler.com/bliki/CircuitBreaker.html)

기술적 핵심은 서킷 브레이커는(클라이언트 측에서) 공급자로의 요청을 모니터링하다가, 장애 발생 시 초반에는 해당 장애를 그대로 전달하지만, 이 상태가 지속하는 경우 서킷을 가동하는 것이다. 히스트릭스는 여기에 대한 다양한 설정을 제공하여, 서비스의 종류와 장애 시나리오에 따라 다양한 실험을 통해 적용할 수 있도록 하고 있다.

'장애를 끌어안다^{Embracing Failure}'라는 모토는 넷플릭스의 다양한 콘텐츠에 매우 중요하게 언급되는 부분이다. 옛말에 '친구는 가까이, 적은 더 가까이'라는 말이 있다. 장애는 절대 발생하지 않도록 막아야 하는 것이 아니라, 언제고 발생할 수 있기 때문에 오히려 가까이 해야 한다는 개념을 가질 필요가 있다.

우리는 넷플릭스가 클라우드 최적화를 시작하게 된 계기가 거대한 장애로부터 비롯되었다는 사실을 알고 있다. 이 거대한 장애의 원인에는 기술적 문제, 기술팀이 가지는 문화적인 문제가 함께 존재하며, 이를 새로운 방법의 업무 프로세스로 전환하고 서비스 구조를 클라우드에 최적화하는 형태로 진화하는 계기를 마련했다.

데이터베이스에서 발생한 하나의 디스크 문제가 전체 서비스를 중단하도록 했으며 넷플릭스의 기술진들은 왜 하나의 디스크 때문에 모든 서비스가 중지되어야 하는가에 대해 다양한 실험과 그 실험의 결과로 나타난 데이터를 기반으로 한 가설을 다시 실험하는 반복을 통해 오늘날의 서비스를 이룩했다.

따라서 장애는 언제나 곁에 있는 것이라는 생각을 모든 엔지니어가 했으며, 그들의 발표에서 심심치 않게 '하나의 EC2 서비스 장애가 전체 넷플릭스를 망가트렸다'라는 이야기를 하는 것을 볼 수 있다. 또한 최근에는 매우 드물기는 하지만, 아마존웹서비스의 대형 서비스 장애는 곧 넷플릭스의 장애가 되기도 했다.

어느 넷플릭스 엔지니어는 "아마존웹서비스를 우리는 카오스 몽키 as a 서비스라고 불러요. 우리가 카오스 몽키로 장애를 만든 것보다 그들이 만든 장애로 인해 중단된 서버가 훨씬 많기 때문이죠"라는 농담을 하기도 했다. 물론 아마존웹서비스의 서비스 운영 능력이 매우 뛰어나다는 점은 의심의 여지가 없을 것이다.

넷플릭스가 장애에 대비하는 기술적인 결론은 다음의 몇 가지로 생각해 볼 수 있다. 먼저 거대한 서비스를 운용하는 대신, 각각의 서비스를 조금 더 작은 형태로 나누고 이 나누어진 서비스들이 모여 거대한 넷플릭스 서비스로 만들어지는 것이다.

넷플릭스를 이루는 다양한 서비스 중 하나가 고장이 나거나 문제가 발생한다고 해도 전체 서비스에 이상이 없을 수 있는 이유가 여기에 있다.

우리는 많은 경우, 거대한 자바 애플리케이션과 거대한 데이터베이스가 서로 결합한 서비스들을 보고는 한다. 만약 이 책을 읽고 있는 독자가 서비스 개발이나 운영에 관계되었다면, "지금 우리 데이터베이스 서비스가 중단된다면 어떻게 될까"하는 상상을 해 보길 바란다. 수많은 미팅과 강연에서, 이런 질문을 던지는 경우 "우리는 괜찮아요"라며 간단히 대답하는 서비스 담당자를 만난 경우가 없다.

그런데 서비스를 잘게 나누는 것만으로 하나의 장애가 전체 서비스를 중단하는 일종의 번짐 효과를 막을 수 있을까. 서킷 브레이커가 동작하는 구간은 바로 여기다. 의존성이 있는 서비스 간 문제가 발생했을 때, 다른 서비스로의 호출을 모두 모니터링 하다가 상대방 서비스에 타임아웃 등의 오류가 발생하면 그 흐름을 막고 지정된 응답을 자신의 클라이언트에 제공하는 구조다.

이것을 통해 보통 GET 요청에 대한 장애 확산 효과를 막을 수 있다. 이 기법은 데이터베이스를 참조하는 다른 서비스에 의존성이 있는 상태에서 문제가 발생한 경우 내 서비스가 함께 문제를 일으키는 형태의 장애 확산을 방지하는 역할을 한다.

이것은 보통 GET 요청에 대해서만 유효한데, 그렇다면 POST는 어떻게 처리할 수 있을까. 이는 다시 아파치 카프카와 EVCache의 연동을 통해 다양한 지역에 데이터를 복제하고, 이 복제된 데이터를 다른 서비스가 참조하는 '느슨한 결합'을 통해 해결한다. 동시성 보장이 필요한, 그리고 아주 매우 확실하게 필요한 경우라면 고려해 볼 문제이다. 하지만 대부분의 경우 각 서비스가 EVcache에 데이터를 넣고, 다른 지역으로까지 이 데이터를 복제하는 데 카프카를 이용하는 형태를 사용한다면 극복이 가능할 수 있다.

넷플릭스의 카오스 엔지니어링

이런 구조적 문제 해법에 더해 사용하는 것이 바로 '카오스 엔지니어링'이다. 카오스 엔지니어링을 쉽게 말하자면 서비스에 장애를 일부러 유발하고 그 결과를 관찰해서 학습된 결과를 서비스에 반영하는 것을 말한다.

예를 들어 넷플릭스는 자사가 운용하는 많은 EC2 인스턴스 중 하나를 그냥 꺼버린다. 그것이 데이터베이스이건, 웹서비스이건 괜계없다. 그냥 끈다. 이때 어떤 결과가 발생하는지에 대해 상당히 세밀하게 모니터링한다. 만약 A 서비스가 데이터베이스를 물고 있는 B 서비스에 API 요청을 수행하는 환경이라고 할 때, B 서비스를 구성하고 있는 클러스터의 아무 멤버나 그냥 랜덤으로 중단해 버리는 것이다.

이 과정에서 넷플릭스는 다양한 데이터를 얻는다. 전술한 서보나 스펙테이터, 아틀라스와 같은 견실한 모니터링 체계를 바탕으로 서비스에 문제가 발생했을 때, 어떤 일이 벌어지는지를 확인한다.

특정 서비스를 중단하자마자 요청과 응답의 지연은 어떻게 발생하는지, 그 지연으로 인해 의존성이 있는 다른 서비스들은 어떻게 반응하는지, 그리고 그것이 결과적으로 서비스에 어떤 문제를 일으키는지를 상세하게 모니터링한다.

이런 장애 유발과 모니터링은 배움을 얻게 한다. '아, 특정 서비스에 데이터베이스가 중지되면 이런저런 문제가 이런 흐름으로 발생하고 그래서 결과적으로 어떤 문제가 있겠구나'하는 학습이다. 이 학습은 다음번의 업데이트에 서비스가 더 견고해질 수 있도록 하는 업데이트를 낳는다.

카오스 엔지니어링이 올바르게 정착되기 위해서는 먼저 애플리케이션과 서비스가 클라우드 환경에 적합하게 준비되어야 한다. 먼저 애플리케이션의 상태를 정의하고 그를 바탕으로 어떤 일이 발생하고 있는지 필요한 모니터링을 구성해야 한다. 이것은 수많은 서버에서 동작하는 애플리케이션에서 발생하는 다양한 지표들을 취합해서 필터링하는 등의 환경이 존재하지 않으면 불가능한 일이다.

다음에 소개하는 링크는 넷플릭스가 서비스에 어떤 기능을 반영할 때 어떤 생각을 하고 있는지를 읽어볼 수 있는 좋은 사례다. 아파치 스파크$^{Apache Spark}$는 보통 마이크로 배치를 위해 사용되는 하둡 기반의 도구로, 실시간으로 유입되는 튜플^{tuple}들의 모임인 스트림^{stream}에 대해 분석을 수행하는 데 많이 사용된다.

'아파치 스파크가 카오스 몽키 실험에서도 살아남을 수 있을까?'라는 주제의 엔지니어링 블로그(https://medium.com/netflix-techblog/can-spark-streaming-survive-chaos-monkey-b66482c4924a)에서 우리는 다양한 정보를 얻을 수 있다.

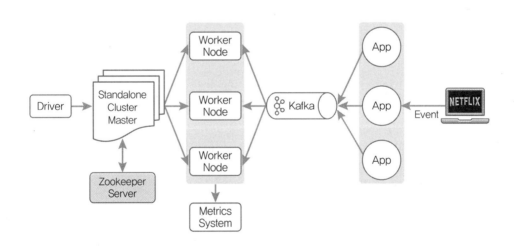

▲ 그림 3-38 넷플릭스 카프카와 카오스 엔지니어링

[출처] https://medium.com/netflix-techblog/can-spark-streaming-survive-chaos-monkey-b66482c4924a

〈그림 3-38〉은 넷플릭스가 구현하고자 하는 아파치 스파크 분석 서비스 모델이다. 넷플릭스의 클라이언트들은 넷플릭스의 서버 애플리케이션으로 요청을 수행

하고, 이 요청들에 대한 정보는 카프카로 유입된다. 각각의 스파크 워커 노드들은 이런 요청들을 카프카를 통해 모니터링에 필요한 매트릭 시스템으로 전달하는 역할을 한다.

이와 같은 구성을 취한다고 했을 때, 만약 카프카 클러스터에 문제가 발생한다면 어떤 일이 벌어지게 될 것인가?

실험해 보기 전에는 아무도 알 수 없다. 그래서 넷플릭스는 이 구조를 실제 서비스에 반영하기 전에 테스트를 수행하는데, 이것이 바로 카오스 엔지니어링의 핵심이라고 할 수 있다.

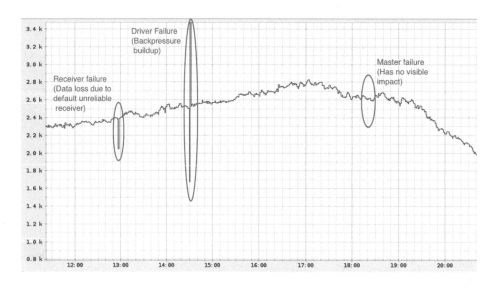

▲ 그림 3-39 장애 유발과 그 결과의 모니터링

넷플릭스는 이렇게 만들어진 환경에 트래픽을 흘리고, 장애를 만든다. 그리고 무슨 일이 벌어졌는지를 확인한다. 〈그림 3-39〉의 그래프는 〈그림 3-38〉의 아키텍처에서 각 구성 요소를 중단했을 때 무슨 일이 벌어졌는지를 모니터링한 결과다.

백프레셔란 보통 리액티브 환경, 즉 비동기 환경에서 메시지 큐 등으로 데이터가 유입될 때 너무 많은 데이터가 유입되거나 처리량이 부족하게 되면 발생하는 현상이다. 파이프에 물과 같은 유체가 흐를 때 파이프가 수용할 수 있는 양을 넘어서면 역으로 유입 압력이 심해지는 현상을 빗댄 말이다.

그래프를 보면 드라이버에 문제가 발생한 경우 백프레셔 효과가 얼마만큼 발생했는지 한눈에 알 수 있다. 그리고 리시버에 장애가 발생한 경우 복구 불가능한 데이터의 유실이 일부 있었으며, 마스터를 죽여 버리면 서비스에 영향이 거의 없는 것으로 나타나고 있다.

Component	Type	Behaviour on Component Failure	Resilient
Driver	Process	**Client Mode**: The entire application is killed	✘
		Cluster Mode with supervise: The Driver is restarted on a different Worker node	✓
Master	Process	**Single Master**: The entire application is killed	✘
		Multi Master: A STANDBY master is elected ACTIVE	✓
Worker Process	Process	All child processes (executor or driver) are also terminated and a new worker process is launched	✓
Executor	Process	A new executor is launched by the Worker process	✓
Receiver	Thread(s)	Same as Executor as they are long running tasks inside the Executor	✓
Worker Node	Node	Worker, Executor and Driver processes run on Worker nodes and the behavior is same as killing them individually	✓

▲ 그림 3-40 테스트 결과

넷플릭스는 이런 장애 테스트를 통해 〈그림 3-40〉과 같이 자세한 정보를 얻을 수 있었다. 각각의 구성 요소에 문제가 발생했을 때 실제 서비스 임팩트는 어떤지 학습한 것이다. 이를 통해 카프카 구성에 대해 어떤 옵션을 취할 수 있는지를 알고 적용이 가능하게 되는 것이다.

이런 테스트가 주는 부수적 효과가 있다. 바로 장애 복구를 더 빨리할 수 있게 된다는 점이다. 우리는 대부분 문제가 발생한 시점으로부터 장애 해결에 접근한다.

구글의 SRE^{Service Reliability Engineering} 업무 방법에 이 장애에 대응하는 단계적 요소들이 매우 잘 설명되어 있다. 하지만 많은 경우, 장애가 발생한 시점부터 그 원인의 파악에 시간을 쓴다.

이와 대비해 넷플릭스는 대부분 어떤 장애나 문제가 발생했을 때, 그 원인을 매우 빠르게 특정할 수 있다. 세밀한 모니터링을 통해 얻은 다양한 서비스 행동 패턴을 그 서비스를 운용하는 엔지니어들이 이미 알고 있으므로 그것이 가능하다. 학습의 양이 많을 수록 이 속도는 더욱 빠르며, 문제가 발생할 수 있는 코드를 작성하는 일이 줄어들게 되어 결과적으로 더 높은 가용성과 성능을 구가할 수 있게 된다.

저자는 미팅에서 'DR^{Disaster Recovery}은 정상 동작하고 있나요'라는 질문을 자주 던진다. 대부분 그것이 제대로 동작하는지 보증할 수 있는 사람은 아무도 없다. DR은 사실 매우 비용이 높은 사업임에도 불구하고, 처음 구성할 때 이미 실 서비스가 동작하고 있는 상태에서 추가로 구성하는 경우가 대부분이다.

하지만 왜 아무도 그것이 제대로 동작하는지 모를까? 그것은 바로 실 서비스에 장애를 일으키지 않았기 때문이다. 이 지점에서 카오스 엔지니어링이 필요한 것이다. 서비스를 죽여 봐야 서비스가 실제로 죽었을 때 어떻게 대응하는지 안다는 것이다.

사실 모든 훈련이 이것을 바탕으로 함에도, 사업에 필요로 한 서비스 구성 요소들을 중단할 수 없는 중요성이 이런 실험을 어렵게 만든다. 따라서 이런 실험을 가능한 환경으로 만들고, 지속적으로 업데이트할 수 있는 것이 바로 넷플릭스의 역량인 것이다.

다음의 링크는 '아마존웹서비스의 S3가 다운되었음에도 왜 넷플릭스 서비스에는 문제가 없었는가'에 대한 기사의 내용(https://www.networkworld.com/article/3178076/cloud-computing/why-netflix-didnt-sink-when-amazon-s3-went-down.html)이다. 이와 같은 사상을 기반으로 애플리케이션을 만들면, 서비스에 추가되는 서버의 SLA가 99.9인지, 99.99인지 따위는 사실 전혀 중요하지 않다. 클라우드에서 죽어버린 서버는 대체하면 그만이고, 또 대체된 서버가 다시 죽을 때까지 다른 서버들을 만들어서 극복할 수 있기 때문이기도 하다.

3.8 | 넷플릭스의 컨테이너 사용

넷플릭스의 컨테이너

최근 컨테이너 기술이 주목 받고 있다. 컨테이너 사용의 근본적인 목적은 '한 번 빌드하고 모든 곳에서 사용한다Build once, run everywhere'이다. 이것은 재사용성과 자동화와 관련하여 매우 핵심적인 사항 중 하나라고 볼 수 있다. 누군가 한 번 엄청 고생하고 나면 다른 많은 사람들이 똑같은 고생을 하지 않아도 그 혜택을 받을 수 있기 때문이다.

예를 들어 리눅스 운영체제에서 동작하는 PostgreSQL과 같은 데이터베이스가 필요하다고 하자. 컨테이너 이전에 선택할 수 있는 방법은 첫째로, 소스를 다운로드하고 필요에 맞게 설정해서 컴파일하여 사용하는 것이 있고, 둘째로는 각 리눅스 배포판마다 제공되는 패키지 관리자를 사용하여 조금 더 손쉽게 설치해서 사용하는 방법이 있다.

첫 번째 경우에는 아마 운영체제에 설치되지 않은 추가 라이브러리를 다운로드해서 설치해야 하는 경우가 많다. 두 번째의 도구는 이런 패키지 간의 의존성 문제를 해결해 주기 때문에, 매우 편리하게 시스템에 데이터베이스를 준비해서 사용할 수 있다.

이런 과정은 데이터베이스가 필요한 사람이라면 모두 동일하게 반복해야 하는 것이었다. 리눅스와 같은 운영체제를 준비하고, 거기에 필요한 서비스를 준비하는 일은 운영자에게는 손쉬운 일이겠지만, 데이터베이스 어드민admin이나 백엔드 개발자에게는 필요할 때마다 이것을 반복하는 것이 쉬운 일은 아니었을 것이다.

컨테이너는 이런 문제를 해결한다. 누군가 PostgreSQL을 컨테이너화해 두어 이미지를 만들어 두었다면, 이 이미지를 가져다가 배포해서 즉시 사용할 수 있다. 따라서 개발자는 매우 단순한 명령어를, 그리고 쉬운 명령어를 사용해서 자신의 데스크톱이나 랩톱에 손쉽게 필요한 도구를 준비할 수 있다.

이렇게 손쉬운 사용성으로 인해 컨테이너 도구들은 테스트 환경에서 매우 각광받기도 한다. 데이터베이스나 다른 데이터 소스와의 연동이 필요한 코드의 동작을 테스트하기 위해, 연속 배포 파이프라인에 이 컨테이너를 준비하고 코드를 테스트하는 데 사용할 수도 있다.

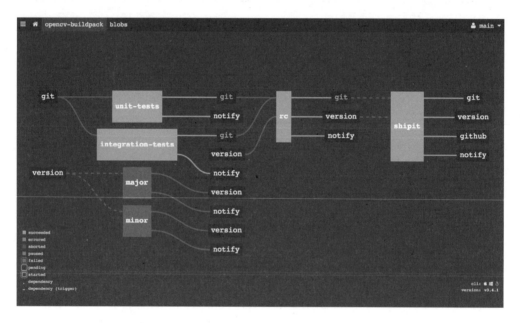

▲ 그림 3-41 연속 개선 및 배포 파이프라인 이미지, Concourse CI

[출처] https://github.com/starkandwayne/pipeline-templates

〈그림 3-41〉은 파이프라인 구성의 예를 보여준다. 이것은 피보탈의 CI^{Continuous Integration} 도구인 컨커스^{Concourse}의 파이프라인 구성 예이다. 검정색은 리소스, 녹색은 개발자가 지정한 테스트 스크립트로 구성된다. 파이프라인에서 보이는 모든 녹색 상자들은 컨테이너를 사용하여 독립적으로 사용자가 지정한 테스트를 수행하도록 한다. 따라서 모든 테스트가 독립적으로 실행될 수 있도록 지원한다.

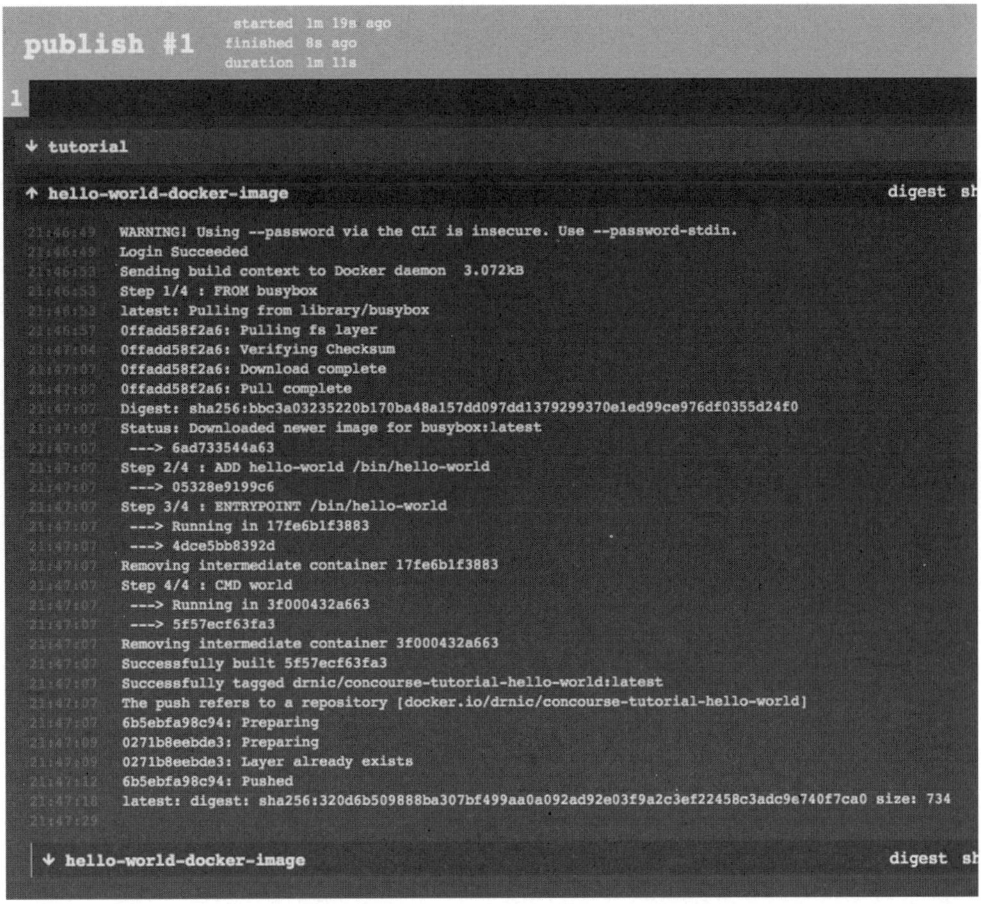

```
publish #1          started  1m 19s ago
                    finished 8s ago
                    duration 1m 11s

1

↓ tutorial

↑ hello-world-docker-image                                          digest sh

21:46:49  WARNING! Using --password via the CLI is insecure. Use --password-stdin.
21:46:49  Login Succeeded
21:46:53  Sending build context to Docker daemon  3.072kB
21:46:53  Step 1/4 : FROM busybox
21:46:53  latest: Pulling from library/busybox
21:46:57  0ffadd58f2a6: Pulling fs layer
21:47:04  0ffadd58f2a6: Verifying Checksum
21:47:07  0ffadd58f2a6: Download complete
21:47:07  0ffadd58f2a6: Pull complete
21:47:07  Digest: sha256:bbc3a03235220b170ba48a157dd097dd1379299370e1ed99ce976df0355d24f0
21:47:07  Status: Downloaded newer image for busybox:latest
21:47:07   ---> 6ad733544a63
21:47:07  Step 2/4 : ADD hello-world /bin/hello-world
21:47:07   ---> 05328e9199c6
21:47:07  Step 3/4 : ENTRYPOINT /bin/hello-world
21:47:07   ---> Running in 17fe6b1f3883
21:47:07   ---> 4dce5bb8392d
21:47:07  Removing intermediate container 17fe6b1f3883
21:47:07  Step 4/4 : CMD world
21:47:07   ---> Running in 3f000432a663
21:47:07   ---> 5f57ecf63fa3
21:47:07  Removing intermediate container 3f000432a663
21:47:07  Successfully built 5f57ecf63fa3
21:47:07  Successfully tagged drnic/concourse-tutorial-hello-world:latest
21:47:07  The push refers to a repository [docker.io/drnic/concourse-tutorial-hello-world]
21:47:07  6b5ebfa98c94: Preparing
21:47:07  0271b8eebde3: Preparing
21:47:09  0271b8eebde3: Layer already exists
21:47:09  6b5ebfa98c94: Pushed
21:47:18  latest: digest: sha256:320d6b509888ba307bf499aa0a092ad92e03f9a2c3ef22458c3adc9e740f7ca0 size: 734
21:47:29

↓ hello-world-docker-image                                          digest sh
```

▲ 그림 3-42 컨커스 도구에서 컨테이너 이미지 사용

[출처] https://concoursetutorial.com/miscellaneous/docker-images/

〈그림 3-42〉는 컨커스에서 사용자가 지정한 컨테이너 이미지를 가져오는 모습이다. 이렇게 가져온 이미지는 테스트에 사용되거나, 코드의 빌드에 사용될 수도 있다. 필요에 의해 데이터베이스 테스트를 위한 이미지를 가져다가 사용할 수도 있다.

이렇듯 컨테이너가 제공하는 장점은 비단 누군가 했던 한 번의 고생을 여러 사람이 반복하지 않도록 하는 것, 그리고 개발자에게 필요한 서비스 인스턴스 등을 보다 저렴하고 쉽게 제공하여 서비스 개선에 도움을 줄 수 있다는 점이다.

한 가지 더 중요한 장점은, 컨테이너는 구조적으로 필요로 하는 컴퓨팅 리소스의 양이 가상머신에 비해 적다. 적은 리소스 사용이 제공하는 장점은 바로 필요할

때 바로 구동해서 사용하고, 필요 없을 때 바로 제거할 수 있는 기능성에 더하여 그 준비 속도가 매우 **빠르다**는 점이다.

가상머신의 경우에는 시스템 전체를 가상화하여 즉, 물리 컴퓨팅 자원을 다시 여러 개의 가상 환경으로 만들어 그 위에서 동작하는 운영체제에 제공한다. 이에 컴퓨팅 자원이 여러 개의 운영체제를 구동하는 데 낭비되는 자원이 발생한다. 운영체제는 그 동작만으로도 다양한 컴퓨팅 자원을 사용하기도 하지만, 생성하고 제거하는 데 걸리는 시간이 컨테이너보다 상당히 느리다고 할 수 있다.

오토스케일링을 가상머신에 사용했을 때, 일반적으로 리눅스의 경우에는 수분 정도가 필요하다. 물론 메모리나 디스크의 양이 상당히 큰 경우에는 이보다 더 오래 걸릴 수도 있으며, 리눅스가 아닌 윈도우 가상머신의 경우에는 이보다 더 느리다. 그리고 이 가상머신에 부트스트래핑과 같은 기법이 코드 업데이트를 위해 사용되었다면, 이 모든 스크립트가 다 온전히 동작할 때까지 상당한 시간이 필요할 수 있다.

이것은 오토스케일링과 같이 트래픽이나 워크로드 변화에 민감하게 대응이 필요한 경우 단점으로 작용할 수 있다. 실제로 많은 아마존웹서비스 사용 고객들은 가상머신의 확장과 축소에 필요한 시간이, 대역폭의 증가로 인해 처리해야 하는 워크로드를 준비해야 하는 시간보다 오래 걸리기 때문에 이런 방법을 잘 도입하지 않는다. 도입하더라도 스케일링 전략에 필요한 가상머신의 숫자보다 더 많이 만들게 되어 비용의 낭비를 가져오는 경우가 많다.

하지만 컨테이너의 경우 동일한 리소스의 준비에 훨씬 더 적은 시간이 걸린다. 가상머신이 보통 분단위의 확장을 제공한다면, 컨테이너는 초단위의 확장 시간을 제공한다. 가상머신은 머신을 준비해서 운영체제를 만들고 그 위에 애플리케이션 구동까지의 시간이 필요했다면, 컨테이너는 프로세스 단위로 제공되기 때문이다.

이로 인해 더 능동적으로 오토스케일링과 같은 확장 구조에 대비할 수 있으며, 필요한 처리량에 보다 더 많이 사용하는 오버 프로비저닝을 구현하게 되더라도 클라우드 사용에 따른 비용 충격을 낮출 수 있게 된다.

컨테이너가 제공하는 장점에 대해 마지막으로 언급할 것은 바로 독립성이다. 가장 좋은 비유는 아마도 개발환경에 대한 것이 아닐까. 앞에서 언급한 바와 같이 개발에 있어 데이터베이스가 필요한 경우, 개발자의 데스크톱이나 랩톱에 이 데이터베이스가 설치될 필요가 있다.

지금은 보기 힘들지만 수년 전만 하더라도 개발환경의 편의를 위해 자신의 개발환경을 정기적으로 재구성하는 경우가 많았다. 보통 운영체제부터 다시 설치하고, 그 위에 개발자 본인에게 필요한 다양한 도구들을 재설치하는 과정은 (물론 개발자에게 일종의 휴식과 같은 시간이기도 하지만) 개발 과정에 필요한 다양한 도구들을 설치하면서 자신의 환경이 '지저분'해졌다고 느끼기 때문이다.

하지만 요즘에는 랩톱에 컨테이너 환경을 조성한다. 각각의 컨테이너는 그에 필요한 라이브러리나 필요한 도구들을 그 안에 포함하고 있고, 사용이 끝난 다음에는 그대로 지워버리면 그만이다. 이전과는 다르게 사용하고 있는 운영체제에 데이터베이스 구동에 필요한 클라이언트 라이브러리와 그와 연계된 공유 라이브러리를 설치하는 등의 작업이 필요 없고, 나중에 데이터베이스를 삭제하더라도 사용하지 않는 시스템 라이브러리가 남아 있는 것을 방지해준다.

필요할 때 그 리소스를 독립적으로 준비해서 사용하는 이런 장점은 생산성에 커다란 이점을 제공한다. 컨테이너 환경을 팀 단위로 준비해서 사용할 수도 있지만, 각 개인 개발자의 랩톱에 준비해서 사용할 수도 있다. 서비스를 위해 동일하게 준비된 이미지를 가져다 사용하고, 필요 없는 경우 리소스를 할당 해제하면 된다.

이것은 프로세스를 하나의 시스템처럼 사용할 수 있도록 제공하는 컨테이너의 장점이다. 빠른 데다가, 다른 사람이 만들어 둔 이미지를 재사용할 수 있으며, 다른 시스템과 독립적으로 동작하기 때문에 의존성에 관련된 문제를 해결할 수 있다. 이와 같은 이유로 컨테이너는 최근 많은 개발자에게 사랑받고 있다.

컨테이너 사용에 따르는 고려사항

하지만 운영자에게 컨테이너는 러닝커브가 상당한 지옥이 될 수도 있다. 이것은 컨테이너 환경의 대표적 단점 중의 하나로 볼 수 있다. 개발자의 랩톱이나 데스크톱 수준에서는 문제가 없이 동작하던 것들을 실제 서비스 수준으로 사용하기 위해서는 더 많은 준비가 필요하다.

첫 번째로 운영팀에서 걱정하는 사항은 필연적으로 더 작은 리소스, 그리고 더 많은 계층으로 이루어진 컨테이너 운영환경이다. 기존의 모놀리틱 애플리케이션은 거대하다. 상당히 많은 메모리와 직접 접근이 필요한 디스크가 있어야 한다. 이것이 어찌 보면 당연하다고 할 수 있는 이유는, 기존의 시스템 환경에서 동작해 왔기 때문이다. 수많은 기능이 혼재하는 거대한 코드가 동작하기 위해서는 거대한 환경이 필요하다.

따라서 더 작은 리소스 사용으로 인해, 어떤 경우에는 기존의 애플리케이션을 그대로 운용하기 힘든 경우가 발생한다. 그냥 힘든 것이 아니라 아예 동작이 불가능한 경우도 있다. 특히 프로세스 단위로 동작하는 특성으로 인해 어떤 애플리케이션에 필요한 커널 파라미터를 변경하지 못하는 경우도 있다.

두 번째 걱정은 관리의 방법이다. 개발자 랩톱에서야 다양하고도 예쁜 관리 도구를 제공하는 것이 많지만, '수십 수백 대의 가상머신이 동작하는 클라우드 환경에서 이 엄청난 양의 컨테이너를 어떻게 관리할 수 있을 것인가'는 다른 이야기다.

개발자 환경에서는 사용하기가 이보다 좋을 수 없는 환경이었지만, 실 서비스 운영에서는 완전히 다른 이야기가 된다. 누가 컨테이너를 서비스에 배포할 수 있고, 그렇게 배포된 컨테이너가 항상 동작하게 하는 것과 그리고 그 컨테이너가 동작하는 물리 또는 가상환경에 문제가 발생했을 때, 이것을 어떻게 극복하게 만들 수 있는지 등에 대한 고려가 필요하다.

예를 들자면, PostgreSQL을 개발자의 랩톱이나 개발팀의 워크스테이션에 준비해서 사용하는 것은 어렵지 않다. 하지만 이것을 다시 서비스 환경으로 가져오게 되면 운영팀 입장에서는 데이터베이스의 고가용성과 성능을 보장하기 위해서는 어떻게 해야 할지 고민해야 한다. 그들의 전통적인 업무 필요에 대한 답을 얻기가 쉽지 않기 때문이다.

최근에는 이에 대한 해법으로 피보탈 클라우드 파운드리, 또는 구글의 쿠버네티스를 선택하는 것이 일반적이다.

넷플릭스는 자사의 컨테이너 서비스를 위해 수많은 시간과 인력을 투자해서 별도의 도구를 만들었는데, 바로 타이터스[Titus]라고 한다.

넷플릭스 컨테이너 플랫폼, 타이터스

넷플릭스 역시 컨테이너 환경에 대해 지대한 관심을 가지고 있다. 그로 인해 태어난 환경이 바로 타이터스[Titus]다. 타이터스에 대한 자세한 정보는 해당 홈페이지(https://netflix.github.io/titus/)에서 보다 자세히 얻을 수 있다.

넷플릭스는 아마존웹서비스만을 사용해서 자사의 애플리케이션을 구동하는 것으로 유명하다. 이전까지 소개한 대부분의 애플리케이션 및 플랫폼 도구들은 모두 아마존웹서비스 위에서 동작한다. 아마존웹서비스의 이른 시절부터 서비스를 클라우드로 옮긴 넷플릭스는 대부분 서비스가 가상머신과 JVM 환경을 기반으로 구현되어 있다.

넷플릭스의 여러 발표를 보면, 이들이 일하는 방식은 보통 생산성과 재사용성과 관련 있다. 그리고 이를 보통 API 기반의 서비스와 클라이언트 라이브러리를 제공하는 방식으로 사용한다. 이 말을 다르게 하면, 보통 회사에서 제공하는 표준 플랫폼이 존재한다는 것이다. 아마존웹서비스의 EC2 기반 위에 자사의 다양한 플랫폼과 연동하는 클라이언트 라이브러리를 모든 개발팀이 사용하는 형태다.

컨테이너가 시장에 등장하고 그 장점을 이해하는 많은 엔지니어에 의해 개발된 타이터스는 상당한 투자로 인해 만들어진 컨테이너 플랫폼이다. 이것은 아마존웹서비스에 최적화되어 있으며, (넷플릭스의 설명에 의하면) 실 서비스에 사용할 수 있는 수준이고, 자사가 개발한 수많은 서비스와 연동해서 사용할 수 있다고 한다.

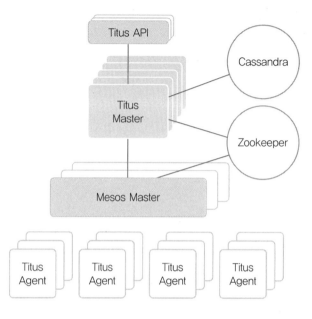

▲ 그림 3-43 넷플릭스 타이터스 구조

타이터스는 기본적으로 아파치의 메조스[Apache Mesos]를 통해 동작하는 프레임워크다. 타이터스 마스터의 역할은 타이터스 에이전트라 불리는 수많은 EC2[아마존웹서비스의 가상머신] 위에서 컨테이너의 동작을 관장하는 것이다. 즉, 각각의 컨테이너들은 아마존 EC2의 가상머신 위에 타이터스 에이전트를 통해 운영되고, 이 타이터스 에이전트들은 다시 타이터스 마스터를 통해서 관리되는 형태다.

구동이 필요한 컨테이너에 대한 리소스 명세, 이를테면 프로세서나 메모리와 같은 것은 메타데이터로 관리하며, 여기에는 어떤 작업[Job]을 수행해야 하는지, 컨테이너의 소유권은 누구에게 있는지 등의 정보를 함께 포함한다. 이런 각각의 컨테이너에서 수행해야 하는 작업은 마스터에 의해 관리되며, 타이터스 에이전트로 전달되어 실제 컨테이너를 구동한다.

타이터스의 주요 구성 요소는 다음의 세 가지다.

첫 번째로 타이터스 게이트웨이는 클라이언트로부터 요청을 받는 확장 가능한 API를 제공한다. 이 게이트웨이에서는 REST API와 gRPC 엔드포인트를 제공하며, 이렇게 받은 요청을 확인하고 흐름을 제어하는 역할을 한다.

두 번째로 타이터스 마스터는 EC2에서 동작하는 타이터스 에이전트 리소스를 관리하고, 컨테이너를 동작하며, 작업을 스케줄링하는 역할을 한다. 에이전트에서 동작할 작업을 준비하고 에이전트에 전달하며 어떤 에이전트에 분배해야 하는지 등을 관장한다.

세 번째로 타이터스 에이전트는 실제 컨테이너가 동작하는 구간이다. 마스터로부터 실행해야 하는 작업에 대한 명세를 바탕으로 컨테이너를 구동한다. 필요한 리소스, 즉 네트워크와 메모리, 프로세서 사용량 등을 관장하고 도커^{Docker} 이미지를 구동한다. 그리고 구동된 컨테이너에 대한 모니터링을 제공하며 수명 주기가 끝난 컨테이너를 정리하고 리소스를 반환하는 등의 역할도 수행한다.

먼저 타이터스는 스피내커^{Spinnaker}를 통해 EC2 서비스에 배포된다. 하지만 일반 사용자에 노출된 것은 스피내커가 아닌 직접 배포 방식을 사용하도록 권장하고 있다. 우분투^{Ubuntu}의 트러스티^{Trusty}를 사용한다고 알려져 있으며, 주키퍼^{Zookeeper}와 메조스를 필요로 한다.

컨테이너 이미지를 저장하는 곳을 컨테이너 레지스트리^{Container Registry}라 하는데, 도커 허브^{Docker Hub}와 아마존의 ECR^{Elastic Container Registry}을 사용하고 있다. 아마존웹서비스 기반에서 동작하기 때문에 IAM 서비스와 VPC 환경의 사전 준비가 필요하다.

다음에 소개하는 두 개의 웹페이지에서는 타이터스 마스터와 에이전트를 우분투의 패키지 매니저를 통해 미리 준비된 VPC 환경에 배포하는 내용을 다루고 있다. 일반적인 우분투 환경에서의 설치 방법을 사용하고 있으므로 쉽게 따라 해 볼 수 있다.

1. 타이터스 마스터와 게이트웨이 준비

https://netflix.github.io/titus/install/master/

2. 타이터스 에이전트

https://netflix.github.io/titus/install/agent/

설치 방법은 넷플릭스의 타이터스 패키지가 제공되는 패키지 저장소를 추가하고, apt 명령어를 사용하는 방식이다. 이후에도 설명하겠지만 넷플릭스는 자사의 오픈소스를 공개하고 업데이트하고 있으며, 그 콘셉트는 매우 괄목할 만한 내용이 많지만, 실제 가져다가 사용하는 것은 또 다른 노력을 필요로 한다. 그 이유는 필요한 모든 도구를 공개하고 있지 않은 경우가 있고, 또 공개되었다 하더라도 다른 넷플릭스의 도구들과 함께 연동해야 하기 때문에 전체 환경을 한꺼번에 준비하지 않으면 사용이 불가능한 경우가 있기 때문이다.

▲ 그림 3-44 넷플릭스 타이터스 오픈소스 서비스 로고

한 가지 흥미로운 점은 타이터스에서 동작하는 애플리케이션의 설정과 관련해서 필요한 정보를 전달하는 방법이다. 아마존웹서비스 EC2 서비스 사용에 익숙한 사용자들은 아마 169.254.169.254 주소를 알고 있을 것이다.

이 IP는 보통 DHCP라고 불리는 동적 네트워크 정보 할당에 실패한 경우에도 볼 수 있는 주소다. 즉, 일반적인 네트워크 환경에서는 동작하지 않는 주소라고 볼 수 있다. 아마존웹서비스의 EC2에서는 동적 네트워크 주소 할당이 동작하지 않는다는 것을 가정하고 있지 않으므로, 이를 가상머신의 다양한 정보를 제공하는 창구로 이용하고 있다.

즉, 사용자의 애플리케이션 또는 서비스가 동적으로 생성되는 EC2 호스트 자신의 정보를 필요로 하는 경우에 이 창구를 통해서 정보를 제공하는 것이다. 이 메타데이터에는 호스트명, EC2의 인스턴스 ID, 원본 AMI 및 IP 정보 등 애플리케이션 또는 서비스가 스스로를 호스별로 설정할 필요가 있는 경우에 참조할 수 있는 환경을 제공한다. 이 환경은 해당 웹페이지(https://docs.aws.amazon.com/ko_kr/AWSEC2/latest/UserGuide/ec2-instance-metadata.html)에 자세히 설명되어 있다. 구글에서 'AWS Instance Metadata and User data'를 검색해도 해당 문서에 접근할 수 있다.

그런데 컨테이너의 경우, 즉 넷플릭스 타이터스의 경우는 EC2 가상머신 위에서 타이터스 에이전트를 통해 구동되는 컨테이너 환경이므로, 아마존웹서비스의 메타데이터에서 충분한 정보를 제공받을 수 없다.

그래서 타이터스 환경은 이 메타데이터를 위한 별도의 프락시를 함께 제공한다. 이 프락시는 컨테이너에서 발생한 169.254.169.254 주소로의 요청에 엔트포인트를 더해 타이터스 환경에서 생성한 다음과 같은 정보를 컨테이너 위에서 동작하는 애플리케이션이나 서비스에 네임스페이스와 네트워크 정보를 제공한다.

Titus-excutor에 추가되는 inject-metadataproxy는 넷플릭스의 엔지니어들이 문제를 해결하는 방식에 대해 생각하게 한다. 넷플릭스의 많은 서비스 애플리케이션들은 이미 아마존웹서비스의 EC2 가상머신 위에 최적화되어 있는데, 이를 컨테이너 환경에서도 동일하게 동작하게 하려면 기존의 의존성을 해치지 않는 범위에서 기능을 확장해야 한다. 따라서 컨테이너 내에서 발생하는 메타데이터 요청에 추가적인 엔드포인트를 생성함으로써 최소의 변화로 최대의 효과를 누릴 수 있는 것이다.

컨테이너와 넷플릭스의 환경에 대해 관심이 있는 이라면 아마존웹서비스의 환경을 사용해서 타이터스를 테스트해 볼 수 있을 것이다. 다만 넷플릭스가 제공하는 범위가 실제 서비스에 적용 가능한 것인지는 다른 문제이다. 그들은 그들의 서비스에 더 고도화된, 그리고 오픈소스로 공개한 범위를 훌쩍 넘어서는 기능들을 연동해서 사용하고 있기 때문에 그들의 서비스에 반영이 가능한 것이기 때문이다.

그러므로 이를 섣불리 서비스에 반영하는 것보다는, 그 동작 방식에 대한 이해와 컨테이너 환경을 조성할 때 어떤 방향이 올바른 것인지에 대한 기술 참조의 정도로 받아들이는 것이 도움이 되리라 생각한다.

3.9 | 넷플릭스 도구 정리

넷플릭스의 서비스를 크게 보면 네 가지 정도로 나눌 수 있다. 그 중 첫 번째는 외부로부터 유입되는 트래픽을 다루는 부분이다. 보통 '엣지'로 알려져 있는 이 구간에서는 주로 목적에 따라 트래픽을 분기하고, 로드밸런싱 처리를 한다. 굉장히 다양한 목적으로 사용할 수 있는 구간이다. 먼저 모든 트래픽이 들어오고 나가는 구간이므로 다양한 모니터링, FIT와 같은 기술을 적용하기에 좋다. 그리고 만약 새로운 설계의 애플리케이션을 신규로 만드는 경우, 이 구간에서 특정 목적에 맞는 API 엔드포인트와의 연결을 통해 기존의 서비스를 분리하거나 새로운 서비스를 연결할 수 있다. 그리고 트래픽 분기가 가능하기 때문에 장애에 대응하거나 제로다운타임 업데이트를 적용하기에 좋은 지점이 된다.

두 번째는 다양한 역할을 하는 마이크로서비스들이 존재하는 구간이다. 각각의 마이크로서비스는 자신이 처리해야 힐 문제에 최적화되이 동작한다. 고드는 가급적 작은 규모로 유지되고, 각각의 마이크로서비스는 작은 규모의 팀에 의해 유지된다.

세 번째는 각각의 마이크로서비스에 의해 사용되는 다양한 데이터 저장소들이다. 카산드라와 EVCache가 넷플릭스 구조에서 특징적으로 언급되는 데이터 저장소이며, 이 외에도 S3나 다이노마이트 등 다양한 저장소를 목적에 따라 사용하고 있다. 이들 저장소는 각 마이크로서비스 팀에서 원하면 언제든 만들어 사용할 수 있도록 되어 있다.

네 번째는 각 개발팀이 자신들이 만든 마이크로서비스를 직접 운용할 수 있도록 제공되는 플랫폼 도구의 영역이다. 각각의 개발팀은 운영팀에 직접 연락하지 않고도 스스로 자신들의 애플리케이션을 무중단 배포할 수 있으며, 생성된 데이터베이스에 대한 정보를 위키나 노트패드에 적어두지 않아도 간단한 명령만으로 애플리케이션에 연결해서 사용할 수 있다. 배포된 애플리케이션은 개발팀에서 별도의 로깅이나 상태에 대한 매트릭을 생성해서 저장하지 않아도 자동으로 아틀라스와 같은 도구에 전송한다. 이러한 체계는 개발자들이 IDE에 쉽게 통합해서 사용할 수 있는 형태인데, '플랫폼 엔지니어링'의 팀이 API, 클라이언트 라이브러리, 플러그인 등의 형태로 개발팀에 제공한다. 개발팀은 그저 IDE에서 필요한 의존성을 주입하기만 하면 애플리케이션의 빌드 단계에서 이런 운영을 위한 도구가 자동으로 추가된다. 런타임 단계에서 아카이어스를 통해 스스로를 설정해서 클라우드 위에 기계적으로 동작하게 되는 것이다.

이렇게 크게 네 가지 영역으로 넷플릭스를 나누어 보면 그 동작의 원리를 이해하기가 쉽다. 그리고 이런 넷플릭스의 도구 컨셉을 서비스에 반영하고자 할 때 무엇을 고려해야 하는지에 대한 우선순위 인식에도 도움이 되리라 믿는다.

CHAPTER

04
....

넷플릭스를 모델로 한
디지털 트랜스포메이션

다운타임 없는 서비스를 이루어 내기 위해서는 '개발'과 운영하는 서비스와 관련된 '조직'과 '조직의 구성', 그리고 그 소식이 영위하는 '문화'가 아주 중요하다. 조직이 항상 멈추지 말아야 하는 몇 가지를 정리하자면 다음과 같다.

- 배움
- 배움의 공유
- 기능, 기술의 선택
- 구현, 테스트, 그리고 배포
- 결과와 피드백의 확인
- 반복

이것과 관련된 지표로는 '성과'와 '성과의 측정 방식', 목표 달성으로 인한 '성과의 분배 방식'과 각 조직원에 대한 '처우' 역시 중요한 부분이다. 개인이 하는 일이 많다고 생각하는데 그에 따른 보상이 매우 낮다고 느낀다면 아마 조직에서 빛나는 활동을 만들어 낼 동기가 부족할지도 모른다.

"인사가 만사"라는 말이 있듯, 누가 어떤 일을 하는가에 따라 결과는 굉장히 다르게 나타난다. 그리고 이 결과가 전체 조직에 도움이 되는 형태를 띠게 될 때, 조직은 그 개인에 대한 최고의 평가를 해 주어야 할 필요가 있다. 이걸 잘 하는 조직에는 앞서 언급된 것들을 잘하는 사람들이 오래 남아 서비스를 풍요롭게 한다.

회사가 가진 사업 목적이 개인의 업무 목적과 일치하게 하는 것이 매우 중요하며, 조직 구성원들이 사업의 목적을 분명하게 이해할 때 나타나는 성과는 상당히 주목할 만하다. 이 장에서는 아마존, 넷플릭스, 그리고 피보탈의 사례를 통해 조직의 구성 방법과 팀의 구성, 그리고 그들의 업무 방식 등에 대해 이야기해 보도록 한다.

4.1 | 넷플릭스의 자유와 책임

넷플릭스의 문화는 '자유와 책임'으로 표현된다. 여기서는 아마존의 그것보다 더 포괄적으로 생각되는 문화를 가지고 있는데, 주요한 차이점을 요약해 보면 다음과 같다.

- 업계 최고의 대우를 제공한다.
- 실력이 좋은 사람은 그렇지 않은 사람들이 아무리 많아도 할 수 없는 결과를 낸다.
- 따라서 실력이 좋은 사람을 조직 내에 유지하는 것이 최우선이다.

스마트스터디의 훌륭한 이들이 넷플릭스가 발표한 내용을 한글로 옮겨 슬라이드쉐어에 공유했다. 다음의 링크에서 슬라이드를 통해 관련 내용을 볼 수 있다.

https://www.slideshare.net/watchncompass/freedom-responsibility-culture

내용의 주요 골자는 다음의 7가지이다.

- 우리가 실제로 가치 있게 여기는 것은 가치
- 높은 퍼포먼스
- 자유와 책임
- 통제가 아닌 맥락의 전달
- 강하게 연결되어 있지만, 느슨하게 짝지어진 조직 구성
- 동종 업계 최고 대우
- 승진과 자기 계발

비속어 번역본도 있는데, 개인적으로는 이 버전의 슬라이드를 더 즐겁게 감상했다.

https://www.slideshare.net/evoka/freedom-responsibility-culture-49207219

회사가 우선하는 가치를 고객에게 포장해서 전달하는 것보다 회사가 먼저 중요하게 생각하는 것을 가치로 여기는 깃이 중요하다는 점이다. 이런 부분에서조차 넷플릭스의 문화가 어떤 것인지 짐작해 볼 수 있다. 꾸준한 자기 계발을 통해 더 나은 실력을 확보하고 이를 바탕으로 더 나은 결과를 만들어 내는 것이 그렇다.

앞장에서 살펴본 수많은 넷플릭스의 수많은 도구는 과연 어떻게 태어난 것인가. 살펴보면 바닥부터 만들어 올린 것보다, 기존에 있는 도구에 넷플릭스의 문제를 해결하고 있는 것들이 더 많다.

모네타와 같은 프로젝트가 대표적이다. EVCache를 개선한 이 프로젝트의 시작은 비용이었다. 모네타라는 이름의 의미가 그리스 여신 헤라의 비용을 관리하는 자의 이름이 모네타였기 때문이라고 할 정도다.

EVCache에 저장하는 모든 데이터가 3개의 리전에 복제가 되어야 하고, 이 복제된 데이터를 memcached 클러스터에서 모두 유지하는 것은 당연히 엄청난 메모리 비용을 지불해야 한다. 컴퓨터의 구조를 조금만 알고 있다면 메모리가 디스크보다 비싸다는 점을 알고 있을 것이다. 그리고 캐시에 대해 알고 있다면 왜 디스크에 있는 데이터를 굳이 메모리에 저장하는지도 알고 있을 것이다. 이 두 가지 상반

되는 개념에 있어, 기존보다 훨씬 빠른 디스크인 SSD의 등장과 굳이 메모리에 모두 저장하지 않아도 되는 데이터가 있을지도 모르겠다는 생각에서 시작한 프로젝트가 바로 모네타다.

각 리전으로 캐시 데이터를 복제해서 사용하지만, 모든 지역에서 모든 사용자의 데이터가 핫 데이터는 아니다. 대부분 사용자는 넷플릭스를 생활권역에서 이용한다. 넷플릭스 전체 사용자에서 출장이 빈번한 사람이 얼마나 많을지는 넷플릭스만 알겠지만, 이렇게 특정 사용자의 데이터가 모든 지역에서 동시에 필요한 경우가 많지는 않다는 것이다.

EVCache를 만들고 운영하는 팀은 콜드 데이터에 대한 메모리 저장이 상당한 비용의 낭비 포인트라고 생각했다. 그래서 이 문제에 대해 가설을 세우고, 콜드 데이터는 SSD에 저장하고 핫 데이터는 메모리에 저장하는 일종의 하이브리드 구조를 만든다. 이 구조에 대한 자세한 설명은 앞 장을 참고하도록 하자.

결과는 약 70%의 비용 절감을 이루어냈다고 한다. 넷플릭스의 EVCache 사용 규모에서 70%는 절대 적은 숫자가 아니다. 성능은 그대로 유지한 채로 커다란 비용의 절감을 이루어 낸 이 사건은, 기술을 다루는 조직이 어떤 사상을 가지고 있어야 하는지를 보여준다.

클라우드가 사용량에 따라 비용이 지출되는 구조라면 사용량을 어떻게 조절하는지에 따라 비용이 변한다는 의미기도 하다. 서비스를 이루는 다양한 구성 요소에는 관계형 데이터베이스도 있고 관계가 필요 없는 데이터베이스도 있으며, 어떤 데이터 처리는 프로세서 중심적이고, 어떤 데이터 처리는 I/O 속도가 더 중요한 경우도 있다. 어떤 서비스에 어떤 자원의 사용이 효율적인지는 각 서비스를 담당하는 구성원이 알고 있는 것이다. 아니, 알고 있어야 한다.

넷플릭스의 발표에 따르면, 넷플릭스 전체에서 사용하는 EVCache 클러스터가 수천 대의 EC2 가상 서버를 사용 중인데 이를 단 3명의 엔지니어가 관리한다고 한다. 3명의 엔지니어가 도대체 어떻게 관리하기에 수천 대가 넘는 서버를 운영할 수 있을까? 이들은 운영뿐만 아니라 이 도구를 만들어 내는 동시에, 각 팀이 사용할 수 있는 클라이언트 라이브러리를 만들어 내고, 서버와 클라이언트 모두의 기능과 성능 개선 그리고 업데이트까지 처리한다.

반복되는 작업에 사람의 손을 타지 않도록 하는 것이 비결이다. 그리고 처음부터 수천 대로 확장하는 것이 아니라는 점 역시 중요하다. 모네타를 만들듯이 EV-Cache를 만들었고, 수많은 테스트, 즉 카오스 몽키와 같은 도구들을 모든 환경에서 적용해 봄으로써 안정성과 성능 모두를 점진적으로 개선해 온 것이다.

자동화된 배포를 사용해서 하나둘씩 필요한 팀들이 사용하고, 결국 대부분 팀들이 자신이 속해있는 서비스의 성능 개선을 위해 사용하게 되면서 라이브러리가 필요하게 되고, 이런 편의로 인해 지속해서 확장된 것이다.

자유와 책임

넷플릭스의 조직 문화인 자유와 책임은 조직 내에 실력 있는 엔지니어를 더 많이 확보하는 데 그 목적이 있다. 보통 사람 수준으로 일하는 이들을 퇴직금 주어서 내보내면 더 잘하는 엔지니어를 확보할 금액이 생긴다는 사상은 다소 공격적으로 느껴질 수도 있지만, 거꾸로 또 그만큼 효과적이다.

대부분 회사를 살펴보자. 회사의 규모가 작거나 팀의 규모가 작을 때, 중요한 사업을 시작하는 멤버들은 보통 뛰어난 실력을 갖추고 있다. 여러 가지 이유가 있지만 어쨌든 처음에는 훌륭한 사람들이 모인다. 사실 그렇지 않은 경우에는 서비스 자체가 흥행하기 힘들기 때문에 논외로 하자. 아무튼 훌륭한 사람들이 모여 서비스를 만들어내고, 인기를 얻으면 사용자가 늘어난다. 사용자의 증가는 더 많은 요구사항이 서비스에 반영되어야 함을 의미한다.

현실적으로 이 과정에서 서비스가 인기를 얻는다면 사업은 투자를 받는 경우가 많다. 그리고 이 투자비용은 결국 사람을 채용하는 데 쓰는 것이 일반적이다. 더 많아지는 기능을 관리해야 하고 개발해야 하고 또 다운타임이 없도록 운용해야 하기 때문이다.

하지만 이런 사업 요구로 인해 채용 목적만을 가지고 회사의 문화가 정착되지 않은 상황에서 새로운 인력들이 유입되면 그때부터 문제가 발생한다. 많은 스타트업들이 이 과정에서 발생하는 다양한 문제로 인해 성장에 정체를 겪게 된다. 비용은 더 들였는데 사고는 더 자주 나고 인력은 충돌하고 회사에 문화라는 것은 종잡을 수 없는 상태가 된다. 왜 그럴까?

이런 방식으로 시작한 팀 규모의 회사들은 보통 각 멤버들이 회사와 사업에 대해 '남의 것'으로 생각하지 않는다. 사업의 아이디어를 낸 사람도, 구현하는 사람들도, 디자인하는 사람들도 모두 그렇다. 그리고 이렇게 작은 규모에서 시작한 팀은 보통 각 영역에 '필수로' 필요한 사람들로 구성된다. 사업 아이디어를 제품화하는 데 성공하는 과정에서의 희생과 노력은 상상을 초월한다.

비로소 투자를 받고 그간 있었던 멤버들의 짐을 덜어주고자 또는 다양한 사업 요구로 인해 추가 인력을 채용하기 시작한다. 보통 이런 규모의 회사는 당연히 채용 후 교육 프로세스가 있을 리 만무하고 제품화를 위해 달렸던 멤버들이 문서화를 잘 해두었을 리도 없다. 배포는 사람이 하고 있을 것이고 심지어 프레임워크나 코드, 데이터베이스 구조 역시 엄청나게 잘 되었다고 말하기 힘들며 심지어는 심각한 보안 문제를 내포하고 있을 수도 있다.

다른 측면에서, 종래의 인력이 5명이었는데 갑자기 20명이 되면 기존의 5명의 협업 문화는 깨진다. 그것이 친목에 기반을 둔 것이든 실력에 기반을 둔 것이든, 이 협업 문화는 나머지 15명의 리드에 의해 변화할 수밖에 없다. 그리고 대부분의 경우, 이런 변화는 종전의 5명에게 달갑지 않다.

이 상태에서 심각한 경우에는 기존의 멤버가 새로운 멤버를 신뢰하지 않는다. 기술 수준이나 서비스 자체에 대한 이해도가 다를 수 있고, 채용 역시 원래의 계획대로 진행되지 않았을 수도 있다. 어쨌든 이런 문제가 발생하면 새로운 멤버들에게 권한이 주어지지 않는 현상이 발생하고, 모든 일이 하나씩 둘씩 프로세스가 늘어난다.

프로세스는 보통 사업의 안정화되고 그 사업이 계속 진행되는 데 발생하는 문제를 막기 위해 생겨난다. 하지만 프로세스는 소위 '잘하는' 그룹에는 전에 없던 불편함이 늘어날 뿐이며, 경우에 따라서는 다른 사람의 짐을 떠안아야 한다고 생각하게 도 만든다.

이런 일련의 과정에서 창업 멤버건, 회사에 갓 입사한 실력자건 어쨌든 회사에 정녕 필요했던 사람들은 사라지기 시작한다. 프로세스는 점점 더 강화되어 간다.

사업이 안정기에 들었다면 프로세스 강화는 아마 당분간은 괜찮을지도 모른다. 프로세스 강화는 곧 따라야 할 규칙이 많아지는 것을 의미한다. 이 규칙이란 것들 이 대부분 지난 시절의 것들이기 때문에, 사업이 변화의 위기에 처하기 시작하면 조직은 해법을 잃은 채 프로세스 안에서 서서히 정체되고, 결국에는 경쟁력을 잃게 되어 시장에서 자리를 잃는다.

크건 작건 많은 회사가 이 굴레를 벗어나기 힘들다. 사업의 아이디어가 좋을 때 는 여러 어려움이 있더라도 잘 되다가, 변화를 맞이하면 변화에 적응하지 못한다. 이름도 잘 기억이 나지 않는 많은 회사에도 그들의 시간이 있었다.

넷플릭스라는 회사를 소개하면서, 변화에 빠르게 대응했다고 했다. DVD를 우 편으로 배달하는 시스템은 결국 지금 수많은 회사가 하고 있는 전자상거래와 무엇 이 다른가. 하지만 콘텐츠가 배달되는 방법으로 수많은 장치에서 DVD 드라이브가 사라지는 인터넷 고속화 시대에서 넷플릭스는 아마 어느 순간 변화가 필요함을 실 감했을 것이다. 이런 사업적 판단은 많은 회사에서 동일하게 발생한다.

하지만 그걸 실제로 넷플릭스처럼 전환해 내는 예를 찾는 것은 쉽지 않다. 이 회 사는 인터넷 기반의 영상 스트리밍과 서비스를 운영하고 유지하는 기술에 있어 성 공적으로 사업 모델을 변화시켰다. 배송이 필요 없는 콘텐츠 딜리버리, 그걸 전 세 계를 대상으로 진행하고 있는 것이다.

이런 동작 방식에는 아주 기초적인 문화의 차이가 있다. 규제를 강화하는 대신, 사업의 변화에 필요한 사람들을 회사에 묶어 두는 인사 시스템이다. 회사에서 사람 이 떠나는 이유는 다양하지만, 대부분 성과를 인정받고 훌륭한 동료들과 일할 수 있다는 믿음이 있다면 회사에서 떠나지 않는다. 훌륭한 동료들은 훌륭한 성과를 함 께 만들어가는 과정에서 서로에게 배우고 서로를 믿게 된다. 그렇게 만들어 낸 결괴물은 누적되고 중첩되어 결국 아무도 따라갈 수 없는 지경에 이르고 만다.

이것이 많은 개발 및 서비스 운영 회사가 올바른 문화를 가져야 하는 이유다. 개발과 서비스 운영이라는 항목은 각 개인의 창의성과 실행력이 더 많이 요구되는 분야다. 시장 역시 이전처럼 어떤 서비스를 만들려면 대단한 자본이 필요로 하지는 않다. 자율주행을 연구하고 싶다면, 당장 인터넷을 검색해 보면 된다. 장애인을 위한 로보틱스 제품을 만들어 보고 싶다면, 인터넷을 검색해 보면 된다. 구현에 필요한 기술이 다양한 이들에게 공개됐다면, 이제 실제 물건을 만들어 내는 과정에 이르기까지 '오픈'이 대세가 되어 있다.

아마존 알렉사나 대시 버튼을 프로토타이핑하는 데 천문학적인 금액이 들었을 것이라고 생각하지 않는다. 스피커에, 와이파이에, 소규모 하드웨어, 그리고 아마존닷컴과의 연결이 알렉사다. 아마존 대시는 더 간단하다. 버튼 인터페이스에, 누르면 장바구니에 해당 품목을 추가해 주면 된다. 불과 십년 전만 하더라도 이런 제품의 프로토타이핑을 위해서는 금형의 설계와 제작, PCB의 설계와 제작 등 생각보다 큰 비용이 필요했다. 특히 이런 주문은 일종의 커스터마이징이므로 보통 수백, 수천 개 단위의 생산을 강요받는다. 성공할지 실패할지 모르는 사업에 상당한 위험을 감수해야 하는 것이었다.

하지만 지금은 아이디어만 있다면 오픈 하드웨어와 센서들을 저렴하게, 심지어 낱개로도 구매할 수 있다. 브레드보드라 불리는 빵판을 사용하더라도 동작하는 제품을 만들 수 있다. 목업과 프로토타이핑, 그리고 그 이후의 사업 가능성이 보이면 프로덕션으로 진행하기가 더 쉬워졌다는 의미다.

이런 아이디어의 구현에는 소프트웨어적 사고 능력이 뛰어난 사람들이 필요하고, 이런 사람들을 많이 유지할수록 회사의 경쟁력은 강화된다. 이런 능력이 뛰어난 사람들을 회사 내에 더 많이 확보하기 위해 넷플릭스는 다음과 같이 말한다.

- 임직원 개인이 결정할 수 있는 권한을 더 많이 부여한다.
- 각 임직원이 배우고 학습해 적용한 기술은 더 널리 공유하고 오픈해서 다른 사람들도 사용할 수 있게 한다.
- 임직원은 서로에게 '대단히' 솔직할 필요가 있다.
- 잘하는 사람들'만'을 지킨다.
- 규칙을 만드는 것을 피한다.

심지어 이 페이지에는 분명하고도 명확하게 그 목적이 쓰여 있다. 'People over Process', 즉 프로세스를 뛰어넘어 일할 수 있는 인재를 원한다는 것이다. 그런 인재들은 분명 프로세스를 만들 필요가 없다. 더 명확하게 이런 사람들이 모인 조직은 결국 '드림팀'을 이루어 회사의 역량을 항상 최고로 유지할 수 있도록 돕는다.

넷플릭스도 아마존과 같이 이상적인 인재상을 열거했다. 다음은 그 내용이다.

- **판단, Judgement**
  - 주어진 문제가 모호한 경우에도 현명한 판단을 내릴 수 있어야 한다.
  - 문제를 일으키는 증상을 바탕으로 원인을 찾아낼 수 있어야 한다.
  - 전략적 사고를 바탕으로 움직이며 지금 하는 일을 명확히 설명할 수 있어야 한다.
  - 좋은 직감을 데이터를 통해 표현할 수 있어야 한다.
  - 장기적 관점으로 의사결정을 내린다.

- **소통, Communication**
  - 말하기와 쓰기가 간결해야 한다.
  - 다른 사람이 하는 말을 경청하고 그 후에 반응한다.
  - 스트레스가 많은 상황에도 평정심을 유지하여 올바른 결정을 내린다.
  - 모국어가 영어가 아닌 사람들과도 소통할 수 있는 태도를 가진다.
  - 동료에게 솔직하고 적절한 피드백을 올바른 시기에 제공한다.

- **호기심, Curiosity**
  - 새로운 것들을 열심히, 그리고 빠르게 배운다.
  - 전문 분야가 아니더라도 효율적으로 일할 수 있어야 한다.
  - 다른 사람들이 다시 함께 일하고 싶도록 일해야 한다.
  - 전 세계의 동료들을 이해하며, 함께 즐겁게 일하는 방법을 찾아야 한다.
  - 다른 사람과 다른 시각을 갖는다.

- **용기, Courage**
  - 불편한 상황에서도 넷플릭스에 도움이 되는 방향이라면 용기 있게 말해야 한다.
  - 현상을 유지하는 의견에 비판적으로 접근한다.
  - 어려운 결정을 내릴 때 고민하지 않는다.
  - 실패의 가능성을 염두에 두고 위험을 현명하게 감수한다.
  - 넷플릭스의 가치에 반하는 행동에 대해 거리낌 없이 질문한다.
  - 진실을 찾는 데 주저함이 없어야 한다.

- **열정, Passion**
  - 훌륭함에 대한 갈증을 바탕으로 일군 것들로 인해 동료들에게 영감을 주어야 한다.
  - 넷플릭스의 성공과 동료들의 성공을 적극적으로 지원한다.
  - 낙천적인 동시에 끈기를 유지한다.
  - 겸손하지만 내면에는 자신감을 가지고 있어야 한다.

- **이타심, Selflessness**
  - 소속된 팀이나 자신에게 최선이 아니라 넷플릭스에 최선이 무엇인지 생각하라.
  - 최선의 아이디어를 위해 열린 마음으로 대하라.
  - 동료를 도울 시간을 만들어라.
  - 적극적으로 정보를 공개하라.

- **혁신, Innovation**
  - 쓸모 있는 아이디어 제안을 통해 필요한 사람임을 증명하라.
  - 어려운 문제를 다르게 생각해서 해결책을 제시하라.
  - 일반적인 추측에 이의를 제기하고, 더 나은 접근법을 제시하라.
  - 복잡한 문제를 단순화해서 넷플릭스가 언제나 민첩하게 움직일 수 있도록 하라.
  - 변화를 갈망하라.

- **포용, Inclusion**
  - 다양한 배경과 문화를 가진 사람들과 효율적으로 협업한다.
  - 더 나은 의사결정을 위해 다양성을 포용하고 존중한다.
  - 자신과 비슷한 사람을 찾기보다 재능과 가치관에 집중한다.
  - 다른 배경이 우리와는 관계없다고 생각하기보다는 그 배경이 넷플릭스에 어떤 영향을 미치는지 고려한다.
  - 우리는 모두 어떤 과거로부터 항상 성장하고 발전하기 위해 노력한다.
  - 다른 사람이 소외당하는 것을 목격한다면 반드시 개입하라.

- **청렴함, Integrity**
  - 다른 사람들에게 비정치적이며 투명하고, 솔직하며 진정성이 있다는 평판을 받도록 노력해야 한다.
  - 뒤에서 험담하지 않고 얼굴을 마주하고 말하라.
  - 실수를 자유롭게 그리고 공개적으로 인정하라.
  - 타인의 지위 또는 의견이 일치하지 않더라도 존중으로 대하라.

- **효과, Impact**
  - 중요하고도 어려운 일을 성취한다.
  - 동료가 자신을 의지할 수 있도록 지속해서 훌륭한 성과를 낸다.

– 동료가 더 나아질 수 있도록 한다.

– 프로세스보다 결과에 집중한다.

회사의 홈페이지에 써 놓기는 쉬운 말들 같다. 홈페이지에는 드림팀과 그 팀이 일하는 방법에 대한 가이드라인 같은 것들이 더 많이 기술되어 있다. 필요하다면 홈페이지(https://jobs.netflix.com/culture)에서 찾아볼 수 있다.

명확한 것은, 넷플릭스는 그저 홈페이지에 이것을 써 놓은 회사가 아니라 실제로 기술을 선도하고 있으며, 그에 사용된 기술을 공개하고 있다. 그리고 그 기술을 가져다가 사용하려면 넷플릭스의 기술 수준으로의 이해와 실행력이 필요한 경우가 많다. 넷플릭스의 오픈소스 페이지를 살펴보면 대단하다는 생각과 함께, 이렇게 '외부'에 공개하지 않은 것들이 또 얼마나 있을까 하는 생각에 놀라울 뿐이다.

깃허브와 같은 저장소에 공개된 것들뿐만 아니라, 기술 블로그에 소개되는 다양한 서비스 적용 방법들은 그들의 홈페이지에 써 놓은 내용이 절대 헛되지 않음을 알 수 있다. 그리고 이 문화가 바로 넷플릭스 힘의 원천이다.

좋다 나쁘다는 평가에 앞서 이는 분명 넷플릭스가 일반 회사들과는 분명하게 다른 점이다. 최고의 인재를 데려올 수 있도록 투자를 아끼지 않고, 이렇게 데려온 인력이 정말 잘하는 실력자라면 회사 안에 최대한 유지하는 방법이 자유와 책임을 주는 것이라는 사상을 바탕으로 사업을 운영하고 있다.

그런 넷플릭스가 자주 인용하는 인상적인 인용구가 있다.

> "배를 만들어야 한다면
> 사람들에게 나무를 구하고, 업무를 분장하고, 명령을 내릴 것이 아니라
> 넓고 끝없는 바다를 꿈꾸게 하라."
>
> - by Little Prince의 작가, Antonie de Saint-Exupéry

4.2 | 아마존

아마존은 다수의 발표를 통해 공개된 몇 가지 운영의 핵심에 대해 말한다. 아마존은 '리더십 프린시펄^{leadership principal}'이라고 불리는 가치를 만들어 모든 조직 구성원에게 회사가 추구하는 방향을 제시한다.

예를 들어 근검으로 표현될 수 있는 'Frugality'는 임직원이 회사의 일로 비용을 지출할 때에 대한 가이드라인을 제시한다. 대부분 기업의 경우 출장을 가야 한다면 여기에 필요한 비용을 처리하는 방법이 있다. 하루에 식비 얼마라든지, 호텔과 항공권은 여행사를 통해 지급한다든지 하는 규정을 바탕으로 일을 진행한다.

반면 아마존의 경우는 조금 다른데 이 근검의 조항은 '출장에 사용하는 경비는 필요한 수준에서 절약해서 사용할 수 있도록 한다'의 약간 애매해 보이는 형태로 존재한다. 일을 처리하는 데는 경우에 따라서 유연성이 필요하다. 호텔을 예로 들자면 위험한 지역에서는 출장비에 딱 맞는 호텔은 직원을 위험히게 할 수도 있다. 이런 경우에는 경호원이나 보안이 잘 지켜지고 있는 숙소를 선택할 수 있어야 하되, 그런 숙소 중에서 저렴한 숙소를 찾도록 한다. 이 Frugality의 항목은 조금 다른 의미를 위해서도 존재하는데 스티브 잡스의 "Stay hungry, stay foolish"와 약간 닮아있다. 개인의 창의력은 모든 것이 만족한 상태일 때가 아니라, 무언가 약간 부족한 상태일 때 더 뛰어나게 발생한다고 믿는 점이다.

전체 가이드는 다음의 페이지에서 찾아볼 수 있다.

https://www.amazon.jobs/principles

아마존이 제공하는 웹사이트에 나온 내용과 경험을 바탕으로 소개를 해본다.

● 고객 집착, Customer Obsession

아마존이 말하는 최우선의 과제는 고객의 만족이다. 다른 어떤 문제가 있더라도 그 문제의 해결을 통해 고객을 만족하게 할 수 있다면 그 방향에 우선한다. 이 부분이 바로 아마존이 국내 및 글로벌의 수많은 고객으로부터 '대인배'라고 불릴 수 있게 하는 조항이라고도 볼 수 있다.

크리스마스 시즌에 선물로 주문한 물건이 도착하지 않아 애를 태우고 있다면, 아마존 지원 센터를 통해 가장 **빠른** 배송 방법으로 물건을 다시 받아 볼 수도 있다. 즉, 아마존 입장에서는 물건 2개를 1개 가격으로 배송하는 것이다. 그리고 나머지 1개는 도착하면 아마존으로 다시 배송하거나, 경우에 따라서는 "아마존이 쏩니다! 가지세요"라고도 한다.

이런 고객 경험은 아마존에 대한 신뢰를 바탕으로 프라임 멤버가 되는 원동력이며, 이건 모든 일을 프로세스와 가이드라인에 의해 행동하는 것보다 더 효율적이다.

• 소유권, Ownership

여기에서 소유권은 보통 일을 맡을 때 회사의 일을 남의 일이라고 생각하지 않는 것을 의미한다. 아마존의 모든 직원은 기본적으로 해야 할 일을 '남이 해야 할 일'이라고 생각하지 않는다. 기본적으로 처리할 수 있고 처리해야 하는 일이라면 먼저 나서서 처리하기도 한다.

아마존이 가지고 있는 중요한 사상 중 하나는, '장기적 가치'다. 아마존의 사장인 제프 베조스는 "오늘 우리의 매출은 이미 5년 전에 정해진 것이다"라고 말할 정도로 장기적 가치에 집중한다.

모든 소비자는 가장 저렴한 가격으로 물건을 구매하고자 할 것이다. 이때 물건의 가격이 다시 저렴해진다면, 그리고 구매 시점 이후 할인 등이 발생한다면 아마 별로 좋은 기분은 아닐 것이다. 이럴 때 아마존은 대부분의 경우 해당 물건이 할인된 가격만큼을 소비자에게 돌려준다.

소비자는 할인을 받은 것과 같은 효과를 받는 것에 추가하여, 기존의 다른 사업자에게는 볼 수 없었던 대처를 통해 '나의 노력이 없이도 언제나 가장 저렴하게 물건을 구매할 수 있는 곳은 바로 아마존'이라는 생각을 가지게 한다.

할인된 가격만큼 소비자에게 돌려주는 것은 '단기적 가치'에 어긋난다. 이 단기적 가치에는 당장 매출이 낮아지는 효과를 생각해 볼 수 있다. 하지만 여기서 오는 장기적 가치는 이런 시스템과 신뢰를 통해 더 많은 고객을 확보하고, 그로 인해 더 많은 물건을 아마존에서 판매할 수 있는 원동력이 된다.

즉, 장기적 가치가 가져오는 장점은 단기적으로 잃는 것보다 얻는 것이 많음으로 여기에 더 중시하고, 이 두 가지 가치 사이에서 올바른 판단을 할 수 있는 근거를 제시한다.

● 개선과 단순화, Invent and Simplify

혁신이 필요하지 않다고 말하는 기업은 아마 없을 것이다. 모든 기업이 혁신을 부르짖는다. 하지만 진정한 혁신을 일구어내고 있는지 기업의 임직원들에게 물어 보면, 그다지 긍정적인 대답을 얻기 힘들다.

이 부분에서 아마존은 혁신과 단순화를 말한다. 현실에 문제라고 인지되는 것들은 전혀 다른 방향으로 개신될 수 있는 경우가 많지만, 이 전혀 다른 방향이라는 것은 눈에 잘 보이지 않는다. 그리고 이런 개선은 보통 엄청나게 복잡한 처리보다는 단순화된 형태로 발현되는 것을 종종 본다.

대체 이게 무슨 말인지 모호하게 받아들일 수 있어 간략하게 예를 들어 보자. 엑셀 입력 작업을 해야 하는 업무가 있다고 생각해 보자. 이 작업을 하는 팀은 보통 성과를 '하루 또는 한 달에 몇 건'을 처리했는가에 성과의 지표를 둔다. 매우 노동 집약적인 업무이며, 성과의 평가 방법 역시 공정해 보인다.

아마존의 인사 평가 방식에서는 하루에 100장 입력하는 사람이 30장 입력하는 사람보다 '아주 높은' 평가를 받지는 않는다. 이 조직의 평균이 30장 정도의 수준이라면, 100장은 분명 매우 많은 분량이긴 하지만 반드시 높은 평가를 받는 방식은 아니다.

더 높은 평가는 어떤 방식으로 이루어질까? 100장 입력하는 사람이 경험을 바탕으로 별도의 함수를 만들어 다른 팀원들에게 공개했다고 해 보자. 그로 인해 나머지 30장 입력하는 직원들이 70장을 하게 되었다면, 이때 아마존은 이 함수를 만들어 공개한 사람에게 최고의 평가를 한다.

'우리도 그런 거 있어'라고 생각할 수 있겠지만 보통 대부분 기업에서 이런 혁신이 발생하지 않는 이유는 하루에 100장 입력하는 사람은 평생 100장을 입력함으로써 남들보다 우위를 점해야 높은 고과를 받기 때문이라는 점을 생각해 볼 필요가 있다.

회사는 회사의 역량을 끌어올릴 수 있음에 주목하며, 그것을 가능하게 하는 인재를 중시하는 체계를 가진다. 이런 사상은 소프트웨어 개발과 운영의 부분에 있어 더욱 중요한 게 아닐까 한다.

● 올바른 판단, Are Right, A Lot

모든 일을 책임자가 결정할 수는 없다. 따라서 각 업무에 임하는 임직원은 현장에서 올바른 판단을 내릴 필요가 있다. 물론 잘못된 판단을 내릴 때도 있겠지만 의사결정에 있어 비교적 올바른 판단을 자주 하는 것은 중요한 덕목이다.

● 호기심과 배움, Learn and Be Curious

새로운 것에 대한 두려움은 많은 사람이 가지고 있다. 이 두려움을 없애는 방법은 호기심을 통해 관심을 가지고 살펴보고 실행해 봄으로써 알게 되는 과정을 통하는 것이다. 현재 반복적으로 발생하고 있는 문제에 대한 호기심 없이 배움이 생기지 않는다. 새로운 것에 두려움이 지배하고 있는 조직은 정체되고 고립되어 결국 사업의 경쟁력이 떨어지게 될 것이다.

● 채용과 내부 인력 개발, Hire and Develop the Best

예전에 아마존의 채용 시스템은 독특하기로 유명했다. 진행되는 방식은, 일단 다양한 경로로 접수된 이력서를 검토하고 당사자에게 연락한다. 이후 다섯 차례 이상의 면접이 진행되는데, 마지막에는 항상 최고 어려운 질문을 받는다.

바^{bar}라고 불리는 아마존의 채용 관련 시스템의 핵심은 이 제일 마지막 면접관과 그 앞의 면접관들의 조합으로 이루어진다. 각각의 면접관은 여기 서술하고 있는 아마존의 리더십에 대상자가 적합한지 판단하고 각 질문과 대답의 기록을 남긴다. 모든 면접 과정이 진행되고 나면 이 기록을 바탕으로 면접관들이 모여 채용을 진행할지 아닐지에 대한 의견을 나눈다.

마지막 면접관이 바레이저bar raiser라고 알려진 역할을 수행하며 이들은 보통 한 달에 수십 회의 면접을 진행한다. 수많은 채용 경험을 바탕으로 기존의 아마존 내부에 존재하는 팀들이 보유한 인재들보다 항상 더 좋은 인재를 채용하고자 한다.

이렇게 채용된 인력은 내부에서 다양한 교육의 기회를 얻는다. 그중에는 필수로 배워야 하는 항목도 있고 선택적으로 배울 수 있는 항목도 있다. 재미있는 것은 아마존 내에서 다양한 경험 또는 교육을 받을 때마다 각 임직원에게 '배지'가 주어진다는 점이다. 어떤 특별한 보상이 있는 것은 아니지만, 이 배지의 종류와 보유 여부가 새로운 교육에 대한 관심을 유발하고, 힘든 일을 겪은 오래 재직한 직원에게 명예를 부여한다.

눈에 보이는 보상 외에도 이런 시스템은 많은 임직원이 스스로를 발전하게 돕고, 더 오래 회사를 다닐 수 있는 동기를 부여하며 이를 통해 회사 역시 발전하는 구조를 만든다.

● 높은 목표 설정, Insist on the Highest Standards

대부분 회사에서 임직원 스스로에게 목표를 설정하라고 하면 '이룰 수 있는 정도'로 제출한다. 아마 목표 달성에 실패하면 돌아올 인사상 불이익을 피하려고 누구나 그렇게 설정할 것이다.

하지만 아마존에서는 이런 '일반적인 목표'를 세우는 것은 별로 권장되지 않는다. 매니저와의 상의를 통해 이루기 힘들 것 같은 매우 높은 목표를 세우는 방식을 권장한다.

여기에 숨은 사상은 현재에 안주하지 말라는 것이다. 이루기 힘든 높은 목표를 세우면 그것을 달성하고자 노력하게 되고 그 목표를 힘들게 달성하고 나서 주어지는 보상은 그만큼 달콤한 것이다.

거꾸로 할 수 있는 일만 하게 된다면 조직은 정체될 것이다.

● 생각을 크게, Think Big

보통 많이 이야기하는 '큰 그림'에 대한 영역이다. 어떤 일을 진행할 때 작은 것에만 집중하기보다는 각각의 일이 큰 목적을 가지고 수행될 수 있도록 해야 한다.

개인이 달성해야 할 목표를 매니저와 함께 상의해서 가급적 어려운, 그래서 그 일을 달성해 냈을 때 모두 고개를 끄떡일 수 있는 목표를 잡는데, 이 목표가 회사가 추구하는 방향과 맞게 구성하는 방법이 중요하다. 매니저라면 팀원들 각각의 목표를 높게 구성하는 것도 그들에게 중요하지만, 이들이 함께 이루는 목표가 팀의 목표가 되는 방식이다.

어떤 일을 수행할 때는 전략이 아주 중요하다. 예를 들어 서비스 회사 입장에서 고객지원이 필요한 일은 가급적 발생하지 않도록 하는 것이겠지만, 고객지원팀 입장에서는 고객지원이 발생하지 않으면 팀의 존재 이유가 사라진다. 이것이 일반적인 회사에서 일어나는 생각의 흐름이다.

팀의 목적과 회사 전체 목적의 상충이 발생할 수 있는 일이 있지만, 팀으로서는 반복적으로 발생하는 고객지원 사항을 줄여야 할 필요가 있다. 따라서 이를 방지할 방안을 제시해서 실제 해당 콜이 줄어들고, 이 콜이 줄어들어서 더 많은 인력을 채용할 필요가 없어지며 팀이 다른 더 중요한 일에 힘을 쏟을 수 있도록 조율하는 것이 올바른 방향일 것이다.

일반 회사에서는 팀의 목적이 회사의 목적에 우선하고, 다수의 의사결정 문제로 인해 개인의 아이디어가 회사에 반영되기가 힘들 것이다.

● 행동 우선, Bias for Action

사업의 세계에서는 남들보다 우선 행동하는 것이 중요할 때가 많다. 아마존에서는 감당할 수 있는 위협 요소라면 행동을 우선할 것을 제시한다.

우리나라 많은 회사의 조직에서는 어떤 일을 진행할 때 수많은 자료와 이 자료에 대한 검토가 필요하다. 이것은 대부분 회사가 제조업 기반에서 출발했기 때문이라고 생각한다. 어떤 사업을 진행하는 데 상당한 규모의 자금이 투여되어야 하고, 이렇게 투입된 자금의 사업 효과에 대해 사전에 충분히 예측 결과를 의사결정 라인에 있는 많은 사람들을 설득해야 한다. 즉, 투자대비 수익 효과를 계산해야 한다는 것이다.

자료가 필요한 이유는 이러한 설득 근거가 필요하기 때문이다. 그런데 새로운 사업이나 실험의 경우, 아직 실행해 보지 않았기 때문에 자료가 그다지 많지 않다. 그리고 그것이 정말 가치 있는 사업에 대한 자료라면, 그런 근거 자료를 선뜻 먼저 공개할 사업자가 있는지조차 의문이다. 결과적으로 남이 했던 사업만을 찾게 된다. 당연히 시장 지배력이 떨어질 수밖에 없다.

이 방법 대신 아마존은 실패에 대한 비용을 계산하는 접근을 선호한다. 지금은 유명해진 아마존의 에코와 같은 스마드 스피커를 처음 시작힐 때 그 제품은 지금의 모습이 아니었다. 그리고 많은 이들이 인정하듯이, 아마존의 스마트폰 사업은 실패한 것으로 보인다. 즉, 제품이나 새로운 서비스를 시작했을 때 기대되는 효과가 실패했을 때 잃는 것보다 크다면 진행을 하라는 것이다.

실패에서 오는 위협을 작게 하려면 시작하는 규모와 비용을 줄이는 것이 핵심이다. 출시에 걸리는 시간을 줄이고 필요한 인원만을 투입해서 동작하는 가장 소규모의 제품을 만들어 시장에 낸다. 그리고 피드백을 바탕으로 점진적으로 개선한다.

아마 우리나라 금융권의 차세대 프로젝트에 들어가는 비용보다 훨씬 적은 비용으로 더 많은 일이 가능한 방법이 아닐까.

● 근검절약, Frugality

도입부에 예로 들었듯이, 이것은 정해진 비용을 정해진 비용 안에서 자유롭게 사용하는 그런 방침이 아니다. 업무 진행에 필요한 비용 사용에 있어 가장 저렴한 비용을 선택하는 것이 회사에 도움이 된다는 것이다. 필요한 만큼을 지출하되 다양한 옵션 중에서 불필요한 부분을 없애는 것은 일견 당연하지만, 일반 회사에서는 이 부분을 개인의 자율성에 맡기지 않는다.

가장 적은 노력으로 최대한의 성과를 얻는 것을 의미하기도 한다.

● 신뢰 획득, Earn Trust

아마존에서 고객 집착 부분 다음으로 가장 중요하게 생각하는 부분이 아닐까 한다. 고객 집착도 결국 고객으로부터 신뢰를 얻어야 가능한 것이기 때문이다.

신뢰는 고객과 회사 사이에만 존재하는 것이 아니라, 회사 내의 임직원 간에도 존재해야 한다. 데브옵스에 대해 여러 정의가 있지만, 잘 동작하지 않는 이유는 어쨌든 개발과 운영이 서로 다른 조직으로 존재하며, 서로 신뢰가 없기 때문인 경우가 많다. 새로 배포한 서비스가 잘 동작하지 않는다면 운영팀은 개발팀을 신뢰하지 않게 되고, 개발팀은 운영팀이 잘못해서 이런 일이 발생한다고 생각한다.

일은 혼자 진행해서 성공하기가 힘들다. 서로 다른 생각과 전문성을 가진 사람들이 협업해야 하며, 이때 서로가 서로를 신뢰할 수 있는 사람들이 모여야 한다. 타인을 존중하고, 사려 깊게 행동하며, 다른 동료가 하는 말을 관심 있게 듣는 것이 중요하다. 올바른 형태로 일하는 동료와 팀들의 모습을 바탕으로 나와 내가 속한 조직을 개선할 수 있는 생각과 행동을 통해 주변의 신뢰를 얻는 것, 아주 중요한 가치다.

신뢰가 무너진 조직만큼 큰 문제는 없다.

● 전문성의 확보, Dive Deep

T자형 인재가 중요하다는 말을 자주 한다. 일에 필요한 부분에 대한 지식을 두루 갖추되, 자신의 특정 분야에서는 그 누가 어떤 질문을 하더라도 답할 수 있는 정도의 깊은 지식이 필요하다는 것이다.

아마존웹서비스를 예로 들어 보면, 2018년 현재 기준으로도 정말 많은 서비스가 존재한다. 이 서비스들은 모두 각각의 목적에 의해 발표되었으며, 각 범주 내에서 특정 문제를 해결하기 위해 서비스된다. 일반 웹서비스에 필요한 분야, 데이터의 저장과 분석 그리고 결과 공유에 필요한 분야, IoT를 지원하기 위한 분야, 그리고 수집된 데이터를 바탕으로 머신러닝을 위한 분야 등 다양하다.

아마존웹서비스의 직원이라면 이 전체 부분에 대해 두루 설명할 수 있는 지식을 갖추고, 이들 중 자신의 전문 분야에 따라 매우 깊은 숙련도를 가질 필요가 있다.

전문성의 확보는 다시 고객에게 신뢰를 얻는 중요한 구간 중 하나다. 내부 고객이건 외부 고객이건, 어떤 문제에 대한 해답을 정확하고 빠르게 전달할 수 있는 것이 신뢰를 빠르게 구축하는 방법이다. 컨설팅의 기본 과정은 문제를 듣고 이해한 후 지식과 경험의 내용을 토대로 해답을 제공하는 것이다. 이 과정이 빠르고 정확할수록 신뢰는 강렬하게 형성된다. 그리고 이렇게 형성된 신뢰는 잘 무너지지 않는다.

그리고 조직 내에 이런 강력한 신뢰가 형성된 회사가 시장에서 경쟁 우위를 점한다.

● 근성을 가지고 일하라, Have Backbone, Disagree and Commit

상명하복의 문화를 가지고 있는 기업의 문화는 소위 '아랫사람'의 거부를 용납하지 않는다. '감히 선배가 말하는데 건방지게'라고 생각하는 경우가 많다.

어떤 사안에 대해 동의를 하거나 동의를 하지 않는 것 모두 데이터를 근거로 한 의견이 바탕이 되어야 하는 게 아마존이 가지고 있는 다른 문화다. 사안 그 자체에 대한 것도 데이터, 그 해결에 대한 것도 샘플링 등을 통한 데이터, 그리고 해법에 대한 거부 역시 데이터로 말해야 할 필요가 있다.

이것은 경험이 많은 선배를 무시하는 정서적 문제가 아니라 경험이 많다면 제시하는 해결책이 담긴 내용이 경험에 의한 데이터가 있어야 한다는 것을 의미한다. 동일한 사안에 거부를 행사하더라도, 그 근거가 명확하다면 경청할 필요가 있다는 것이다.

성공하는 여러 조직의 문화에서도 공통적으로 발견되는 특징이 '다양성'이다. 뒤에 더 언급하겠지만, 하나의 문제에 대한 해결 방법의 접근은 다양한 의견을 수렴하는 것이 좋다. 혁신을 언급하는 조직에서 실제 행동은 '우리가 원래 했던 대로 business as usual'라면, 아마 진정한 혁신이 발생할 것으로 생각하지 않는다.

이것은 영어권 국가가 가진 문화와 동양의 문화가 다른 데서 오는 차이일 수도 있다. 하지만 나이의 많고 적음은 곧 '공경'의 의미이지 '복종'이 아니다. 마찬가지로 회사 내부에서 사용하는 직급의 레벨은 존재할 수 있지만, 그것이 높은 사람과 낮은 사람을 나누는 것이 아니라 책임져야 할 일이 더 많고 적음을 의미할 뿐이다.

더 높은 책임을 지는 사람이 더 높은 레벨을 가지게 되는 것이고, 그 책임에 대한 위험성을 판단하기 위해서는 다양한 의견이 필요한 것이다.

면접관으로서 면접을 하다 보면 자주 묻는 질문이 있는데, 바로 "가장 기억나는 실패담이 있으면 들려주세요"다. 상명하복의 문화, 그리고 실패를 용납하지 않는 문화에 적응된 분들의 경우 대답은 "없습니다"인 경우가 의외로 많다.

서버와 하드웨어가 고장 나는 것처럼, 사람도 언제든 실수한다. 이 실수가 크고 작음, 실수를 해결하는 방법, 그 과정에서 본인의 역할, 그리고 무엇을 배우게 되었는지와 같은 것을 솔직하게 말할 수 있는 것의 시작이 바로 이 근성을 가지고 있는 사람인지 아닌지를 보는 첫 단계이다.

서비스를 운영하다 보면 바로 이 실수로 발생한 실패를 감추느라 자신의 잘못, 자신이 속한 팀의 잘못을 먼저 말하는 것이 터부시되는 경우가 있다. 다운타임 없는 서비스로 개선하는 과정에서는, 이런 실수가 발생했을 때 누구보다 먼저 즉각적으로 문제를 보고하고, 해결하고 왜 사람이 실수를 하는 체계에 있었는지에 대한 분석을 통해 동일한 문제가 발생하지 않도록 하는 것이 훨씬 중요하다.

점진적으로 사람이 만드는 실수를 없애다 보면, 어느 순간 많은 것들이 자동화되어 있을 것이다.

● **결과를 만들어라, Deliver Results**

일을 하기로 했다면 그 결과를 만들기 위해 노력해야 한다. 시간에 맞추어 결과를 제공하고 그 결과의 품질이 최선이 되도록 노력해야 한다. 현실에 안주하는 것이 아니라, 언제나 더 좋은 방향은 없는지를 생각해야 한다.

일을 시작하고 그 수습은 생각하지 않는 경우가 있다. 또는 남이 시작한 일을 자기 일로 만드는 경우도 있다. 두 가지 모두 조직을 해치는 지름길이므로 이런 일이 발생하지 않도록 일의 시작과 끝에 책임을 지고 결과를 만들어 내는 것, 그리고 이 과정이 모든 임직원에게 반복될수록 서비스는 더욱 강력해질 것이다.

아마존웹서비스에서 주로 언급하는 조직의 모습 중 하나가 '2피자 팀'이다. 아마존다운 비유법인데, 하나의 팀이 피자 2판으로 배부르지 않다면 팀을 나누어야 할 시기라는 것이다. 실제로 아마존은 각각의 목적에 맞는 수많은 작은 팀들로 이루어져 있다.

팀을 작게 유지하라는 말은 좋지만, 어떻게 작게 유지해야 하는지는 다른 이야기다. 구성원이 누구인지, 각각의 역할은 어떻게 주어야 하는지는 잘 알려져 있지 않다.

아마존의 12가지 리더십을 소개한 이유는 조직의 문화를 전달하기 위해서다. 이 12가지 내용은 회사 홈페이지에만 적혀있는 것이 아니다. 면접 과정에서 지원자의 성향이 회사의 성향과 맞는지를 판단하는 기준점이자, 내부 인사 평가 시스템에서 실제 사례로 반영되는 기준이다. 한 명의 임직원이 얼마나 많은 기여를 했는지 판단하는 기준이며, 여기에는 구체적인 사례가 있어야 인정된다.

보통 회사에서 진급은 팀에서 돌아가면서 진행한다. 역시 선배에 대한 예우 같은 것으로 생각한다. 후배가 선배보다 먼저 진급하거나, 특정 선배가 연속으로 진급을 누락하는 것은 올바른 일이 아니라고 생각한다. 하지만 누가 선배고 누가 후배인지는 사실 회사 입장에서는 별로 중요한 것이 아니다. 선배들이 더 중요했다면 왜 남아 있는 사람이 적고 새로 온 사람이 더 많은가.

많은 사람이 아마존은 저렇게나 큰 회사가 되었는데도 혁신의 속도가 느려지지 않는다고 말한다. 그게 가능한 비결이 여기 이런 조직 문화에 있다고 생각한다. 조직이 비대해지다 보면 모든 조직이 원했던 방향으로 동작하는 것은 아니다. 하지만 사업의 핵심 영역에 있는 조직들이 서로 신뢰를 가지고 혁신을 위한 결과물을 지속적으로 만들어내는 모습이 현재 아마존 닷컴이나 아마존웹서비스인 것이다.

조직이 가지고 있는 문화는 어려운 일의 실행 가능성과 그 실행 방법의 차이를 만든다. 그리고 소프트웨어와 서비스를 다루는 문화는 기존의 문화와는 달라야 한다.

처음 5명이 아주 훌륭한 문화를 만들었다고 하더라도 나중에 채용된 20명이 그것과는 다른 문화에 익숙해져 있다면 원래의 모습을 잃게 된다. 아마존의 12가지 항목은 모두 중요하지만, 그 중요가 작용하는 이해관계가 조금 다를 수 있다. 예를 들어 채용이 중요한 조직과 다이브딥(Dive deep. 아마존에서 임직원들에게 장려하는 리더십 중 하나로, 자신의 전문 분야에 매우 깊은 지식, 경험, 실력 등을 보유하고 유지하는 것을 의미한다. 즉 어떤 부분에 '깊게 들어간다'는 의미로 생각할 수 있다.)을 통한 바^{bar}를 상향하는 것이 목적인 경우 까다로운 채용은 채용관련 팀이 단기 목표를 이루는 데 방해가 된다.

이런 이해관계의 조율에 있어 기본이 되는 로직을 아마존은 리더십에 대한 12가지 방향성으로 제시한다. 임직원에게는 금과옥조金科玉條와 같은 것이어서 때로는 아마존의 임직원이 임직원이 아닌 그의 부인이나 남편에게 리더십을 바탕으로 평가하는 농담을 종종 듣곤 한다. "여보, 나 오늘 설거지 실력이 좀 다이브딥 했던 거 같아", "오, 청소기를 이쪽 방향으로 돌리니까 더 효율적인데? 나는 혁신에 성공했어!"와 같은 것들이다.

아마존의 지금 모습은 결코 그냥 만들어진 것이 아니다. 이 문화를 만들고 유지하며 거기에 맞는 사람들을 관리하는 인사 시스템으로부터 아마존이 있는 것이다.

4.3 | 피보탈

책의 앞 장에서 여러 번 소개했지만, 피보탈에 대해 간략하게 다시 소개하자면 오픈소스를 사랑하는 스타트업 기술을 가지고 엔터프라이즈 기업들의 변화를 주도하고 있는 샌프란시스코 기반의 회사다. 현재 저자가 다니고 있는 회사기도 하다.

피보탈랩^{Pivotal Labs} 회사는 1989년 롭미^{Rob Mee}에 의해 만들어졌으며, 주로 소프트웨어 컨설팅을 했다. 컨설팅도 컨설팅이지만 고객사의 개발자들과 함께 짝을 지어^{Pair} 일하는 것으로 유명하다. 그뿐만 아니라 애자일^{Agile}, 린^{Lean}, 테스트 주도 개발^{Test Driven Development}, 행위 주도 개발^{Behavior Driven Development} 등을 사용한 익스트림 프로그래밍^{eXtreme Programming}의 개척자이자 실제 이 기법을 사용하고 있는 회사이기도 하다. 구글, 페이스북, 트위터와 같은 회사들이 아직 개발 문화와 프로세스에 대한 정책이 없을 때 피보탈과 함께 개발 프로젝트를 수행하기도 했다.

피보탈랩은 이후 VMware와 EMC의 소프트웨어 제품을 병합해 피보탈 소프트웨어^{Pivotal Software Inc.}로 새로운 변화를 맞이한다. 이 회사의 주요 사업 방향은 오픈소스의 지원, 클라우드 플랫폼의 제공, 그리고 조직 문화에 대한 내재화를 돕는 것이다.

조직 문화에 대해 설명하기에 앞서, 이 회사의 오픈소스 포트폴리오를 한번 살펴보기 바란다. 해당 포트폴리오는 다음 링크에서 확인할 수 있다.

https://pivotal.io/products

해당 페이지를 열어봤다면, 아마 익숙한 로고들이 많을 것이라 짐작한다. 먼저 자바 스프링 프로젝트의 대부분 리더가 피보탈에서 근무하고 있다. 또한 피보탈 소속의 많은 엔지니어가 스프링 프레임워크, 스프링 데이터, 스프링 부트, 스프링 클라우드 그리고 아파치 톰캣 등을 전 세계 개발자들을 위해 개선하고 있다. 테스트 주도 개발 등을 직접 사용하는 개발 전문 회사답게 경우에 따라서는 로볼레트릭^{Roboletric}, 재스민^{Jasmine}, 체다^{Cedar}, 긴코^{Ginko}와 같은 도구들을 직접 만들어 사용하고, 또 오픈소스로 제공하고 있다(https://pivotal.io/open-source).

이외에도 래빗엠큐와 같은 메시지큐, 컨커스와 같은 CI 도구 및 피보탈 트래커(https://www.pivotaltracker.com)의 도구를 SaaS 모델로 공개하고 있으며, 그린플럼^{Greenplum}과 같은 데이터웨어 하우징, 그리고 아파치의 매드립^{MADlib}과 같은 데이터베이스 기반의 머신러닝 오픈소스를 개발하고 있는 회사다.

현재는 이런 역량을 바탕으로 엔터프라이즈 회사들에 개발 문화와 조직을 구성하는 서비스들을 제공하고 있으며, 경우에 따라서는 피보탈랩과 동일한 환경을 소프트웨어 및 데이터 기술이 필요한 기업들에게 전수하고 있기도 하다.

변화와 학습

앞에서 넷플릭스, 아마존의 예를 들었다. 소개한 두 회사 모두의 기업 사상에 대한 공통점을 쉽게 찾을 수 있을 것이다. 그중 가장 큰 것은 아마 변화를 적극적으로 받아들이고, 이를 위해서 엔지니어 또는 개발자에게 요구되는 덕목은 학습이라는 점이다.

수많은 엔터프라이즈를 보면서 느껴왔던 내용을 정리하면 다음과 같다.

- 대부분 엔터프라이즈 회사의 프로세스는 변화에 적합하지 않다.
- 변화에 적합하지 않은 상태로 자신의 이익을 위해 회사를 다닌다.
- 새로운 기술은 배제의 대상이지 학습의 대상이 아니다.
- 새로운 것들을 말하는 사람들을 멀리하거나 조직에서 거부하도록 만든다.
- 지금 존재하는 서비스들을 유지하는 데 집중한다.
- 일의 절대량이 성과 측정의 지표다.

조직과 개인에 적절한 자유와 권한이 없으면 회사에서 운용하는 프로세스에 적응한다. 일반적으로는 문제가 없지만, 회사를 위해 그리고 서비스를 위해 더 좋은 방안이 있다고 생각해서 제안하던 사람들도 이미 프로세스에 묻혀버린 사람과 섞여 함께 일하다 보면 쉬이 의욕을 잃고 그만두거나 적응한다.

고착된 프로세스 및 규정이 나쁜 것이 아니라 그것이 변화를 수용하는 데 적합하지 않은 것이다.

시장에 변화가 요구되지 않는 시기에는 큰 문제가 되지 않는다. 하던 대로 해도 고객은 찾아오고 서비스에 비용을 지불한다. 어차피 소프트웨어는 사업을 '뒷받침'하는 것이고, 기존 사업의 핵심 역량이 아니다. 자동차 회사는 차를 기계적으로 잘 만들면 되고, 배를 잘 만들던 회사는 기계적으로 배를 저렴하게 잘 만드는 기술이 최고다. 누가 언제 출근했고 퇴근했는지, 대출 가능한 조건은 어떻게 되는지 그런 것들은 모두 사업의 핵심 영역에서 약간 빗겨나가 있는 것들일 때는 특히나 이런 IT 환경에 고착화된 프로세스가 문제될 리 없다.

현재 시대의 변화는 모두 소프트웨어와 데이터에서 발생하고 있다. 전처럼 기계적으로 잘 만드는 것도 중요하지만, 이렇게 만들어진 제품이 더 높은 부가가치를 가지기 위해서는 소프트웨어 역량이 필수가 되었다. 하지만 대부분 기업에 존재하는 규칙과 프로세스는 기존의 핵심 사업을 안전하게 영위하는 데 집중되어 있었는데, 산업 현장의 다양한 부분에서 소프트웨어 경쟁력이 필요한 시대가 되었다. 자동차의 엔진에 소프트웨어가 필요하고, 배의 유지보수에 소프트웨어가 필요하다. 소프트웨어가 달라붙지 않은 제품은 그다지 매력이 없는 시대가 되었다.

즉, 기존 사업의 핵심 역량에 소프트웨어와 데이터가 필요해서 다시 '인소싱'해야 하는 변화를 맞이했다.

이 변화에서 자유로운 사업은 많지 않다. 그리고 여태끼지 이웃소싱을 주었던 소프트웨어 기술은 내재화가 필요한데, 여기에 몇 가지 문제가 있다.

첫 번째는 이런 엔터프라이즈에 소프트웨어를 만들어 공급하던 회사들 역시 원청의 프로세스 지배를 받기 때문에 현대의 소프트웨어 기술이 반영된 제품을 아웃소싱해서 만들 능력이 없다. 둘째는 기존의 프로세스가 이런 변화에 있어 커다란 저항세력이 되었다는 것이다. 셋째는 기존 조직의 문화가 소프트웨어 조직을 이미 지배하고 있고, 문화란 쉽게 바뀌는 것이 아니라는 점이다.

넷플릭스와 아마존의 이야기를 꺼낼 때마다 듣는 말은, "한국에서 그게 되겠어요?"였다. 그건 미국 회사니까, 그건 외국 회사니까, 그건 한국이 아니니까 안 된다는 말을 정말 많이 들었다. 클라우드가 처음 시장에 나올 때도, 그리고 클라우드 서비스 위에 애플리케이션을 올리는 시기가 왔을 때도, 이제 데이터 과학 관련된 기술이 쉽게 글로벌 경쟁사를 따라갈 수 없는 지경에 이르러도 한국에서는 안 된다고 한다.

물론 이런 기술을 적극적으로 좋아하는 이들도 있다. 이런 이들은 보통 조직 내에 존재하는 프로세스가 있더라도 허점을 찾아 변화를 모색하는 아주 찾기 드문 이들이다.

사실은 한국 사람들이 거의 매일 사용하는 페이스북만 보더라도 알 수 있다. 매일매일 기능이 업데이트되는 이 수억 명의 사람들이 사용하는 서비스는 도무지 다운타임이라는 것이 없다. 언제부터인가 내가 다른 곳에서 검색했던 광고가 나오기 시작하더니, 물건을 파는 사람들도 생겼다. 아는 회사의 광고가 타임라인에 나오더니 이제 어떤 것은 더 자주 나오기 시작한다. 즉, 매일 사용하는 서비스라도 관심이 없으면, 내 일과는 상관이 없다고 생각하는 것이다.

앞서 소개했던 두 회사의 홈페이지의 내용을 읽으며 "이런 건 우리도 다 해"라고 이야기하는 사람도 있을 것이다. 이 책의 주제로 넷플릭스를 다루고 있는 것처럼, 결과를 생각해 보면 된다. 지금 정기점검을 하고 있는가? 연휴에 공지를 걸고 서비스를 정지하는가? 아이디어가 서비스에 배포되는 데 얼마나 시간이 걸리는가? 서비스의 어떤 기능이 동작하지 않으면 무슨 일이 발생할지 알고 있는가? 입사 후 회사의 서비스 코드를 이해하는 데 얼마나 오랜 시간이 걸렸나?

이 모든 것들이 경쟁력 부족의 원인이 될 수 있고, 이에 대해 적절한 대답을 할 수 없다면 올바른 소프트웨어 조직 문화가 부재한다고 할 수 있다.

페어 프로그래밍

피보탈의 경우에는 조금 특별한 개발 문화를 가지고 있다. 둘이 앉아서 하나의 컴퓨터로 일하는 방법이다. 페어 프로그래밍^{Pair Programming} 또는 짝 코딩이라고 알려진 이 방법은 익스트림 프로그래밍의 일환으로 꽤 유명하다. 둘이 앉으면 인건비가 두 배니까 더 비효율적인 것 아니냐는 접근은 완전히 제조 기반 또는 맨아워^{Man-Hour}를 중시하는 원가 계산의 방법이다. 그리고 이 계산법에는 소프트웨어의 품질에 대해서는 전혀 언급이 없다.

그 비싼 실리콘밸리의 개발자 두 명을 함께 앉히는 데는 이유가 있다. 목적은

'더 나은 품질의 소프트웨어'를 만드는 것이다. 한 가지를 더 붙이자면, '고객이 원하는 더 나은 품질의 소프트웨어'를 만드는 것이고, 정말 하나만 더 붙인다면 '고객이 원하는 더 나은 품질의 소프트웨어를 만들어 고객에게 공개하는 것'이다.

여기서 중요한 점은 이 '소프트웨어의 크기'라고 생각한다. 대부분의 소프트웨어 프로젝트는 거대한 기능의 집합을 만들어 한꺼번에 공개한다. 6개월 1년, 심지어 3년씩 걸리는 프로젝트들은 그 개발 분량이 어마어마하다. 코드를 작성하는 도중에 요구사항이 바뀌지 않는다면 아마 그렇게 계속 진행해도 되는 프로젝트일 것이다.

하지만 시장의 상황 변화는 고객의 요구사항 변화를 야기하고 이는 수정 요청을 의미한다. 이런 거대 프로젝트에서 기존 기능의 수정은 수많은 지연 시간을 요구한다. 지연된 시간은 시장 출시를 늦춰 다시 요구사항 변화를 부르는 악순환으로 이어진다. 즉, 고객이 좋아할지 아닐지도 모르는 소프트웨어를 엄청난 비용을 들여서 공개하지 않고 인하우스^{in house}로 계속 개발만 하고 있는 것이다.

이런 방식을 바꾸기 위해, 피보탈이 협업하는 회사들과 가장 먼저 하는 것은 바로 '스코핑^{Scoping}'이라는 작업이다. 무엇을 만들어야 할지, 누가 원하는지, 언제까지 출시해야 하는지, 그리고 이 서비스의 책임자가 누구인지와 같은 내용이 질문에 포함된다. 그리고 그것이 결국 제품의 형태가 아니면 다시 생각해 오기를 권고한다. 세상에서 제일 비싼 소프트웨어는 아무도 사용하지 않는 소프트웨어이므로, 고객이 누구고 그 고객이 무엇을 원하는지 아는 것만큼 중요한 게 없다.

시장이 원하는 시간 내에 제품화할 수 있는 기능들을 추려낸다. 그리고 실제 그 기능이 있으면 좋을지 일종의 목업의 형태를 만들고 보여준다. 그렇게 진행해야겠다는 피드백이 많으면, 그때서야 비로소 개발과정이 시작된다. 개발은 절대 전체를 다 만들어서 프로젝트 종료시점에 배포하는 형태가 아니다. 일주일 단위로 기능들을 완성해 가며, 필요하면 언제든 서비스에 반영될 수 있는 구조를 가지도록 한다.

여기에 소프트웨어 개발과 배포에 적합한 프로세스를 가지고 있다고 할 수 있다. 이 프로세스의 핵심 중 하나는 문화의 기반이 되는 조직을 구성하는 방법이다.

풀스택Full stack 개발자라는 말이 있다. 실제 존재하는 개발자인지는 모르겠지만, 인프라를 이해하고 다룰 수 있으며 백엔드와 프런트엔드까지 모두 섭렵한 고수 중의 초고수를 이르는 말이다. 아마 출중한 그림 실력으로 디자인에도 재능이 있는 사람일지 모르겠다.

이런 이들을 가끔 보는데, 언급한 모든 것은 아니더라도 프런트와 백엔드, 또는 백엔드와 인프라 등 서로 밀접한 연관이 있는 부분에서는 본인의 주특기 외에도 뛰어나게 잘하는 이들을 본다. 이런 이들의 공통점은 '호기심'이 엄청나다는 것이다. 그리고 대부분은 협업 관계에 있는 다른 전문성을 가진 이들이 새로운 변화를 적용하려고 할 때 협조가 잘 이루어지지 않아, '그럴 바에는 내가 직접하고 만다'라는 생각으로 직접 하던 것들이 경험으로 굳어진다. 다른 부분은 모르겠지만 호기심 부분에서는 아마존이나 넷플릭스로부터 합격점을 받는 이들일 것이다.

하지만 이런 이들은 많지 않다. 많지 않을뿐더러, 항상 어딘가 본인이 마음에 드는 회사에서 이미 재직 중이다. 풀스택까지는 아니더라도 여러 분야를 넘나들며 다양한 경험을 쌓고 이 경험을 조직에 전파할 수 있는 이들은 또 그만큼의 대우를 해줘야 한다.

따라서 조금 다른 방향으로 생각해 볼 필요가 있는데, 바로 "풀스택 개발자는 찾기 힘들어도 풀스택 팀은 만들기 쉬울 것이다"라는 점이다. 풀스택 팀을 다른 말로 바꾸면 크로스-펑셔널팀Cross Functional Team 이라고 할 수 있으며, 피보탈에서는 이렇게 팀을 조직하는 방법을 밸런스드 팀Balanced Team 이라고 부른다.

밸런스드 팀 이전에, 그 반대를 살펴보자. '언밸런스드' 팀이 바로 그 반대의 의미가 될 것이다.

언밸런스드 팀이란 같은 업무 전문성을 바탕으로 팀을 조직하는 방법을 말한다. 예를 들어 개발팀, 데이터베이스 어드민 팀, 디자인팀, 프런트엔드팀, 운영팀과 같은 식이다. 아마 현재 대부분의 회사에서 사용하고 있는 조직 구성 방법일 것이다.

이렇게 같은 전문성을 바탕으로 팀을 이루는 것은 프로젝트 단위로 개발을 할 때는 장점이 있었다. 현재 프로젝트에 사용한 데이터베이스의 구조와 데이터의 히

스토리를 팀 안에서 서로 주고받으며 공유한다. 사수와 부사수 같은 시스템이 생기고, 어떤 일을 선배로부터 후배에게 전파하는 형태를 띤다. 개발팀도 마찬가지로 현재 작업 중인 소스와 이 소스가 왜 이렇게 만들어졌는지 등에 대해 비슷한 방식으로 공유한다.

문제는 이런 방식의 팀 조직이 전문성의 단절을 불러온다는 점이다. 데브옵스의 가장 큰 장애물이 바로 이런 조직 구성이다. 개발팀은 운영팀의 전문성을 모르고, 운영팀은 개발팀의 전문성을 이해하지 못한다.

팀이라는 것은 기본적으로 이익을 공유하는 집단이다. 따라서 개발팀과 운영팀의 이익이 다르다. 이익의 충돌은 협업을 가로막는다.

새로 배포한 애플리케이션 업데이트를 진행하던 운영팀이 이 새로운 애플리케이션이 정상적으로 동작하지 않음을 발견한다고 했을 때, 이런 방식으로 집단 간의 견해와 이익에 차이가 생기면 서비스에 문제가 발생한다. 사실 가장 중요한 것은 서비스가 정상화 되고, 계획한 대로 업데이트가 동작하는 것이다. 하지만 이것에 집중하는 대신 잘잘못을 가리고 누가 잘못했는지 찾아내서 다른 조직의 이익 우위에 서는 행동이 자주 발생하고 이로 인해 조직 내에 정치가 시작된다.

모든 문제는 얽혀있는데, 이런 집단 간의 이익에 대한 규정이 다시 프로세스로 굳어지고 세월을 지나며 이런 과정의 반복을 통해 조직은 변화에 둔감하게 변해간다.

또한, 조직 간 이해의 충돌로 인한 장애로부터의 서비스 정상화는 늦어질 수밖에 없다. 자신의 실수가 밝혀지는 날에는 팀에 불이익을 끼쳐 직장을 잃게 될지도 모른다는 불안감이 지배하면 경우에 따라서는 문제를 숨기는 일까지 발생한다. 아무도 모르는 패치가 만들어지고, 적절한 프로세스를 통해 서버에 접근해 파일을 변경하기보다는 가능한 경로를 통해 서버에 접근하고 임의로 수정을 거쳐 정상 동작하도록 만든다.

개발과 테스트, 프로덕션 환경의 코드가 달라지는 순간이다.

밸런스드 팀은 서비스를 '제품'의 관점에서 다루고자 할 때 유용하다. 사실 지금 지구상에 존재하는 모든 인터넷 서비스들이 제품이 아닌 경우는 없다. 프로젝트의 끝에 생겨나는 것이 제품이거나 제품의 업데이트거나 제품의 페이스리프트^{Face lift}다. 따라서 이 제품을 관리하는 팀이 별도로 있다는 것이 전혀 이상할 것이 없다.

먼저 하나의 제품을 관리하는 데 여러 개의 팀이 협업하는 구조를 가지지 않는다. 제품이 하나라면 그것을 관리하는 팀도 하나로 한다. 그리고 이 제품에는 여러 가지 구성 요소가 있기 때문에, 이 구성 요소를 유지하고, 개선하고, 배포하는 데 필요한 모든 인력을 하나의 팀으로 만든다. 이것이 '밸런스드 팀'의 가장 기본 요소이다.

제품을 운영하고 유지하는 데 다양한 경험이 필요하다는 것은 즉, 데이터베이스 전문가, 백엔드 엔지니어, 프런트엔드 전문가, 필요에 따라서 디자이너, 그리고 제품 관리자가 하나의 팀이 된다는 의미다. 이 사람들이 하나의 팀이 되어 제품에 발생한 이상을 예측하고, 없애고, 개선하는 일을 한다.

밸런스드 팀에서 업데이트에 동일한 문제가 발생했다고 하자. 그럼 이것은 팀의 문제이기 때문에 누구 할 것 없이 문제 해결에 적극적이다. 그리고 서로 다른 전문성을 가지고 있는 사람들이 하나의 팀이 되어 움직이기 때문에 문제 추적이 매우 빠르다.

더군다나 이 경우 서비스의 문제가 '남이 일으킨' 문제가 되지 않는다. 이해관계를 바탕으로 발생하는 많은 문제로 인해 서비스에 문제가 될 확률이 다방면으로 낮아진다. 우리의 서비스이므로 문제가 발생하지 않도록 노력하며, 서비스의 SLA 또는 새로운 기능의 반영을 KPI로 잡는 전통적 평가 방식을 사용하더라도 무리가 없을 정도다.

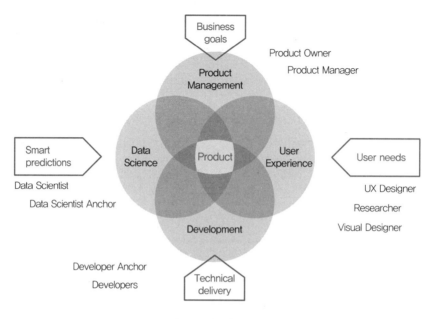

▲ 그림 4-1 피보탈 밸런스드팀

〈그림 4-1〉은 피보탈의 밸런스드팀의 에시를 보여준다. 팀은 서로 다른 역할과 전문성을 가진 멤버들로 구성된다.

먼저 제품관리자가 있다. 제품관리자의 역할은 제품이 사업의 목적에 맞게 만들어지고 있는지를 관리하는 역할을 한다. 제품을 사용하는 사용자, 제품을 통해 수익을 얻고자 하는 사업 부분의 요구를 받아 팀의 다른 멤버들과의 협업을 통해 제품을 고객과 사업이 원하는 방향으로 완성하는 역할을 한다.

다음은 사용자의 요구를 반영하는 디자인, 또는 기획이 있다. 사용자의 요구는 보통 제품이 어떻게 동작할 것인가를 눈앞에 보여주는 것이 가장 중요할 때가 있다. 새로운 기능이 어떤 디자인과 사용자 인터페이스로 동작할지를 정의하는 것은 피보탈에서 아주 중요한 부분이다. 백엔드에서 아무리 기능이 문제없이 동작하더라도 그것을 사용하지 않는 사용자들로부터 외면당하면 안 되기 때문이다.

그리고 개발 또는 운영을 포함한 엔지니어들이 존재한다. 이들은 필요한 기능의 구현을 담당한다. 동시에 구현된 소프트웨어를 테스트하고 배포하는 역할도 한다. 이렇게 배포한 소프트웨어는 사용자들로부터 피드백을 받고, 이 피드백은 제품 관리자를 통해 수렴된다. 버그 역시 마찬가지 경로를 통해 진행된다.

경우에 따라서는 내부의 디자이너나 제품관리자, 개발이나 운영팀으로부터 서비스의 개선에 대한 요구가 발생하기도 한다. 이런 서비스의 요구는 협의 단계를 거쳐서 우선순위를 정하고, 반영 시기를 결정한다. 일의 난이도와 필요도, 또는 응급 여부에 따라 이슈를 만들고 이렇게 만들어진 이슈는 보통 1주일 이내에 코드로 만들어져 반영된다.

필요에 따라서 팀에는 데이터 과학자가 포함되기도 한다. 팀이 운영하는 서비스가 데이터의 분석, AI, 딥러닝과 같은 분야의 전문성이 필요하면 데이터 과학자가 팀의 일원이 된다. 분석을 위해 추가로 필요한 데이터의 수집을 제안하거나, 수집된 데이터들을 바탕으로 서비스가 제공해야 하는 기능을 함께 개선한다.

동료를 돕는 사람을 원한다

세 회사가 채용하고자 하는 공통적인 인력 중 하나는, 동료를 돕는 사람을 원한다는 것이다. 자신의 일도 잘 하면서 동료에게도 친절해 함께 성장함을 통해 회사의 더 큰 목적을 실현하는 것이 중요하다는 점이다.

우리는 대부분 조직에서 다른 사람을 돕고자 하는 동기가 부족한 경우를 자주본다. 경우에 따라서는 다른 사람의 일과 성과를 가로채 마치 자신의 것인 양 승진에 사용하는 경우도 본다. 이런 일을 한두 번 겪다 보면 다른 사람을 도와줄 이유를 찾기 힘들다. 다른 사람을 돕지 않고, 다른 사람들로부터 도움을 받을 수 없다면 스스로 뛰어날 수밖에 없다.

넷플릭스가 가진 문화를 '프로 스포츠팀'으로 비유하는 경우가 있다. 각각의 팀 멤버는 프로 구단에 속한 선수처럼 일해야 한다는 것이다. 그에 상응하는 평가를 냉정하게 받되, 프로 구단의 존재 목적은 리그에서 2등 하는 것이 아니다. 1등을 목표로 팀이 협업하며, 각각의 선수가 프로 선수와 같은 생각을 가지고 일을 해야 한다는 것이다.

이것은 단순히 팀을 크로스펑셔널 Cross Functional 로 구현하는 것과는 또 다른 문제다. 서로 다른 역할을 가진 선수들이 각각 리그에서 최상의 기량을 발휘하려면 그에 맞는 냉정한 평가와 최고의 보상이 주어져야 한다. 모두가 최고의 보상은 좋아하지만 냉정한 평가는 불편해한다.

하지만 옆자리에 앉은 동료가 리오넬 메시나 호나우두 같이 그 업계에서 가장 걸출한 플레이어고, 심지어 페어로 앉아서 배울 기회가 있거나 그들이 동료에게 매우 친절해서 배울 기회가 많다고 생각해 보면 어떨까.

조직은 변화를 수용할 수 있어야 한다. 또한, 변화에 빠르게 대응할 수 있는 조직을 보유하는 것이 생존의 가능성을 높이는 길이며, 넷플릭스는 변화에 강한 조직을 보유한 다른 여러 팀 중 단연 최고라고 할 수 있겠다.

4.4 │ 조직의 모습과 팀의 구성

소프트웨어를 잘 다루는 조직은 어느 회사에나 필요하다. 이를 위해서 많은 회사는 시장에서 유명하다고 알려진 엔지니어들을 채용한다. 시장이 언제나 그렇듯, 저렴한 비용으로 사용할 수 있는 인력 같은 것은 없을 텐데 SI로 발전된 이 소프트웨어 시장은 참 가혹한 것 같다.

국내의 많은 기업의 데브옵스 팀을 방문하면, 자신들은 손사래를 치며 데브옵스가 아니라고 한다. 왜 그런 일이 발생했는지 보면 '서비스에 데브옵스라는 게 필요하니, 사람들을 모아 팀으로 만들고, 오늘부터 데브옵스 1일!' 같은 형태로 만들어진 팀이기 때문이다. 울며 겨자 먹기로 클라우드에 서비스 마이그레이션을 진행하며 그 어려움에 대해 토로한다.

이런 방식의 팀을 계속 만들지 않기 위해 필요한 핵심은 크게 두 가지이다. 첫째는 어떤 조직을 만들 것인가에 대한 것이고, 둘째는 기술 선택 부분이다. 이 두 가지는 서로 다른 것이 아니라 상당히 강하게 결합하여 있다.

어떤 모습의 조직을 가질 것인가

기술 도입과 관련해 다양한 조직을 만나다 보면 항상 듣게 되는 질문이 세 가지 정도 있다. 첫 번째는 마이크로서비스와 같은 클라우드 네이티브 구현을 위한 기술적인 것들이고, 두 번째는 이를 이루기 위한 조직에 관한 것이며, 세 번째는 우리 조직이 그것을 어떻게 시작할 수 있는가 하는 문제이다. 앞에서 읽었던 모든 사례가 모든 기업에게 천편일률적으로 적용될 수 있는 것은 아닐 것이다.

데브옵스가 유행하며 많은 회사에서 종전의 운영팀들을 데브옵스팀으로 재편하는 모습을 보곤 했다. 어느 날부터인가 조직의 이름이 데브옵스로 바뀌었지만, 실상 만나보면 "우리는 그런 사람들 아니에요" 하고 겸연쩍게 웃는 분들이 많았다.

이런 겸연쩍은 사태는 IT가 사업의 중심이 되어가는 격렬한 변화 중에 발생하는 하나의 사건일지도 모르겠지만, 실제로는 거의 패턴처럼 무한 반복된다. 마이크로서비스를 위한 TF팀을 만들어 오늘부터 너는 로그인, 너는 검색, 너는 추천 이런 서비스를 나누어 개발하도록 지령을 내리기도 한다. 마치 이전의 관계형 데이터베이스에 대한 설계를 미리 잡아 놓고 스펙에 따라 하나씩 하나씩 구현하는 그런 문화에 익숙한 조직 변화의 방법들이다.

애석하게도 이런 접근방식이 통하는 경우는 거의 없다. 클라우드에 최적화된 클라우드 네이티브 서비스의 구현과 개발은 이를테면 종합 예술 같은 측면이 있다. 종합이 되는 각 분야에 대한 경험이 필요하고 이 경험들은 꾸준한 실험의 반복과 배움으로부터 탄생하는 것이다. 이런 부분 중 하나인 데브옵스 방법 같은 것들이 한순간에 조직 개편으로 만들어질 리 만무하기에 성공할 수 없다.

또 하나의 문제는 시장에서 판박이처럼 언급되는, 그리고 기정사실처럼 취급되는 팀 구성의 방법이다. 넷플릭스나 아마존이 운영하는 팀은 어느 날 갑자기 만들어진 것이 아니다. 이 또한 내부적으로 다양한 실험의 결과로 볼 수 있다. 시스템은 조직의 모습을 닮는다는 말은 절대적으로 맞기는 하지만, 그렇다고 조직을 변경해서 시스템의 모습을 바꾸는 시도는 선뜻 진행하기 어려운 것이기 때문이다.

예를 들어 서로 관계되어있는 서비스를 다루는 두 개의 조직이 각각 다른 기술

스택을 사용하고 있다면 어떨까. 현재 당장은 두 가지 다 유지해야 하지만, 두 조직은 매우 잦은 마찰을 빚을 가능성이 크다. 경우에 따라서는 동일한 기능을 수행하는 코드를 각각 구현해야 하는 상황도 발생할 것이다. 이런 경우 서비스에서의 필요성만을 가지고 접근한다면, 두 개의 서비스 모두가 필요 없어지는 그 날까지 이런 마찰이 발생할 것이며, 서비스의 복잡도는 유지될 것이다. 이럴 때 두 개 조직을 다루는 방법이 실제 서비스에 발생하고 있는 문제까지 해결할 가능성이 높다. 이것은 거대한 조직 개편이나 서비스를 합쳐야 하는 상황을 말하는 것이기보다는, 전체 서비스에서 작은 기능을 하는 두개의 엔지니어링팀을 어떻게 다루어야 하는가에 대한 것이다. 경우에 따라서는 합칠 수도, 섞을 수도 있지만 이런 변화를 조직을 닮을 서비스를 고려해서 적용하는 경우는 한국에서 거의 없다고 볼 수 있다.

뒤에서 더 소개하겠지만 조직을 성공적으로 개편해서 서비스의 개선 속도와 안정성을 증가시키는 조직들은 다음과 같은 순서로 조직을 바꾸어 간다.

1. 호기심과 이타심이 있으며 실패를 두려워하지 않는 엔지니어 그룹 생성
2. 생성된 그룹에 외부로부터 '서비스를 이루는 코드를 함께 작성하는 수준'의 경험 제공
3. 경험의 내부 복제를 위한 환경 준비

첫 번째는 호기심과 이타심을 가진 멤버들로 구성된 그룹이다. 그리고 이 그룹은 하나의 역할로 구성된, 그러니까 동일한 업무를 하는 사람들로 구성된 단일팀이 아니다. 이 그룹은 문제를 해결하는 데 필요한 사람들의 집합이어야 한다.

대부분 조직에는 변화를 두려워하거나, 실패가 곧 자신의 영달과 닿아 있어 선뜻 나서길 꺼리는 성향의 사람과 어떤 일이든 본인이 옳다고 생각하면 기꺼이 진행하는 성향의 사람이 혼재한다. 현재 무언가를 전환해야 한다면, 이를테면 서비스 코드를 바꾸는데 이 변경에 대한 영향이 무엇일지를 분석하는 데 6개월씩 소비하고 있는 환경이 달갑지 않아 무엇이건 해보려는 상황에서 변화를 꺼리는 성향의 사람은 새로운 일에 적합할 리가 없다.

따라서 실험에 대한 실패를 적극적으로 수용하고자 하는 사람들이 필요하다. 이

들이 성공을 거두고 나면, 아마 처음에는 설득되지 않았던 사람들이 설득되기 시작할 것이고, 이런 성공의 반복을 통해 조직을 확장해 나갈 필요는 있지만 아마 최초의 성공은 어려울 것이기 때문에 부정적인 성향의 인력은 배제하는 것이 좋다.

호기심이 많은 사람은 보통 '스스로 배우는 사람'이다. 새로운 기술이나 도구에 목말라 있으며 코드가 동작하는 원리와 방식을 궁금해하며 문제에 대한 해답을 궁금해하는 사람들이다. 이들은 해답을 구하기 위해 답이 아닌 다양한 지식을 검색하며 찾고, 이를 반복함으로써 만족을 얻는다. 이 호기심은 최초의 프로젝트를 성공으로 이끌기 위해 필수적인 성격이라고 볼 수 있다.

이타심은 성공한 프로젝트의 확산을 위해 필요하다. 호기심이 강하고 실패를 두려워하지 않지만 다른 이에게 자신이 알고 있는 것을 공유하는 데 인색한 경우 역시 배제해야 한다. IT를 기반으로 한 서비스에서 지식을 자신의 무기로 삼는 성향이 있는 경우에는 오히려 서비스를 큰 위협에 빠트릴 가능성이 크다고 볼 수 있다. 이런 그룹에서 이타심은 다른 이에게 배울 때도 필요하고, 타인에게 전달할 때도 매우 중요한 덕목이라고 할 수 있다. 또한 많은 경우, 이타심이 결여된 사람들이 팀이 되면 커뮤니케이션의 횟수가 증가하고 때로는 잘못된 커뮤니케이션이 발생하여 서비스에 문제를 야기할 가능성이 높아진다.

어느 회사이건 일정 규모 이상이라면 이런 사람들이 존재한다. 예를 들어 회사는 오라클에 자바만 사용하고 있는데, 캐싱이나 효율을 위해 메시지큐나 인메모리 도구를 사용하면 좋을 것 같다고 주장하지만 '그거 네가 책임질래?'의 장벽에 막혀 있는 이들이 대표적이다.

역할에는 엔지니어만 존재하는 것이 아니다. 서비스를 매력적으로 만들어 줄 디자이너, 서비스의 사업적 가치를 검증해 줄 제품 관리자, 그리고 엔지니어가 존재한다. 또한, 필요하다면 회사의 C레벨 스폰서를 받을 수 있는, 그래서 프로젝트 진행 상태에 대해 활발한 피드백을 주고 받을 수 있는 사람도 필요할 수 있다. 이들은 누가 높고 누가 낮은 상태가 아니라, 평등한 상태로 일을 할 수 있어야 한다. 누군가 더 높은 직급이라면 그의 말이 그룹 내에서 진리가 될 가능성이 크기 때문이다.

이런 그룹을 구성했다면 두 번째는 이들에게 효과적인 외부 경험을 제공하는 것이다. 제품 관리자는 개발 엔지니어와 어떻게 대화할 수 있는지, 그 반대는 어떻게 되는지를 경험할 필요가 있다. 지금 만들어야 한다고 주장하는 기능이 어떤 사용자의 요구사항에 의해서인지, 언제까지 만들어야 어떤 이익을 취할 수 있는지와 같은 것을 검증하는 방법을 배울 필요가 있다.

엔지니어는 엔지니어대로 사업이 요구하는 기능을 구현 가능한가, 아닌가, 또 가능하다면 얼마만에 가능한 것인가 하는 내용을 바탕으로 이야기할 수 있어야 하며, 또 구현할 수 있어야 한다. 분명 개발을 위한 엔지니어는 한 명만은 아닐 것이기 때문에, 이 엔지니어들 간 코드를 작성하는 방법과 클라우드를 이용하는 방법과 같은 것들을 공유하는 체계를 학습할 필요가 있다. 개발팀끼리 일을 하는 것이 아니라, 개발자가 데이터베이스 전문가와 함께 앉아 문제를 해결하는 방법 같은 것이다. 즉, 지식의 전승 방법, 함께 만든 코드를 검증하는 방법에 대한 배움이 필요한 것이다.

디자이너 역시 마찬가지다. 국내에서 디자이너의 입지는 나날이 높아지는 편이긴 하지만, 어떤 기능의 가부를 결정할 만한 위치에 있는 경우는 잘 보기 힘들다. 하지만 디자이너 역시 서비스를 만들어가는 데 있어 굉장히 중요한 의사결정자로 일해야 한다. 서비스를 매력적으로 보이게 하는 다양한 기법을 적용하더라도 새로 만들 기능이나 서비스가 별로 매력적이지 않을 듯하다면 과감히 의견을 내어줄 필요가 있다. 또한 사용자의 서비스 사용 흐름을 바탕으로 화이트보드에 목업을 해줄 수 있다면 제품 관리자와 협업하여 실제 필요하지 않은 코드를 엔지니어링 팀에 작성하지 않게 할 수도 있다.

이런 경험을 외부에서 어떻게 얻을 수 있을 것인가. 직원들을 모두 퇴사시켜서 구글이나 아마존 같은 회사에 보냈다가 다시 입사하라고 할 수는 없는 일이다. 이럴 때는 이런 경험을 전수해 주는 피보탈랩과 같은 곳이 좋은 파트너가 될 수 있다.

세 번째는 확산이다. 몇몇의 소규모 그룹이 자그마한 성공을 거두었다고 해서 당장 기업에 이익이 되는 일은 없을 것이다. 하지만 이 자그마한 성공을 계속 만들어 낼 수 있는 그룹이 열 개, 오십 개로 팽창할 수 있다면 이야기는 달라질 것이다.

이를 위해 많은 성공적인 조직에서는 일종의 '병영' 같은 조직을 만든다. 선구자적인 최초의 그룹들로 만들어진 이 병영은 종전부터 있었던 조직 내부의 사람들과 서비스 또는 제품을 위해 일정 기간 함께 일한다. 일을 함께하며 경험과 지식을 전승하는 것이 목표다. 이 경험과 지식에는 코드를 작성하는 방법, 데이터를 다루는 방법, 제품에 만들어야 할 기능을 사업적으로 검증하는 방법, 그리고 이 서로 다른 역할이 한 팀이 되어 커뮤니케이션하는 방법을 배운다.

이런 방식을 통해 기존 임직원이나 새로운 직원을 교육해 낸다. 이런 방법은 동일한 일을 수행해 낼 수 있는 팀들을 효율적으로 복제하는 방법이며 그 규모를 예측 가능하기도 하다. 예를 들어 1주일 단위로 서비스에 새로운 기능을 5개 반영할 수 있는 팀을 약 3개월에 걸쳐 두 개로 만들 수 있다면, 1년 이내에 작게는 4개의 팀, 많게는 15개의 팀을 가질 수도 있는 것이다.(물론 조직별로 확장의 속도가 조금 다를 수는 있다.)

이런 복제의 환경은 아마도 기존의 조직에서 운영하고 있던 환경과는 다를 것이다. 자리별로 낮은 파티션에 익숙한 환경에서 일하다가 갑자기 탁 트인 샌프란시스코의 환경에서 일하면 처음에는 굉장한 경험이 되겠지만, 다시 회사로 돌아와 파티션 속에 묻혀버린다면 결코 달가운 경험이 아닐 것이며, 이는 회사에도 굉장한 손실이기 때문이다.

실수를 용납하되, 개선책을 마련하는 것

넷플릭스의 팀이 강력한 이유는 자유와 그로부터 오는 책임을 강조하기 때문이다. 서비스에 아이디어는 자유롭게 반영하되, 그로 인해 변경된 사항을 널리 알리고 많은 이들이 사용하도록 해야 한다.

책임은 무언가 문제가 잘못되었을 때 전적으로 책임을 지라는 의미가 아니다. 누군가에 전가해서 저 사람 때문에 문제가 생겼다고 지적하라는 의미로 있는 책임이 아닌, 내가 하는 일이 넷플릭스에 도움이 되는지 아닌지 현명하고 신중하게 판단하라는 것이다. 그리고 책임의 다른 부분에는 책임질 일을 작게 만드는 것이 포함된다. 즉, 리스크를 작게, 그리고 예측 가능하게 관리해야 한다. 거대한 서비스를 한꺼번에 만들거나 수많은 기능이 복합적으로 구현된 6개월짜리 프로젝트를 업데이트하는 식으로 일하지 않는다는 것이다.

실수를 용납하는 문화에 대해서도 생각해 봐야 한다. 사실 실수는 어디서나 발생할 수 있다. 그리고 실제로 발생하고 있고, 서비스에 영향을 끼친다. 이런 점은 넷플릭스나 국내의 수많은 서비스나 모두 같다. 하지만 다른 것은 실수를 통해 배우고 실수를 일으킨 원인을 찾아 자동화를 구현한다는 것이다. 실수를 두려워하게 되면 변화를 즐길 수 없다. 변화의 완성은 수많은 실험과 이를 통한 실수로 인해 완성된다. 실수할 때마다 사람을 내보내야 한다면, 그런데 실수가 발생하고 있다면, '그것이 없는 척'하게 된다.

여기에서 솔직함이 중요한 덕목이 된다. 실수를 솔직하게 용납하고 그에 대한 개선책을 세우는 것이 올바른 방향이다. 어차피 일어날 문제라면, 빨리 일어나서 모든 이가 공감하고 대책을 세우는 것이 그런 문제가 없는 척 덮어 두는 것보다 낫다.

모든 직군과 사업장에서 이런 철학이 통용되기는 힘들겠지만, 적어도 소프트웨어와 데이터 산업에서는 동작하는 방식이라고 생각한다. 그래서 이 장에서는 이런 문화를 적용하는 방법에 대해 아이디어를 제공할 수 있도록 구성했다. 또한, 지금까지 설명한 내용들을 어떻게 적용하고, 도입할 것인지에 대해 이야기해 본다. 조직별로 현재의 상태가 어떤지에 대해서 생각하기보다, 이 새로운 형태의 기술을 어떻게 받아들여야 하는지에 대한 목표로 생각하면 좋겠다.

조직의 구성과 문화, 그리고 기술 구현

이 장에서는 세 가지를 언급할 텐데, 첫 번째는 조직의 구성이다. 두 번째는 이 조직이 사용하는 문화인데, 앞장의 조직 부분에서 설명한 내용들을 함께 언급한다.

세 번째는 이 조직이 사용할 프로세스와 기술, 즉 넷플릭스의 기술을 가장 빨리 내부에 구현하는 방법에 대해 설명한다. 여기에는 피보탈의 기술이 주로 언급되는데, 스프링 부트와 스프링 클라우드, 컨커스^{Concourse} 및 클라우드 파운드리^{Cloud foundry}를 사용한다.

넷플릭스 환경을 그대로 모방할 때 가장 중요한 핵심은 바로 플랫폼과 애플리케이션의 연동이다. 플랫폼이란 앞 챕터의 '넷플릭스의 도구'에서 살펴보았던 다양한 서비스들을 말한다. 유레카나 아카이어스, 아틀라스 같은 각각의 목적에 맞는 도구들을 제공하는 것이 넷플릭스의 플랫폼이다. 그리고 이와 함께 중요한 부분이 바로 이 플랫폼의 클라이언트로서 각 마이크로서비스가 제공된 클라이언트 라이브러리를 통해 이 다양한 플랫폼 서비스에 접근하도록 하는 것이다.

이 두 가지는 개인이 프로덕션 수준으로 빠르게 만들 방법이 없다. 물론 학습을 위해 다양한 도구를 사용할 수는 있겠지만 로깅, 모니터링, 서비스 디스커버리, API 게이트웨이, 사이드카 등을 프로덕션 수준의 사용을 위해 직접 구현하는 것은 아마도 넷플릭스가 했던 것보다 더 큰 노력을 요구할 것이다.

여기에 가장 적절한 해답은 스프링 프로젝트들과 클라우드 파운드리다. 클라우드 파운드리는 로깅을 비롯해 다양한 서비스 도구들을 마켓플레이스 형태로 즉시 사용 가능하도록 한다. 예를 들어 '아마존웹서비스 브로커'를 사용하면 아마존웹서비스의 RDS, SQS, S3, DynamoDB와 같은 서비스를 즉시 준비해서 사용할 수 있다.

서비스를 준비했으면 애플리케이션에서 사용해야 한다. 여기에서의 애플리케이션은 바로 스프링 프로젝트들로 만들어진 애플리케이션이다. 스프링 부트를 사용해 AWS Core와 같은 의존성을 기반으로 플랫폼이 만들어준 서비스와 즉시 바인딩할 수 있다. 그뿐만 아니라 스프링 부트에서 제공하는 액추에이터와 같은 도구는 각각의 애플리케이션의 동작 상태를 넷플릭스의 서보나 스펙테이터와 같은 형태로 제공한다. 클라우드 파운드리와 연동할 수 있는 ELK를 준비한다면, 넷플릭스와 실제 사용하는 도구는 다르지만 동일한 콘셉트를 가진 형태로 구현이 가능하다.

다른 기술 스택을 선택해도 관계없다. 또는 넷플릭스의 도구들을 직접 가져다 사용하는 부분에 대해서도 일부 내용이 있을 것이다. 도커^{Docker}와 쿠버네티스^{Kuber-netes} 등을 고려할 수도 있다. 이 부분은 클라우드 최적화 구성이라기보다는 낮은 수준의 애플리케이션 또는 서비스 제어에 관한 부분이기에 이 책의 범위와는 맞지 않는다고 생각한다.

이 장에서 소개하는 내용을 바탕으로 넷플릭스가 했던 고생만큼 똑같은 실수를 경험하지 않아도 되는 방법을 소개한다. 아마존웹서비스는 "바퀴를 재발명하지 말라"는 말을 자주 한다. 확실히 동작하는 방법이 있다면 그 방법을 취하고, 그 시간에 사업과 관련된 애플리케이션의 개발과 테스트에 힘쓰는 것이 좋다는 의미다.

팀의 조직

사실 기업 스스로 전에 없던 완전히 새로운 역할의 팀을 만드는 것은 어렵다. 100% 기존 조직의 바탕에서 팀이 만들어지기 때문이다. 이 말은 곧 기존 조직이 사용하는 프로세스와 도구를 그대로 사용하고, 성과 측정의 방법이 동일하고, 팀의 구성이 종전과 같이 수직적이며, 가장 명료하게는 기존 조직의 문화를 따를 가능성이 크기 때문이다. 수많은 실패 사례를 보아 왔지만, 대부분은 어떤 조직의 문화가 실패의 원인이 되는 경우가 많았다.

'오늘부터 우리는 마이크로서비스를 구현하기로 한다'라는 목표 아래 팀을 구획한다고 가정해 보자. 운영팀 A는 클라우드 오퍼레이션 팀이고, 개발팀 A, B, C, D, E는 순서대로 로그인, 검색, 추천, 결제, 배송, 주문과 같은 형태로 기능을 나누어 할당한다. 각 팀은 이전에 사용하던 도구와 문화를 그대로 답습한다. 책임에 대한 증거를 남겨야 하므로 대화 채널은 메일로 한다.

이런 환경에서 애자일이나 마이크로서비스가 동작할 리가 없다. 싱글 사인 온과 같은 기능, 또는 인증을 받은 사용자가 다른 마이크로서비스에 접근하는 데 필요한 인증 허가 방식에 대한 대화조차 이루어지지 않는다. 각 조직은 서로 경쟁 관계에 있으므로 보통 기술을 공유하지 않는다. 마이크로서비스는 그렇게 허물어지고, '이건 안 되는 거야'하는 경험이 생긴다. '그거 내가 해 봤는데, 잘 안돼' 하는 애자일과 같은 현상이 벌어진다.

따라서 이 부분에 있어서 실력 있는 파트너와 함께 하는 것이 중요하다. 직접 수행하다가 무언가 잘 안된다면, 피보탈랩과 같은 파트너를 찾아볼 것을 권한다.

처음 만들어지는 팀, 그리고 구성원은 다음과 같은 성격을 가져야 한다.

- 새로운 것을 두려워하지 않는다.
- 각 구성원은 호기심이 많다.
- 배운 것을 서로에게 공유하려는 의지가 강하다.
- 회사 및 팀이 가진 목표와 전략에 대해 명확히 이해하고 있다.
- 서로 다른 전문성을 지녀야 한다.

이런 이들은 보통 서비스에 대한 학습량이 매우 많으므로 다양한 기술을 빠르게 배울 가능성이 크다. 그리고 이런 이들의 경우, 서비스에 도입하고 싶은 패턴이나 기술이 있지만, 회사의 표준과 다르기 때문에 실패해서 단념하고 있을 수도 있다.

이런 성향의 기술자들은 대부분 서비스에서 문제가 되는 부분을 개선하기 위해 이 회사의 서비스에 무언가 도입하고자 하는 경우가 많다. 조직 내에서 변화를 싫어하는, 또는 규정을 완벽히 따르려는 이들과 충돌하게 되며 결과적으로 퇴직하거나 규정에 적응하게 되기도 한다.

두 번째로 이렇게 팀이 구성되면, 이들이 사용하는 문화는 소프트웨어에 적합한 것이어야 한다. 처음 개발하는 도구부터 즉각 실 서비스에 도입할 수 있을 리가 없으므로, 이 조직이 사용할 환경을 회사가 목표로 하는 환경과 유사하게 준비해 줄 필요가 있다.(웹 기반의 서비스를 운용한다면 이장의 뒤쪽에 소개된 '플레이 그라운드'를 참고해도 좋다.)

또한, 기존 규칙에 이 팀이 얽매이게 하면 안 된다. 경우에 따라 이것은 꽤 구시대적인 사상에 기반한 보안 규칙일 수도 있다. 최신의 소프트웨어 및 서비스 개발에서는 단순히 망을 분리하거나 하는 방식으로 보안을 처리하지 않는다. 데브섹옵스^DevSecOps와 같은 일을 하는 사람들은 서비스의 모든 구간에 보안이 적용되는 방식을 바꾼다. 방화벽 설치로 규정을 충족했다고 하는 구시대적 방식이 이런 팀에 적용되면 안 된다.

경우에 따라서는 구매 프로세스를 고려해야 할 수도 있다. 비용 사용에 있어 회사에 필요하고, 팀이 새로운 임무를 기간 내에 완수할 수 있도록 하는 데 필요한 것들은 때로는 회사가 가진 구매 규정과 다를 수 있다. 문제가 되지 않는 범위 내에서 필요하다면 재무팀에서 새로운 방식으로 동작하는 팀을 지원할 필요가 있다. 즉, 최고 경영자 또는 그에 준하는 실무자의 스폰서가 필요하다는 것이다. 커스텀 소프트웨어를 만드는 기술의 내재화는 이 최고 경영자 수준에서 이해되고, 실행되어야 한다. 기존의 프로세스와 다른 규칙을 적용하려면, 그에 대해서도 승인이 필요하다. 팀이 수행하는 모든 것들이 기존의 규칙, 시간을 거듭하며 누적되고 쌓여온, 하지만 소프트웨어 개발을 진행하는 데 있어 불필요한 규칙들을 현명하게 무시할 수 있어야 하고, 그러기 위해 결과물을 담보로 한 스폰서가 필요하다.

이렇게 조직된 팀은 기존의 프로세스와 규칙을 벗어나 사업이 원하는 결과를 제공하는 데 최선의 노력을 다한다. 그 결과가 값지거나 기존의 규칙 내에서 절대로 이룰 수 없는 속도로 나타날 때, 이 방식은 조직 내에서 확산할 수 있다.

팀이 해야 할 일

소프트웨어 기술 내재화의 중요성에 대해 이해했다면 이를 어떻게 실행할지에 대해 계획을 수립해야 한다. 자동차 제조 기술이 없는 회사가 차를 만드는 방법을 배우고 싶다면 선택은 두 가지다. 처음부터 직접 다 해보거나, 아니면 잘하는 회사가 어떻게 하는지를 보고 사용하는 기술을 도입하는 방법이 있다.

팀이 처음 해야 할 일은, 사업에 필요한 소프트웨어를 구현하는 것이다. 하지만 처음부터 모든 것을 구현하는 방식이어서는 안 된다. 이 책에서 주목해야 할 것은, 필요한 모든 것을 스펙으로 만들어서 수 년씩 걸리는 프로젝트를 하는 팀을 만드는 것이 아니다. 사업의 요구 또는 문제를 빨리 발견해서 서비스에 즉시 반영하는 기술을 적용해야 한다.

처음 해야 할 일은 어떤 제품을 만들 것인지의 제품 선정이다. 아마 기존의 제품에서 문제가 되는 부분이 있을 수도 있고, 새로운 제품을 만들어야 하는데 종전의 서비스에 문제가 많아 이를 해결하다가 출시 계획이 뒤로 밀렸을 수도 있다. 외주를 주려고 보니 비용이 너무 높아져 지연되었던 사업이 있을 수도 있다.

이런 몇 가지 사업들을 대상으로 처음 해야 할 작업은 '스코핑Scoping'이다. 개발자라면 코드에서 다른 의미로 친숙한 단어겠지만, 이것은 제품의 초기 형태를 특정하는 과정을 일컫는다.

만들어야 할 제품의 큰 그림을 그리기 위해 진행하는 과정인데, 일반적으로 다음과 같은 질문과 답이 필요하다.

> • 제품이 이루고자 하는 목적은 무엇인가?
> • 제품의 장기적 목표는 무엇인가?
> • 내부에 사용 가능한 도구는 무엇이 있는가?
> • 누가 제품 제작을 지원하고 있는가?
> • 누가 사용하는 제품인가?
> • 어떤 팀 구성원이 필요한가?
> • 사용자가 가져야 하는 디자인의 종류는 무엇인가?
> • 제품화에 먼저 필요한 것은 무엇인가? : 와이어프레임, 목, 마크업, 자산, 스타일가이드 등
> • 종전에 있던 프로젝트라면 와이어프레임이 존재하는가?

소프트웨어 전문팀을 이미 가지고 있는 조직이라면 이미 사용 중인 스타일 시트나 프로젝트를 정의하는 방법 등이 다양하게 존재할 수도 있다. 하지만 대부분 신제품을 만드는 경우 이런 스코핑 프로세스를 진행할 수 있는 조직은 많지 않다.

또한, 스코핑 미팅에는 엔지니어와 디자이너, 프로덕트 매니저 그리고 필요하다면 제품을 발의한 사업부 등 제품의 이해에 필요한 모든 사람이 함께 미팅에 참여해야 한다.

이런 종류의 미팅의 경우 하루 종일 걸리거나 그래도 결론을 보지 못하는 경우가 있을 수 있으므로, 질문의 리스트와 답을 사전에 준비하고 1~2시간 내에 사업

과 개발팀이 제품에 대한 이해를 최대한으로 끌어올리는 데 노력해야 한다. 경우에 따라서 이 과정에서 여러 개의 안을 가지고 하나의 안을 선택하기도 한다.

조금 더 구체적으로는 다음과 같은 내용의 이해가 필요하다.

- 제품의 목표에 대한 팀의 이해
- 어디까지 만들어야 하는지를 명확히 함
- 제품이 동작해야 하는 플랫폼과 기술 필요 사항을 확인
- 이전에 했던 일이 존재한다면 리뷰를 진행
- UX, 비주얼 디자인, 사용자 테스트와 같은 특정 부분을 확인
- 다음 단계 진행을 위한 로드맵 구성

당연하게도, 스코핑의 결과물은 최초 제품화의 기간, 필요한 인원과 구성원, 기술 스택, 예를 들면 사용할 언어와 플랫폼, 데이터 저장소, 파이프라인 도구를 포함한 CI/CD 등을 포함한다. 이 결과물을 바탕으로 다음 과정을 진행한다.

사용자 인터뷰

사용자가 누구인가에 따라서 제품은 다른 모습을 가져야 한다. 대부분은 제품을 사용하는 사람은 고객이다. 고객의 인터뷰가 가능한 경우도 있고 불가능한 경우도 있으며, 어떤 경우에는 제품 관리자나 사업 기획 부분에서 스코핑 당시에 '고객의 요구를 짐작'해서 정의한 경우도 있다. 만들어야 하는 제품에 대해 깊은 지식과 경험을 가지고 있다면 고객의 요구와 제품이 가져야할 기능이 그대로 반영되는 경우도 있지만, 그렇지 않은 경우도 있다.

사용하지 않는 소프트웨어가 세상에서 가장 비싼 소프트웨어다. 쓰는 사람도 없는데 만들 이유가 없다. 사용자 인터뷰의 첫 번째 목적은 여기에 있다. 이 소프트웨어가 과연 정말 필요한 것인지, 아닌지를 사용자 인터뷰를 거친다. 예를 들어 제조 현장에서 공정률의 확인이나 필요한 부품의 배치, 다음 작업 계획 등을 입력하고 확인해야 하는 사용자가 각각 다르다면, 이들 모두를 인터뷰한다.

사용자에 대한 인터뷰는 전체 과정에 있어 아주 중요한 부분이다. 인터뷰를 진행할 수 없다면 제품에 대해 확실한 이해가 바탕이 되어야 하지만, 그런 경우는 없다. 따라서 제품 개발을 위한 조직은 제품을 사용할 사용자와 인터뷰를 반드시 진행해야 한다.

디자인, 그리고 사용자 피드백

사용자 인터뷰를 통해 수집된 정보들을 바탕으로 제품의 와이어프레임이나 목을 제작한다. 여기에는 반드시 코드의 형태로 뭔가 작성될 필요는 없다. 필요하면 디자이너의 손그림으로 준비해도 되고, 파워포인트의 형태가 되어도 좋다. 아니면 브라우저에서 백엔드 없이 동작하는 형태도 필요하다면 구현한다.

하지만 이 단계의 작업은 사용자의 요구사항을 바탕으로 제품의 기본 모습을 그리고, 다시 사용자로부터 의견을 청취하기 위함이다. 눈에 보이는 무엇이 없는 상황과 실제 보이는 흐름이 있는 경우의 피드백은 완전히 다르다.

요구사항은 피드백 과정을 통해 더욱 정밀하게 수집된다. 목이나 와이어프레임 이전의 단계에서는 "로그인 화면이 필요하겠죠"와 같은 모호한 요구사항이었다면, 디자인된 화면을 보고 나서 얻는 피드백은 "이전에 로그인했다면 다시 할 필요가 없으면 좋겠어요"라거나 "아이디를 매번 입력하는 게 귀찮더라고요"와 같은 피드백이 생긴다. 이를 통해 각 단계에서 필요한 요구사항을 더 구체적으로 만든다.

이것은 만들기 전에 사용자 테스트를 진행하는 것을 의미한다. 사용자 테스트를 먼저 하면, 필요하지 않은 코드를 써야 할 가능성이 줄어든다. 한 줄의 추가 코드는 한 줄의 추가 관리 포인트다. 따라서 필요 없는 코드를 제거하는 과정이 이 단계에서 '코드 없이 수행되는 사용자 테스트'를 통해 진행된다고 볼 수 있다.

개발과 배포

이런 과정들이 모두 지난 후에야 개발과정이 시작된다. 실제 코드는 이때부터 쓴다. 이때 코드를 작성하는 방법을 다음과 같이 진행할 수 있다.

- 애자일 개발
- 테스트 주도 개발
- 연속 개선 및 연속 배포의 적용
- 페어 프로그래밍
- 짧은 반복 주기

모두 앞서 설명한 내용이므로 추가로 설명하지는 않겠다.

팀은 이 과정을 위한 도구를 준비해야 한다. 어떤 프레임워크를 사용할 것인지, 완수하는 데 필요한 각 기능의 부분에 어떤 형태로 데이터를 사용할 것인지에 따라 적절한 도구를 선택해야 한다.

도구를 선택할 때 기존의 조직에 주어지는 도구만 사용할 것이 아니라, 서비스에 필요한 도구를 선택하는 것이 중요하다. 넷플릭스의 다양한 도구에서 보았듯이, 어떤 임무를 완수하기 위해 필요한 도구는 제각각 다르다. 이때 기존에 있는 시스템, 기존에 있는 언어, 기존에 회사에 존재하는 보안 규칙 등 종전의 프로세스에 의해 프로젝트가 방해받지 않아야 한다.

어떤 회사는 데이터베이스를 오라클만 사용하도록 하는 규정이 있을 수도 있다. 어떤 회사는 애플리케이션 런타임에 지정된 버전이 있을 수도 있다. 또는 데이터베이스 시스템과 애플리케이션 서버 사이에 존재해야 하는 방화벽 규칙이 있을 수도 있다.

이런 규칙이 제품에 앞서면 곤란하다. 물론 그들 중 많은 규칙은 꼭 필요하다고 할 수 있다. 하지만 애플리케이션을 만들어 배포해야 하는 환경과 그가 가진 프로세스가 이전에 머물러 모든 과정이 방해받는다면, 아마 이런 팀을 바탕으로 시도하는 새로운 제품 제작은 실패할지도 모른다.

그래서 이런 팀은 사내에 강력한 스폰서가 필요하다. 제품의 출시 이전까지, 제품의 완성 속도와 그가 가진 가치를 비전으로 삼고 기존의 프로세스가 필요하다면 적절한 방법을 찾을 때까지 이 팀이 필요로 하는 모든 지원을 아끼지 않는 것이다.

이것이 많은 기업에서 새로운 팀이 실패하는 가장 큰 이유다. 새로운 환경과 새로운 제품의 관리 방식은 기존의 조직들로부터 수많은 위협을 받는다. 따라서 이 위협들을 효율적으로 관리하는 동시에 제품을 성공적으로, 그리고 새로운 방법을 사용해 종전과 다른 방식으로 완성할 수 있음이 입증되면, 이는 조직 내에서 탄력을 받을 수 있는 중요한 근거가 된다.

이런 일의 방식이 성공적이라는 인식이 생기면, 이후에는 탄력을 받아 빠른 속도로 조직이 커진다. 이때 주의할 점은 조직이 커지더라도 각각의 팀 규모를 유지할 필요가 있다는 점이다. 팀원이 늘어나면 동일한 일을 처리하는데 대화해야 하는 횟수가 늘어난다. 모든 사람이 같은 이해도를 가지는 것은 매우 중요하다. 팀 구성원이 현재 만들고 있는 제품의 목표를 명확히 이해하고 있을 때 제품의 품질은 전과 다르게 올라간다.

하지만 팀이 비대해지면 대화와 소통의 문제가 발생하고, 이런 문제는 팀의 제품에 대한 이해도를 낮추는 동시에 전반적으로 사고가 발생할 위험을 높인다.

따라서 넷플릭스나 아마존의 방식과 같이 작은 규모의 팀을 유지하되, 팀에 제품에 대한 권한을 가급적이면 많이 할당하고 제품의 개발과 운영에서 오는 결과를 바탕으로 적절한 보상을 하는 것이 필요하다.

적절한 도구의 선택

넷플릭스의 도구들은 그마다 문제를 해결하기 위해 만들어졌다. 어떤 도구는 응답속도를 해결하기 위한 것이고, 어떤 것은 동적으로 할당되는 자원을 분배하기 위해 만들어졌으며, 어떤 도구들은 다양한 서비스들이 어떻게 동작하는지 실시간으로 모니터링하기 위해 만들어졌다.

넷플릭스 도구들을 직접 가져다가 사용하는 것은 적든 많든 노력이 필요할 것이다. 넷플릭스의 도구들은 넷플릭스의 문제를 해결하기 위해 만들어졌기 때문에 직접 가져다 사용하기 위해서는 넷플릭스의 다른 도구들에 대한 분석도 필요할 것이다.

이 책의 목적은 넷플릭스 도구들을 그대로 사용하도록 하는 것이 아니라, 각각의 도구들이 만들어진 목적을 이해하고, 서비스에 필요한 것들을 어떤 방식으로 도입해야 할지에 대한 방향을 지원하기 위함이다.

그럼에도 불구하고, 일부 넷플릭스 도구들은 다양한 언어와 프레임워크에서 사용할 수 있도록 지원되는 것이 있다. 이들 중 가장 사용 가능성이 큰 것은 스프링 클라우드가 아닐까 한다. 주로 사용하는 프레임워크가 자바가 아니더라도, 스프링의 사용은 몇 가지의 장점을 제공한다.

- 스프링 부트를 통한 손쉬운 사용성
- 현존하는 최신의 Java 9의 기능을 최대한 사용 가능한 프레임워크
- 동기 및 비동기 방식 모두를 스프링 프로그래밍 모델을 통해 사용 가능
- 일부 넷플릭스 도구들의 손쉬운 사용
- 약간의 교육을 통해 기존의 스프링 개발자들이 쉽게 적응할 수 있음

이것 중 마지막 두 가지를 따로 설명하고자 한다. 스프링 클라우드 넷플릭스는 다음의 몇 가지 기능성을 제공한다.

- 스프링 클라우드 설정 서버, 클라이언트
- 스프링 클라우드 API 게이트웨이
- 스프링 클라우드 유레카 서버, 클라이언트(서비스 디스커버리)
- 스프링 클라우드 히스트릭스(서킷 브레이커)
- 스프링 클라우드 리본(클라이언트 로드밸런싱)

여기에 한 가지를 더하면, 분산 시스템 모니터링 도구인 집킨^{Zipkin}의 추가다. 각 외부 요청에 대한 내부 요청의 분석을 통해 마이크로서비스 구조를 사용할 때 서비스가 어떻게 동작할 수 있는지를 확인할 수 있는 도구다. 이런 스프링 부트의 편의를 사용한 스프링 클라우드의 사용은 서비스를 놀라운 수준으로 개선할 수 있도록 돕는다. 이 부분은 이 장의 뒤에서 조금 더 다루도록 한다.

더 많은 요구를 수용하기 위해서 더 많은 개발팀을 충원해야 할 필요가 있다. 그리고 서비스의 기술 스택은 필요에 따라 다양한 선택이 가능하다. 어떤 팀은 노드를 선호할 수도 있고, PHP를 사용할 수도 있으며, 고랭Golang을 선택할 수도 있다. 필요에 따른 선택이겠지만, 추가로 고려해야 할 사항은 '팀이 커지려면 채용이 필요'하다는 점이다.

자바의 미래를 걱정하는 사람들이 많기는 하지만, 그럼에도 불구하고 여전히 가장 많은 사람이 사용하는 언어다. 그리고 자바를 사용한다면, 물론 아닌 경우도 있겠지만 스프링을 모르는 경우는 없다고 할 수 있다. 물론 스프링에 대해 안 좋은 기억을 가진 이들도 있겠지만, 그 안 좋은 기억이 대부분 지난 버전들에 국한되어 있다는 점을 말하고 싶다. 어떤 프레임워크가 오랫동안 살아남는 데는 그만한 이유가 있지 않겠는가.

지난 시절의 스프링을 기억하는 이라면, 스프링 부트(http://start.spring.io)를 사용해 보기를 권한다. 스프링 부트를 배우고 스프링 클라우드를 즉시 사용할 수 있다면, 아마 상당한 도움이 될 것이다.

스프링은 팀의 확장, 사용하는 개발 기술의 생산성과 표준화 측면에서 상당한 이점을 제공한다. 물론 모든 프로젝트에 스프링이 꼭 맞는 것은 아니지만, 웹 스타일의 서비스라면 충분히 고려해 봄 직하다. 수많은 레퍼런스와 문제가 생겼을 때 도움을 얻을 수 있는 수많은 전문가가 스프링 부트 발표 이후 4년이 넘는 시간 동안 많이 생겨났다. 이것이 얼마나 중요한지는 여러 번 말하지 않아도 될 것이다.

이렇게 팀이 준비되었고 무엇을 만들지 결정했다면, 이제 구현하면 된다. 넷플릭스의 도구 중 스프링을 통해 구현할 수 있는 것들이 무엇인지 간편하게 살펴보도록 하자.

4.5 | 신규/기존 조직에 대한 훈련

부트 캠프, 그리고 플레이 그라운드

만들어진 팀에서 도구를 준비하는 데 상당한 시간이 걸리는 것은 별로 바람직한 일이 아니다. 또한, 새로운 환경에 종전의 애플리케이션을 그대로 마이그레이션 하는데 상당한 시간이 걸리는 것 역시 좋은 방법이라고 할 수 없다. 앞서 설명했듯 누군가는 이 새로운 조직을 지켜보고 있을 것이며, 언제든 태클을 걸어올 준비가 되어있기 때문이다. 이런 이유로 조직을 운영하는 장은 스폰서로부터 비교적 장기간에 성과를 낼 수 있도록 지원을 받는 것이 매우 중요하다.

기업의 입장에서 회사에 필요한 인재를 발굴하고 개발하는 것은 매우 중요하다. 특히 기존에 없던 핵심 소프트웨어를 개발하고 이 부문을 확대하고 싶은 경우에는 단순히 외부의 인사를 등용하는 것 이상으로 중요한 것이 바로 일종의 '부트 캠프'다.

앞에서 소개한 스프링 부트와 스프링 클라우드를 자세히 살펴보면, 그 새로운 기술이 주는 생산성이 얼마나 막강한지 가늠해 볼 수 있다. 여기에 더하여 다양한 데이터 워크로드를 처리할 수 있는, 넷플릭스의 도구들이 가지는 콘셉트가 적용된 코드를 다루는 방법까지 추가된다면, 서비스는 그 필요에 따라 실시간 처리, 비동기 처리 등을 필요에 따라 사용할 수 있게 된다. 하지만 이런 다양한 기술들을 팀 내에서 즉각 사용하도록 하는 것은 무리다.

소프트웨어 조직을 올바른 방향으로 확장하고자 하는 회사들은 모두 교육을 위한 부트 캠프 조직을 만든다. 신입 또는 경력 사원이 입사하거나, 기존의 다른 조직의 업무를 수행하던 개발자와 운영자들에게 내부 교육을 제공한다. 이 내부 교육에서 진행하는 것은 클라우드 기반의 애플리케이션을 개발하고 테스트하며 배포하는 방법이다. 회사에서 제공하는 공통의 도구에 대한 사용 방법을 배우고 적응한다. 이때 제공되는 다양한 도구를 직접 사용하고, 개발해서 배포할 수 있는 환경, 즉 일종의 플레이 그라운드가 있어야 한다. 이 플레이 그라운드라는 것은 어떤 형태일까?

스프링 부트와 스프링 클라우드 애플리케이션을 사용하여 회사에서 사용하고 있는 서비스 코드를 주어진 환경에 즉시 배포해 보고 이 코드와 함께 필요한 데이터베이스나 메시지 큐와 같은 서비스를 즉시 만들어 배포된 코드와 함께 구동하는 방법을 학습한다. 이를 통해 회사가 운용하는 서비스를 아주 빠르게 이해하고, 동시에 새로운 기능을 하는 서비스를 추가할 때 공통된 부분은 어떤 게 있는지, 사용 가능한 서비스 포트폴리오는 어떤 것이 있는지 빠르게 학습한다.

수많은 회사는 이를 플랫폼을 통해 제공하고 있다. 플랫폼이 제공하는 다양한 장점을 사용해서 개발, 테스트, 실 서비스뿐만 아니라 새로운 임직원이 입사했을 때 역시 동일한 환경을 사용해 내부 교육을 수행할 수 있다.

근래 들어 사용 가능한 수많은 오픈소스 및 상용 도구들이 도커를 통해 지원되고 있다. 여기에 더하여 스프링 부트와 클라우드 애플리케이션을 연동할 수 있는 방법을 생각해 보면, 다음의 그림이 최적이라고 생각한다.

▲ 그림 4-2 클라우드 파운드리와 쿠버네티스

클라우드 파운드리의 장점은 애플리케이션 코드를 작성하고 빌드한 파일을 업로드 하면 이후에 필요한 모든 배포의 과정을 처리한다는 점이다. 업로드된 빌드가 어떤 런타임을 필요로 하는지 찾고, 성공적으로 찾았다면 빌드를 실행할 수 있는 환경을 조성한다. 필요한 서비스가 명시되어 있다면 데이터베이스나 메시지 큐와 같은 서비스를 함께 준비해서 빌드에 연결한다. 문제없이 준비됐다면, 로드밸런싱과 라우팅에 애플리케이션을 추가하고 요청을 처리할 준비가 된 셈이다. 이때 개발자는 단 하나의 커맨드로 이 모든 과정을 준비할 수 있다.

동시에 개발 및 테스트 용도로 사용해야 하는 도커 이미지가 있다면, 이미지를 배포해서 사용할 수 있어야 한다. 이를 위해서 보통 쿠버네티스를 사용한다. 클라우드 파운드리와 연동하여 도커 이미지 저장소에 있는 다양한 이미지를 즉시 구동해서 클라우드 파운드리에서 동작하는 애플리케이션과 연동할 수 있다. 따라서 개발팀은 코드와 이 부트 캠프 환경이 제공하는 도구를 사용해 봄으로써 서비스 개발을 위해 빠르게 램프업 할 수 있게 된다.

자주 사용하는 패턴을 이런 식으로 준비해서 각 개발자가 직접 구동해서 사용해 볼 수 있게끔 할 수 있다. 예를 들어 회사에서 권장하는 사이드카 패턴이 적용된 애플리케이션을 만들어야 한다면, 사내의 코드 저장소에 사이드카 패턴을 위한 클라이언트 라이브러리와 함께 부트 캠프 용도로 공유한다. 이때 서비스 디스커버리나 API 게이트웨이, 서킷 브레이커 등이 필요한 경우 이들 서비스를 함께 준비할 수 있도록 구성하는 것도 가능하다.

세션 클러스터링의 경우에도 비슷한 컨셉을 적용할 수 있다. 그것이 레디스를 사용하건, EVCache를 사용하는 형태건 간에 동일한 방법으로 한 번만 준비하면, 수많은 팀과 기술자들이 이 구현을 그대로 배포하고 코드를 살펴보고, 개선하거나 학습할 수 있다.

데이터 파이프라인이나 메시징, 싱글사인온[SSO] 등 많은 것들을 이런 식으로 준비해서 교육하고 배포해서 즉시 사용할 수 있게 된다면 조직의 전환 속도는 상상을 초월하게 빨라진다. 심지어 데이터 사이언스 부분에 있어는, 이 환경을 준비할 때 필요한 만큼의 실제 데이터를 프로덕션 로깅 시스템으로부터 가져다가 환경이 준비될 때 실제 데이터도 함께 준비할 수 있다.

클라우드 파운드리와 쿠버네티스 도구는 설치와 배포 이후 확장과 축소 및 업그레이드에 상당한 노력이 필요하다. 따라서 두 도구 모두 역시 '제품'으로 취급되어야 한다. 회사의 주요 서비스와 개발, 테스트, 그리고 심지어 부트 캠프에서 사용되는 이 도구들을 전담해서 운영하는 팀이 필요하다. 이러한 노력은 한 번이라도 실수하면 프로덕션에서는 큰 문제가 되므로, 안전한 업데이트 등을 수행할 수 있어야 한다.

이 부분에서의 전문성을 위해서는 피보탈의 PCF를 살펴보는 것도 도움이 될 것이다.

4.6 | 새로운 도구와 환경들

플레이 그라운드의 구성, 피보탈의 방법

스프링 클라우드 도구를 통해 다양한 컨셉을 확인할 수 있지만, 실제 서비스 형태로 구동해 본 것은 아니다. 실제로 파이프라인을 만들어 배포까지 수행하는 사이클을 학습해 볼 필요가 있다. 쿠버네티스와 도커를 사용한 방법도 있지만, 여기서는 피보탈이 제공하는 도구들을 소개해 보기로 한다. 소개하는 도구들은 별도로 비용이 필요한 것이 아니므로 가볍게 따라해 봐도 좋겠다.

툴 체인은 피보탈 트래커^{Pivotal Tracker}, 깃허브^{Github}, 컨커스^{Concourse}, 클라우드 파운드리^{Cloud Foundry}를 사용할 예정이다. 이는 모두 오픈소스가 존재하며, 직접 설치가 어려운 경우에는 다음에 안내되는 가이드를 따라 로컬 개발환경에 구현하는 것도 가능하다. 피보탈 트래커는 이슈 트래커이며, 깃허브는 코드 저장소^{형상 관리 도구}, 컨커스는 Continuous Integration 도구로서 도커 기반의 각 커밋별 독립적인 애플리케이션 테스트 또는 빌드 등의 작업을 수행할 수 있다.

그리고 이렇게 빌드된 웹 애플리케이션이 동작하는 환경이 클라우드 파운드리이며, 이는 원하는 경우 공개된 소스를 다운로드해 아마존웹서비스와 같은 클라우드 서비스에 배포하거나, 또는 트라이얼^{Trial}로 사용 가능한 피보탈 클라우드 파운드리를 아마존, 마이크로소프트, 구글, 오픈스택, 또는 VMWare와 같은 환경에 배포하는 것도 가능하다. 개발 목적의 간단한 테스트라면 PCFDEV라 불리는 로컬호스트 버전도 있으므로 고려해 볼 수 있다. 이런 플랫폼 도구를 로컬 환경에 설치하는 것이 부담스럽다면 피보탈 웹서비스^{Pivotal Web Services}라는 퍼블릭 클라우드 서비스를 이용할 수도 있다. 60일 정도 무료로 사용할 수 있으며, 별도의 크레딧 카드 정보와 같은 것들은 필수로 입력하지 않아도 사용할 수 있다.

이 도구들은 클라우드에 최적화된 애플리케이션이라는 것이 어떤 모습을 가져야 하는지에 대해 구현을 할 수 있는 것들을 선정했다. 현재 저자가 소속되어 있는 피보탈에서는 다양한 도구들을 만들어 오픈소스로 배포하고 있는데, 그중 몇 가지를 소개한다.

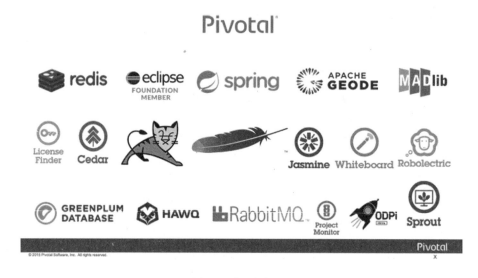

▲ 그림 4-3 피보탈의 오픈소스

스프링

피보탈은 스프링 프로젝트에 대한 오너십을 바탕으로 스프링팀을 보유하고 있다. 스프링은 자바 기반의 프레임워크로, 자바를 사용하는 개발자들이라면 모르는 이가 별로 없을 정도로 많이 사용되는 서버 개발의 도구다. 스프링 프로젝트는 매우 다양한 하위 프로젝트를 가지고 있다. 이 프로젝트들의 구성은 웹페이지(https://spring.io/projects)에서 확인할 수 있다.

아마도 10년 전부터 스프링을 사용하고 있다면, 새로울 것도 없다고 생각하거나, xml configuration 지옥을 다시 경험하고 싶지 않다고 생각하는 이들도 있을 거라고 생각한다. 하지만 최근의 스프링 프로젝트는 매우 빠른 속도로 개선되고 있으며, 수많은 엔터프라이즈 기업에서 사용되고 있다. 몇 가지 주요 프로젝트들을 살펴보면 다음과 같다.

● **스프링 프레임워크, Spring Framework**

전체 스프링 프로젝트(http://projects.spring.io/spring-framework)의 뼈대가 되는 것으로, 모듈에 대한 의존성 주입, 트랜젝션 관리, 웹 애플리케이션 및 데이터 접근, 메시징 등을 포함한 다양한 도구들이 포함되어 있으며, 최신 버전은 5이다.

- 의존성 주입
- 선언적 트랜젝션 관리를 통한 관점 지향형 프로그래밍
- MVC 및 RESTful 웹서비스 프레임워크
- JDBC, JPA, JMS

이에 대한 보다 자세한 기능은 다음의 링크에서 확인할 수 있다.

https://docs.spring.io/spring/docs/current/spring-framework-reference/
index.html

● **스프링 부트, Spring Boot**

기존의 스프링은 의존성 관리 및 설정이 매우 복잡한 것으로 유명하다. MFC를 개발하는 데 터보-C를 쓰는 것과 Visual C를 사용하는 것은 매우 다른데, 스프링 부트(http://projects.spring.io/spring-boot)는 스프링 프레임워크에 대해 그런 기능성을 제공하는 프로젝트라고 볼 수 있다. 존재의 목적은 독립적으로 기동할 수 있는 프로덕션 수준의 애플리케이션을 매우 빠르게 개발하는 데 있다. 이는 애플리케이션 구동에 필요한 복잡한 설정에 대해 대부분의 기본값을 제공하며, 필요한 경

우에 오버라이드해서 사용할 수 있도록 하는 등의 편의를 제공하여 개발자가 개발에 집중할 수 있도록 한다.

- 독립적으로 구동되는 스프링 애플리케이션의 개발
- 톰캣, 제티 또는 언더토우가 임베드되어 있음(즉, WAR 파일을 통한 배포가 필요 없음)
- Maven 설정의 간소화를 위해 프로젝트 생성 시 POM 파일 생성
- 자동 설정
- 헬스 체크, 매트릭, 외부 설정 등 상용 버전에서 사용 가능한 기능들이 포함
- 코드 생성이나 XML 설정이 '절대' 필요 없음

스프링 부트는 스프링을 사용하는 가장 현대적인 방법이다. http://start.spring.io 페이지에서 시작할 수 있는데, 이는 Spring Initializr로 불리며 역시 오픈소스로 존재한다. 그 의미인즉슨, start.spring.io를 기업에서 목적에 따라 내부에 start.mycompany.io의 형태로 구현할 수 있으며, 기업 내부에 사용되는 모든 애플리케이션에 공통 적용되어야 하는 모듈이 별도로 개발되어야 한다면 이 방법으로 추가하여 표준화를 이루어 낼 수 있다는 의미기도 하다.

스프링 부트의 사용은 이후에 더 자세히 설명하기로 한다.

• 스프링 클라우드, Spring Cloud

클라우드 환경 또는 분산 시스템에서 주로 사용되는 패턴을 구현한 도구다. 이는 책에서 설명되는 마이크로서비스 구현에서 중요한 부분을 담당하는 도구이며, 뒤에 실제 구현에 대해 설명된다. 스프링 부트를 통해 사용될 수 있으므로 독립적으로 동작할 수 있는 애플리케이션 간의 연동을 지원한다. 이는 넷플릭스의 마이크로 프락시, 서킷 브레이커, 컨트롤 버스, 서비스 디스커버리, 설정 관리, 향상된 라우팅 등이 포함되어 있으며, 주키퍼나 콘술Consul과 같은 도구 역시 포함되어 있다. 베어메탈 기반의 서버에서도 사용이 가능하며 클라우드 환경에서도 사용이 가능하다. 스프링 클라우드(http://projects.spring.io/spring-cloud)는 이 책에서 설명되는 매우 중요한 부분을 실제로 구현할 수 있는 도구이기 때문에 조금 자세히 설

명하기로 한다.

- 분산/버전 설정 관리
- 서비스 등록 및 디스커버리
- 라우팅
- 서비스 간 호출
- 부하 분산(로드밸런싱)
- 서킷 브레이커
- 글로벌 락(Global lock)
- 리더십 선출 및 클러스터 상태
- 분산 메시징

하위의 메인 프로젝트들은 다음과 같다.

▶ **Spring Cloud Config** : git이나 파일시스템에 존재하는 설정을 다른 스프링 또는 일반 애플리케이션에 제공하는 역할을 한다. 이는 Configuration resource의 Spring 'Environment'와 직접 매핑되며, 필요한 경우 스프링이 아닌 애플리케이션에도 사용할 수 있다.

▶ **Spring Cloud Netflix** : 유레카, 히스트릭스, 주울, 아카이어스, Feign, Turbine 등의 넷플릭스 오픈소스 도구들을 구현한다.

▶ **Spring Cloud Bus** : 서로 다른 역할을 하는 서비스 간의 연결에 이벤트 버스를 사용할 수 있는데, 여기에 분산 메시징 도구를 사용할 수 있는 기능을 제공한다. 예를 들어 Config server에 업데이트가 있을 때 이벤트 버스로 연결된 다른 스프링 애플리케이션에서 참조 되어야 할 설정의 업데이트와 같은 구현에 사용이 가능하다.

▶ **Spring Cloud for Cloud Foundry** : 피보탈 클라우드 파운드리와 함께 동작하는 도구다. 이후에 설명되는 클라우드 파운드리에서 사용되는 서비스 브로커, 또는 SSOSingle Sign On, OAuth2와 같은 도구들을 손쉽게 연동할 수 있다.

▶ **Spring Cloud Cloud Foundry Service Broker** : 클라우드 파운드리에서는 다양한 서비스와 연동이 가능한데, 여기에 사용되는 도구를 서비스 브로커라 한다. 예를 들어 구글의 텐서플로우나 빅쿼리, 아마존의 S3를 참조하는 애플리케이션을 구현하여 클라우드 파운드리에서 운용하는 경우, 이런 서비스들을 생성, 제거, 애플리케이션과 연결하는 방법을 제공하는 것이 바로 서비스 브로커인데 이 도구를 통해 커스텀 서비스 브로커를 만들 수 있다.

▶ **Spring Cloud Cluster** : 주키퍼, 레디스, Hazelcast, 콘술과 같은 클러스터 도구를 위한 리더십 선출과 같은 기능들을 구현한다.

▶ **Spring Cloud Consul** : 서비스 디스커버리와 설정 관리에 사용될 수 있는 Harshicorp Consul을 스프링 애플리케이션에서 사용 가능하도록 한다.

▶ **Spring Cloud Security** : 로드밸런싱이 가능한 OAuth2 REST 클라이언트 지원 및 주울 프락

시를 위한 헤더 릴레이를 지원한다.

▶ **Spring Cloud Sleuth** : 집킨, HTrace 또는 로그 기반의 분산 추적을 스프링 애플리케이션에서 사용할 수 있도록 한다. 이 분산 추적은 마이크로서비스 구현에 있어 매우 중요한 도구로, 외부에서 유입되는 요청에 대해 내부 서비스 간 전달의 과정 및 이에 대한 처리 속도 등을 확인할 수 있게 한다.

▶ **Spring Cloud Data Flow** : 스프링 부트 애플리케이션 기반의 데이터 마이크로서비스를 가능하게 하는 도구다. 데이터 처리에는 보통 source, process, sink의 동작이 일반적인데, 이를 각각의 스프링 부트 애플리케이션으로 구현하여 클라우드 환경에 배포하여 사용할 수 있는 기능성을 제공한다.

▶ **Spring Cloud Stream** : 아파치 카프카, RabbitMQ와 같은 메시징 도구를 스프링 부트 애플리케이션에서 선언적으로 사용할 수 있는 기능을 제공한다. 이는 이벤트–드리븐 마이크로서비스를 스프링 부트 애플리케이션으로 손쉽게 구현할 수 있도록 한다.

▶ **Spring Cloud Stream App Starters** : 스트림에서 사용되는 일반적인 구현을 이미 구현하여 스프링 부트 앱에서 바로 사용할 수 있고, 스프링 클라우드 데이터 플로우에서 파이프라인을 구현하는 경우에도 사용이 가능하다. 이는 source, processor, sink로 나뉘며, 원하는 데이터 프로세싱 단계를 구현하는 데 매우 요긴하게 사용할 수 있다.(http://cloud.spring.io/spring–cloud–stream–app–starters)

▶ **Spring Cloud Task** : 특정 작업을 처리하기 위해 '잠시만' 동작하는 애플리케이션을 구현하는 데 사용할 수 있다. 스프링 부트 앱에 @EnableTask 어노테이션 추가만으로 손쉽게 사용할 수 있으며, 로컬이나 클라우드 환경 모두에서 동작하고, 스프링 클라우드 데이터 플로우를 위한 애플리케이션 역시 개발이 가능하다.

▶ **Spring Cloud Task App Starter** : 스프링 클라우드 태스크 앱 스타터 프로젝트는 독립적으로 동작할 수 있는 데이터베이스 마이그레이션, 머신러닝 또는 주기적인 작업 등을 처리하는 '잠시만' 동작하는 스프링 부트 앱을 개발하는 데 사용된다. 이는 클라우드 파운드리, 아파치 얀, 메조스, 쿠버네이트, 도커 및 랩톱 등 다양한 환경에서 실행될 수 있는데, 'ephemeral data microservice' 구현을 위해 사용한다. 현재 spark–client, spark–cluster, spark–yarn, timestamp 등의 애플리케이션이 존재하며, 스프링 클라우드 데이터 플로우에서 사용할 수 있다.

▶ **Spring Cloud Zookeeper** : 아파치 주키퍼를 스프링 부트를 통해 사용할 수 있다.

▶ **Spring Cloud for Amazon Web Services** : 아마존웹서비스의 다양한 서비스들을 스프링 부트 앱에서 연동할 수 있는 도구를 제공한다. 현재 SQS, ElastiCache, SNS, CloudFormation, RDS, S3를 지원하고 있다. 프로젝트에 대한 보다 자세한 설명은 홈페이지(https://cloud.spring.io/spring–cloud–aws)에서 확인할 수 있다.

▶ **Spring Cloud Connectors** : 클라우드 파운드리와 같은 플랫폼 환경과 연동된 서비스들, 이를테면 메시지 브로커나 데이터베이스와 같은 도구를 코드의 설정 종속성 없이 즉시 연결해서 사용할 수 있도록 하는 도구다. 즉, 스프링 부트 애플리케이션이 RabbitMQ와 같은 도구를 사용하

며 클라우드 파운드리에서 동작할 때, 이를 사용하면 별도의 설정을 주지 않아도 연동되어 동작한다. 이는 클라우드 파운드리에서 더 자세히 살펴보도록 한다.

▶ **Spring Cloud CLI** : Groovy에서 스프링 클라우드 도구들을 생성하기 위한 Spring Boot CLI 도구다.

각각의 도구에 대해 설명했는데, 이는 그 프로젝트 하나하나 별로 다양한 목적의 기능을 하는 애플리케이션을 생성하는 데 매우 유용한 도구들이다. 어떤 기능을 수행하는 애플리케이션을 생성한다고 할 때, 기본적으로 start.spring.io에서 앞서 열거한 다양한 도구 중 필요한 것들을 선택하여 프로젝트를 생성하고, 여기에 원하는 코드를 추가하면 바로 동작할 수 있도록 제공되고 있다.

이는 클라우드 기반에서 필요한 애플리케이션의 구현에 도움을 주며, 다양한 데이터 저장소와의 연동이 가능하도록 제공되고 또한 더 중요한 것은 다양한 엔터프라이즈 레벨의 서비스들에서 그 사용성이 검증된 도구들이라는 것이다. 따라서 클라우드 기반에서의 애플리케이션 구현에 있어 넷플릭스와 동일한 수고를 하지 않더라도 유레카 서비스를 수 분 만에 생성하여 사용이 가능하다.

● 피보탈 트래커, Pivotal Tracker

개발팀에서 사용하는 이슈 트래커에는 많은 종류가 있다. 이슈 트래커의 역할은 주로 서비스에 필요한 일감의 정의, 할당, 그리고 수행과 그 결과를 지속적으로 관리하는 데 있다. 대부분의 이슈 트래커 도구는 '프로젝트'의 관리 목적으로 사용된다. 그리고 각각의 이슈들은 프로젝트 매니저 또는 그와 유사한 역할을 하는 사용자에 의해 관리되고, 그 프로젝트에 속한 개발팀이 지속적으로 이슈를 해결해 나가는 과정을 기입한다. 그리고 이슈의 해결이 완료된 시점에는 코드 저장소에 커밋 로그 등을 함께 적는다.

피보탈 트래커(http://www.pivotaltracker.com)를 본 책에 소개하는 이유는 간단하다. 이 책에서는 프로젝트에 관한 내용이 아니라 프로덕트를 개발하고 운영하는 방법에 대해 이야기한다. 피보탈 트래커에는 일반적인 프로젝트 관리 도구처럼 각 이슈에 대해서 '데드라인'을 적지 않는다. 여기에는 개발을 수행하는 방법이나 프로세스와도 깊은 관련이 있다. 대부분의 이슈 트래커 도구는 '데드라인' 즉, 이 이슈가 언제까지 해결될 것인가에 대해서 적고, 이를 다양한 형태의 그래프로 그리거나 로드맵으로서 표시해 주는 등의 기능을 한다. 이것이 없다는 점에서 매우 의아할지 모르겠지만, 중요한 것은 일감을 언제까지 끝내야 할지에 대한 개발자의 의지와 관계없는 매니저의 바람은 바람일 뿐이다. 실제로 이슈는 그것을 해결하는 개발자와 그 이슈의 난이도로 결정된다.

따라서 이 두 가지를 기반으로, 프로덕트 매니징에서는 먼저 프로덕트 매니저의 역할이 매우 중요하다. 이 역할을 하는 사람은 해당 마이크로서비스 또는 서비스의 개선 방향에 대해 결정 권한이 있는 사람이다. 뿐만 아니라 대부분 어떤 기능이 서비스에 추가되어야 하고, 여러 개의 기능 중 어떤 기능이 먼저 추가되어야 하는지를 지속적인 고객 또는 비지니스 오너로부터 피드백을 받고 조율할 수 있는 사람이어야 한다. 물론 여기에 개발 경험이 있다면 더욱 좋다.

프로덕트 매니저는 지속적으로 일을 해야 하는 아이템을 추가하고, 어떤 순서로 처리되어야 하는지 관리한다. 그리고 팀에 속한 엔지니어 및 디자이너들과 각각의 아이템에 대해서 난이도에 대한 의견을 듣고 이를 이슈 트래커에 반영한다. 엔지니어들이 난이도를 가르는 기준은 보통 '내가 얼마의 시간을 투입해야 일이 해결되는가'에 따른다. 각각의 이슈에 대한 난이도는 팀에서 '투표'를 통해 정하는 방식을 따른다. 그래서 만약 일이 너무 큰 형태로 할당되었다면 이를 더 효율적으로 나누어내는 능력이 필요하다.

두 번째로 일감 자체의 난이도를 해결하는 방법에 있어 피보탈은 '페어 프로그래밍'이라는 업무 방식을 사용한다. 일반적으로 이 방법은 여러 가지 면에서 이점을 얻을 수 있는데, 우선은 누군가 어려운 일을 끌어안고 시간을 보내는 상태를 방지한다. 일이 해결되지 않는 상태로 두지 않으며, 만약 그런 상태라면 프로덕트 매니저가 개입하여 해결할 수 있는 방안을 찾는다.

또 어떤 코드가 개발될 때 그 코드에 대해 이해하고 있는 사람이 팀에서 한 명

이상이라는 점이다. 즉, 투명하다.

세 번째는 코드가 작성되는 시점에서 테스트와 리뷰가 가능하다는 점이다. 보통의 프로그래밍 언어들은 각종 문법을 가지고 있는데, 이 문법상의 오류와 같은 기본 문제부터 그 코드가 지향하는 문제 해결의 방향이 올바른지, 그리고 테스트 코드 등의 작성에 문제가 없는지 서로 확인이 가능하다. 이것은 잘못 생산된 코드가 QA까지 전달되어 별도의 시간을 소비하는 방법과 달리, 코드의 품질과 정상 동작 여부 등에 대한 문제를 생산 시점에 확인할 수 있게 되는 장점을 제공한다.

따라서 이 두 가지의 방법이 적절히 사용되면 '데드라인'을 넣거나 별도의 QA 팀을 운용하여 코드가 배포될 때까지의 시간을 늘리거나 하는 문제를 방지할 가능성이 크다. 물론 단점들도 존재하는데, 조직 내에 이 방법을 실행할 수 있는 전문가가 없거나 페어링에 대해 부담을 가지거나 또는 다양한 소프트웨어 기술에 대해 경험자가 전무하다면 상당히 난항을 겪을 수도 있다.

어쨌든 피보탈 트래커는 이런 문제의 해결 방식에 매우 적합한 이슈 트래커다. 각각의 이슈는 '스토리'로 등록되고, 이것은 개발해야 할 코드가 어떤 이유에서 작성되어야 하는지, 어떤 요구사항들을 가지는지에 대해 기술된다.

다음은 피보탈 트래커의 뷰를 한눈에 보여주는 BOSH라는 오픈소스 프로젝트의 피보탈 트래커다. 구글에서 'bosh pivotal tracker' 등으로 검색하면 볼 수 있다.

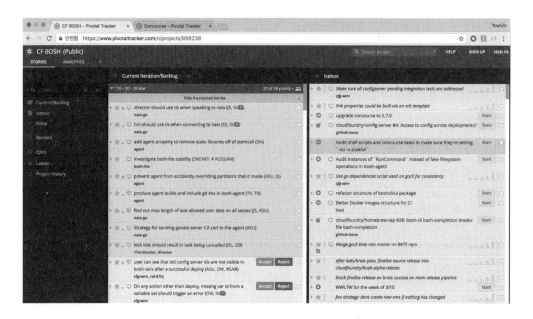

▲ 그림 4-4 BOSH라는 오픈소스 프로젝트의 피보탈 트래커

● BOSH 오픈소스 프로젝트의 피보탈 트래커

하나의 스토리는 4가지 라이프 사이클을 가진다.

- Icebox
- Backlog
- Current
- Done

스크린샷은 오픈소스 프로젝트의 관리이기 때문에 아이스박스^{Icebox}의 각각의 스토리에 시작^{Start} 버튼이 있고, 현재^{Current}/백로그^{Backlog}가 통합되어 있다. 이는 공개되는 프로젝트에 대해 일을 처리하도록 적합한 형태로 구성된 것이나, 원한다면 피보탈 트래커는 4가지 주요 스텝을 구분해서 사용할 수 있다.

아이스박스에는 어떤 기능에 대한 아이디어나 요청사항들을 보통 정리한다. 따라서 고객의 피드백, 요청받은 개선사항 등의 내용이 스토리로 적혀진다. 버그는 버그로, 그 외에 고객의 요청도 아니고 버그도 아니지만 반드시 해결해야 하는 일을 일감^{chore}으로 적어 넣는다. 백로그에는 현재 팀에서 진행해야 할 실제 일들이 적힌다. 위에서 아래까지가 일의 우선순위이며, 엔지니어들은 여기서 일을 시작한다.

엔지니어들로부터 시작 버튼이 눌려 일이 시작되면, 스토리는 진행 중^{Current} 상태로 이동한다. 여기에는 현재 팀이 진행 중인 스토리가 나타나며, 각 스토리를 확장하면 나타나는 다이얼로그에 일을 수행하면서 발생하는 이벤트들에 대해 적는다. 일이 완료되면 커밋 로그와 관계가 있는 스토리의 ID를 기입하고, 완료^{Finish} 버튼을 누른다.

그럼 이는 프로덕트 매니저가 확인할 수 있는 상태로 엔지니어들이 처리한 일에 대해 승인/거부^{Accept/Reject}의 버튼이 발생하며, 프로덕트 매니저는 스토리가 의도한 바대로 개발이 완료되었는지를 확인하고 그렇다면 승인, 아니라면 간단한 이유와 함께 거부를 한다. 이때 해당 스토리가 다 완료되지 않았다는 이유로 다시 백로그로 이동하지 않는다.

작업이 완료된 스토리들은 완료^{Done}로 배치된다. 애널리틱 버튼을 이용하면 해당 서비스를 담당하고 있는 팀의 일반적인 스토리 해결의 속도나, 스토리가 발생하고 완료되기까지 보통 얼마의 시간이 걸리는지 등의 내용을 확인할 수 있다. 마이크로서비스로의 특정 서비스 분리에 대해서는 뒤에 언급하겠지만, 일반적으로 팀에 별다른 변경사항이 없는데 스토리의 해결 속도가 떨어지는 시점을 고려하는 경우가 대부분이다.

오늘 프로젝트에 투입된 사람이라도 권한이 있다면 이 피보탈 트래커를 통해 서비스에 어떤 일이 진행되고 있고, 무엇이 곧 진행될 것인지에 대해 한눈에 볼 수 있다. 따라서 이는 서비스, 즉 프로덕트에 대해 매우 높은 가시성을 제공하며, 어떤 일이 해결되고 해결되지 않는지 누구나 확인이 가능한 도구가 된다.

피보탈 트래커는 오픈소스 프로젝트를 수행하는 경우, 홈페이지(http://pivotal-tracker.com)를 통해 무료로 사용할 수 있으며, 기업 내부에 사용할 수 있는 설치형 버전도 제공되고 있다.

● 컨커스, Concourse

서비스의 지속적인 개선은 고객이 원하는 방향으로 서비스를 개선하는 데 매우 중요한 사항이다. 아이디어를 이슈 트래커에 적고, 이를 개발팀이 구현하고, 테스트하고 바로 배포를 수행하고, 배포된 애플리케이션에 대한 사용자 피드백을 바탕으로 다시 아이디어를 생각해 내는 순환이 빠르고, 처리되는 양이 많을수록 서비스는 더 발전하게 된다. 프로젝트 기반의 서비스에 없는 것이 바로 이런 과정이며, 따라서 프로덕트 기반의 서비스 개발 및 운영에서 반드시 필요한 것이 바로 CI와 같은 도구다.

시장에는 다양한 CI 도구들이 존재한다. 오픈소스도 있고, 상용 버전도 있으며 두 가지가 혼합된 형태도 있다. 피보탈의 컨커스(http://concourse.ci)는 컨테이너 기반으로 동작하는 CI 도구이며, 빌드 및 테스트에 도커 이미지를 편리하게 사용할 수 있는 도구다. 파이프라인의 생성이 비교적 간단하고, 현재 서비스 또는 애플리케이션에 대한 배포 직전까지의 파이프라인에 대해 한눈에 알아볼 수 있으며, 특정 단계에서 문제가 발생했을 때 역시 각각의 테스트 로그를 실시간으로 볼 수 있으며 색상을 통해 바로 구분하여 사용이 가능하다.

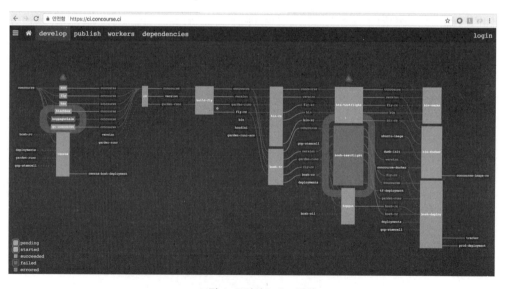

▲ 그림 4-5 컨커스 스크린샷

뒤에 자세히 설명되겠지만, 기본적으로 검정색은 리소스, 박스는 특정 task를 나타낸다. 리소스란 git, docker hub, Cloud Foundry, Mercurial, 아마존 S3와 같은 것들이다. 이 리소스를 대상으로 fetch, push를 수행하거나 데브옵스가 지정한 테스트를 수행하거나 하는 동작을 연결해서 사용하는 것이 가능하다. 예를 들면, 제일 왼쪽에 있는 검은색 리소스 중 git에 누군가 기능 개선을 위한 코드를 push했다면, 컨커스는 이를 알아채고 신규로 업데이트 된 코드를 가져와서 원하는 테스트를 수행하고, 이것이 완료된 경우 다음 단계로 넘길 수 있다.

〈그림 4-5〉는 컨커스 도구 자체가 어떻게 개발되는지에 대한 파이프라인을 한눈에 보여준다. 이들 중 녹색은 마지막에 수행한 태스크가 정상적, 즉 exit code 0으로 완료되었다는 의미이며, 붉은색은 마지막 수행한 작업에 문제가 있었음을 알려준다.

권한에 따라 각각의 태스크를 클릭하면 자세한 테스트 내용을 살펴볼 수 있다. 책을 작성하고 있는 시점인 현재 〈그림 4-6〉의 이미지에서는 baggageclaim이라는 기능의 테스트에 문제가 발생했음을 알 수 있는데, 이를 클릭해 보면 다음과 같은 화면을 확인할 수 있다.

▲ 그림 4-6 baggageclaim이라는 기능의 테스트에 문제 발생

가장 상단의 붉은색은 현재 보고 있는 테스트가 비정상 종료되어, 다음의 작업으로 넘어가지 않고 멈추었음을 알려준다. 또한, 테스트가 시작되고 중지된 시간에 대한 정보도 나타나는 것을 확인할 수 있다. 그 아래에 보면 숫자들이 보이는데, 이는 테스트가 각각의 커밋에 대해 실행된 시퀀스를 보여준다. 그 하단에는 해당 테스트에 대해 보다 더 자세한 정보가 나오는데, 예를 들면 테스트에 사용한 리소스의 커밋 로그, 어떤 테스트를 수행했는지에 대한 output, 그리고 어디서 문제가 되어 종료되었는지에 대한 로그이다.

따라서 개발자는 새로 개발한 기능의 코드를 확인하고 코드 저장소에 푸시한 이후 테스트가 정상적으로 통과하는지 확인하고, 만약 정상적이라면 녹색을, 정상이 아닌 붉은색이라면 어느 지점에서 테스트가 문제가 되었는지를 확인하고 필요하다면 코드를 수정하거나 테스트를 수정한 후에 다시 커밋을 수행하면 된다. 이와 같은 방법은 해당 서비스에 대한 테스트가 누적되면 누적될수록 당연히 프로덕션으로 배포되기 전에 더욱 안정적으로 될 수밖에 없는 구조가 되어 시간이 흐를수록 서비스는 견고해진다.

컨커스는 〈그림 4-6〉과 같이 그 동작의 구성에 대해 매우 간결한 인터페이스를 통해 꼭 필요한 내용만을 보여준다. 각 데브옵스 팀들은 자신이 운용 중인 서비스에 대해 별도의 뷰와 파이프라인을 가질 수 있으며, 리소스가 허락한다면 개발자 개인이 파이프라인을 개선하거나 할 수도 있다.

컨커스에 파이프라인을 설정하거나 하는 동작들은 모두 YAML 파일로 존재하므로, 이 컨커스 서비스가 사라진다고 해도 이 YAML 파일을 유지한다면 언제든 파이프라인을 그대로 유지할 수 있고, 이 역시 코드 저장소에 보관되어 지속적으로 개선될 수 있는 방법을 제공한다.

컨커스는 현재 로컬 머신에 도커를 통해 준비될 수도 있고, Vagrant를 통해서도 가능하며 실제 서비스에서의 운용을 위해서라면 BOSH라는 배포 도구를 통해 클러스터로 운용될 수도 있다. 전술했듯이 컨테이너 기반의 도구이기 때문에 테스트 목적으로 매우 편리하게 사용할 수 있으며, BOSH를 사용한다면 컨커스 자체에 대한 업데이트 역시 손쉽게 처리가 가능하다.

● 피보탈 클라우드 파운드리, Pivotal Cloud Foundry

클라우드 환경으로의 애플리케이션 배포는 보통 쉬워야 한다. 하지만 현실적으로 이는 절대 쉬운 작업이 아니다. 먼저, 각 클라우드 서비스 또는 환경이 제공하는 구조에 익숙해야 한다. 두 번째로는 이 구조들이 사용하는 언어에 대해 공부해야 하고, 실제로 비용을 내면서 실습을 해야 실제로 어떤 동작을 하는지 학습할 수 있다.

예를 들어 로드밸런서와 애플리케이션 구동에 필요한 서버, 그리고 데이터베이스를 준비한다고 하자. 이를 위해서는 해당 서비스에 계정을 생성하거나 할당받아야 한다. 가상 네트워크를 먼저 구현해야 하고, 이 생성된 네트워크 위에 필요에 따라 다시 서브넷을 준비해야 한다.

준비되고 나면 데이터베이스 서비스를 시작하고, 가상머신을 시작하고, 그리고 이렇게 시작된 가상머신들에 로드밸런서를 연결해야 한다. 많은 경우 이런 작업을 처음 수행하면 적절하지 못한 네트워크를 사용하거나, 매우 높은 성능의 시스템을 사용하거나, 또는 그 방법이 매우 어렵거나 복잡한 경우가 많다.

여기서 소개되는 클라우드 파운드리는 이런 문제를 해결한다. 다양한 클라우드 환경에서 동작하며, 개발자는 빌드된 코드를 간단한 커맨드로 클라우드 위에 동작시킬 수 있다. 이것은 반복되는 리소스의 할당과 사용, 그리고 배포 작업에 다른 팀의 도움을 받지 않아도 된다는 것이다. 코드가 만들어지면 push하면 될 일이다. 운영에서의 경우, 리소스의 준비나 배포에 매번 동일한 작업을 수행하지 않아도 된다. 따라서 수많은 애플리케이션을 구동하여 사용하더라도, 운영팀의 작업 오버헤드는 그에 비례해서 늘어나지 않는다.

피보탈 클라우드 파운드리(http://pcfdev.io, https://run.pivotal.io)는 AWS, Azure, GCP, OpenStack, VMware 등의 환경에서 동작한다. 아울러 각 클라우드 업체가 제공하는 서비스를 연동하기 위한 서비스 브로커와 같은 도구를 포함하므로, 개발하는 애플리케이션에 원하는 클라우드 서비스를 create-service와 같은 방법으로 동일하게 운용이 가능하다.

클라우드 파운드리를 사용하는 방법은 크게 세 가지가 있다. 하나는 피보탈 웹

서비스^{Pivotal Web Service}라 불리는 서비스에 가입하고, 60일 정도의 무료 서비스를 사용하는 것이다. 두 번째는 웹페이지(http://network.pivotal.io)에서 피보탈 클라우드 파운드리를 다운로드해서 앞서 설명된 환경 중 하나에 설치하는 것이다. 이는 다소 노력이 필요하거나 인프라에 대한 전문성이 요구될 수 있으므로, 이 방법을 사용하는 대신 PWS를 사용하거나 마지막으로 소개되는 PCFDEV(http://pcfdev.io)를 로컬에 준비해서 사용하는 방법도 있다.

PCFDEV는 개발자를 위한 환경으로, 8기가바이트 이상의 메모리를 가진 환경에서 손쉽게 준비해서 사용할 수 있다. 이는 단순 클라우드 파운드리뿐만 아니라 RabbitMQ, MySQL, Redis의 자주 사용되는 서비스 세 가지가 함께 준비된다. 따라서 애플리케이션을 작성하고, 여기에 필요한 서비스를 준비해서 애플리케이션과 연동하는 동작을 연계해서 사용할 수 있다. PWS에서는 마켓플레이스에 있는 다양한 서비스를 연동할 수 있고, 설치형의 PCF에서는 앞서 언급한 클라우드 서비스들에서 제공하는 주요 클라우드 서비스들과 MySQL, Redis, RabbitMQ와 같이 자주 사용되는 서비스들을 별도로 추가할 수도 있다.

이 도구는 역시 오픈소스로 존재하며, BOSH를 통해 언급된 환경에 모두 설치할 수 있다. 클라우드 파운드리의 개발 과정은, 오픈소스 사용자 및 고객 등의 피드백을 반영하여 기능이 개발이 되면 PWS에 먼저 반영하고, 발생 가능한 문제 등을 해결한 후 OSS로서 공개된다. 이후 문제가 없다면 상용 버전인 피보탈 클라우드 파운드리의 패키지로 배포되는 과정을 거친다.

한 가지 언급하고 싶은 것은, 오픈소스 클라우드 파운드리를 사용하는 경우 반드시 이전에 설명한 컨커스와 같은 CI 도구를 사용하여 각 버전별로 지속적으로 업데이트 하는 방법을 적용해야 한다는 점이다. 그렇지 않게 되면 버전 차이가 많이 나는 클라우드 파운드리로 업데이트를 수행할 때 그다지 즐겁지 않은 경험이 될 것이다.

이 세 가지 중 설치형 버전을 제외하고, PWS와 PCFDEV를 준비하는 방법을 살펴보자.

피보탈 웹서비스

먼저 PWS를 사용하는 방법은 간단하다. https://run.pivotal.io의 도메인으로 접근한 뒤, 페이지의 안내에 따라 sign-up for free 버튼을 누르고 로그인 화면이 나오면 아래 'create account'를 클릭해서 필요한 내용을 기입하면 된다.

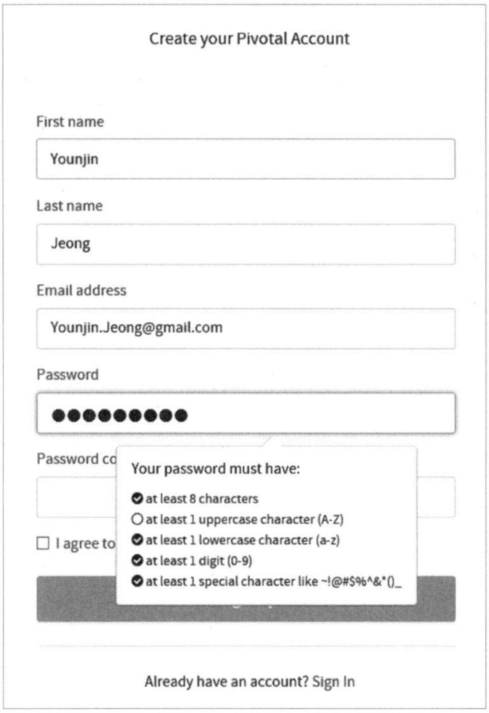

▲ 그림 4-7 패스워드 복잡성 체크

그리고 패스워드 복잡성 체크를 한다. 그러면 피보탈로부터 Verification 메일이 하나 온다.

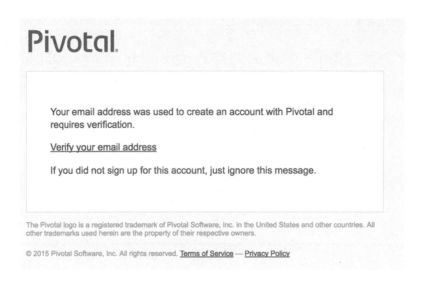

▲ 그림 4-8 Verification

이메일 안의 Verify your email address를 클릭하면 다음과 같은 프리 트라이얼Free trial 등록 페이지로 넘어간다. 사용을 위해 SMS를 선택하고 Korea, Republic of를 선택한다. 그리고 제일 아래에는 모바일 번호를 넣어주면 된다. 그냥 한국 전화 번호 010-xxxx-xxxx를 넣어도 정상적으로 문자 메시지가 수신되는데, 만약 잘 안 된다면 국가 번호를 더해서 넣어도 된다.

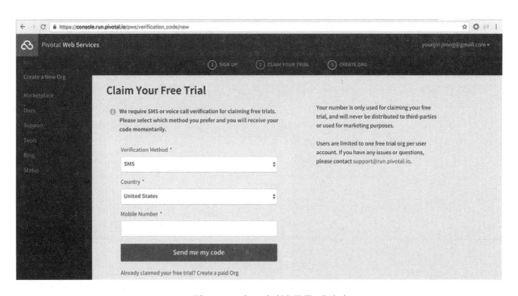

▲ 그림 4-9 프리 트라이얼 등록 페이지

번호를 입력하면 페이지가 넘어가면서 해당 전화번호로 메시지를 보냈으니 메시지의 코드를 입력하라고 한다.

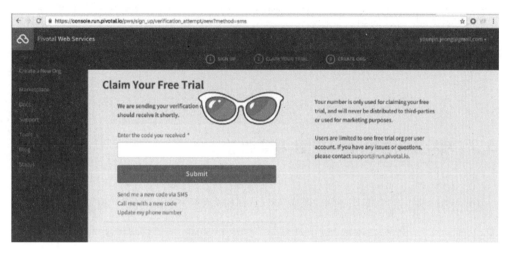

▲ 그림 4-10 확인 메시지 발송 안내

화면이 넘어가면서 Org라는 것을 생성하라고 한다. Org는 조직 이름이다. 이때 중요한 것은 이 이름이 너무 길면 나중에 타이핑이 힘들 수 있으므로 간략하고도 유니크한 나만의 조직 이름을 선택하는 것이 좋다.

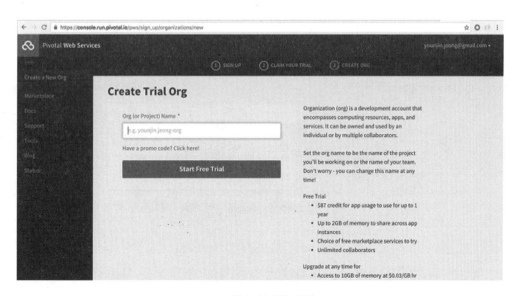

▲ 그림 4-11 이름 설정

아울러 페이지의 오른쪽에 보면 어떤 서비스를 얼마만큼 무료로 사용할 수 있는 지 나온다. '프리 트리얼 기간이 끝나면 돈이 청구되는 거 아냐?'라고 걱정하지 않 아도 된다. 신용카드 정보 기입과 같은 단계는 없다. 무료 사용 금액을 넘어가는 리 소스는 쿼터로 제한되어 어차피 구동되지 않는다. 하지만 1년이 지나면 동작하던 서비스들이 중단될 수 있으므로 주의할 필요가 있다.

4.7 | 재사용 가능한, 풀 사이클 개발 환경

앞 장의 넷플릭스 문화에서 '풀 사이클 개발자'를 소개하였다. 이것은 넷플릭스 식의 데브옵스 환경을 설명하는 것인데, 수많은 개발팀과 운영팀이 협업하는 모델 에 관한 것이라고 할 수 있다.

▲ 그림 4-12 소프트웨어 생명 주기

핵심은 각 개발팀에서 소프트웨어 생명 주기에 관한 모든 부분을 직접 관장할 수 있어야 한다는 것이다. 디자인, 코딩, 테스트까지는 보통 수긍하지만 배포, 운영, 문제 발생 시 지원에 대해서는 부정적일 것이다.

운영팀에서도 만약 데브옵스에 대해 잘못된 견해를 가지고 있다면, 자신들의 업무가 사라질 것이라는 두려움을 가지는 경우도 있다. 개발팀이 모든 것을 하면 운영팀의 역할이 사라질 것이라고 생각하기 때문이다.

개발팀과 운영팀의 관계 사이에 있는 것이 바로 플랫폼이다. 단순히 컨테이너를 어떻게 하는 것이 아니라, 개발팀에 필요한 재사용 가능한 리소스를 쉽게 사용할 수 있도록 제공하는 것이 플랫폼이다. 그리고 운영팀의 역할은 개발팀의 요구를 받아 플랫폼을 관리하고 필요한 기능을 추가하는 것이라고 볼 수 있다.

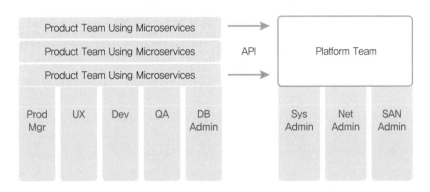

▲ 그림 4-13 넷플릭스의 플랫폼팀

[출처] https://www.nginx.com/blog/adopting-microservices-at-netflix-lessons-for-team-and-process-design/

〈그림 4-13〉에서 아래쪽 파란색이 기존의 팀 구조라고 할 수 있다. 현재 대부분 회사는 이러한 팀 구조를 가지고 있다. 전문성에 기반하여 팀을 나누었고, 하나의 소프트웨어는 이렇게 다른 수많은 팀들에 의해 운영된다. 넷플릭스 역시 이러한 방법을 사용했지만, 현대의 기업들과 마찬가지로 다양한 문제에 부딪히게 된다. 종전의 사일로 형태로 구성된 팀 구조를 그 위의 '마이크로서비스를 사용하는 제품팀들' 과 '플랫폼팀'으로 개선한 모습을 볼 수 있다.

먼저 주목할 것은 플랫폼팀이다. 이 플랫폼팀은 종전의 시스템, 네트워크 그리고 스토리지 전문가로 이루어져 있다. 즉 현대 많은 조직에서 '운영'으로 불리는 팀의 전문성이 이 플랫폼팀에 있다. 이들은 플랫폼을 운영하여 개발팀에 제공한다. 즉 플랫폼팀의 고객은 제품을 만들고 유지하는 개발팀이 되는 것이다.

그리고 각각의 제품 개발팀은 다양한 역할로 이루어진 앞장에서 살펴본 '크로스 펑셔널팀'과 같은 형태로 구성된다. 제품 관리자, 디자이너, 개발자, 테스트, 그리고 데이터베이스 관리자가 여기에 속한다. 이들은 각각의 마이크로서비스팀에 흡수되어 서비스를 개발하고 운영하는 역할을 한다. 이들의 고객은 실제 서비스를 사용하는 사람들이다.

여기에서 중요한 것은 개발과 운영팀의 관계가 메일이 아니라 'API'화 되었다는 점이다. 개발팀은 플랫폼의 사용을 위해 별도로 메일로 요청하지 않는다. 대신 플랫폼팀이 준비한 API를 사용해서 원하는 서비스를 이용한다.

이 관계를 이해하기 위해 아마존웹서비스의 RDS를 떠올려 볼 수 있다. 아마존웹서비스가 일종의 플랫폼팀이고, 제품 개발을 하고 있는 팀은 아마존웹서비스를 사용하고 있는 사용자다. 제품 개발에 필요한 데이터베이스가 있다면 RDS 서비스에 API를 요청해서 즉시 생성해서 사용한다. 이 데이터베이스 생성을 위해 누군가에게 메일을 보내고 있다면 무언가 잘못되어도 단단히 잘못된 것이다.

아마존웹서비스의 팀은 이 API가 항상 동작하고, 이를 통해 제공된 리소스를 업데이트된 상태로 유지하며 새로운 기능을 추가한다. 바로 이런 관계를 회사 내부에 구축하는 것이 플랫폼팀과 제품 개발팀을 구성하는 방법이다.

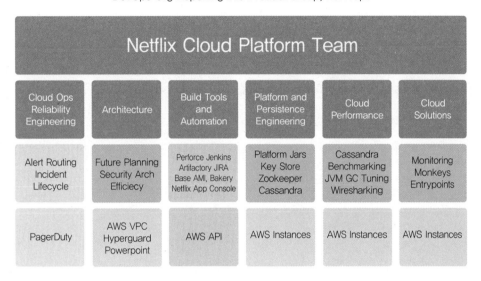

Netflix Organization

DevOps Org Reporting Into Product Group, not ITops

Netflix Cloud Platform Team					
Cloud Ops Reliability Engineering	Architecture	Build Tools and Automation	Platform and Persistence Engineering	Cloud Performance	Cloud Solutions
Alert Routing Incident Lifecycle	Future Planning Security Arch Efficiecy	Perforce Jenkins Artifactory JIRA Base AMI, Bakery Netflix App Console	Platform Jars Key Store Zookeeper Cassandra	Cassandra Benchmarking JVM GC Tuning Wiresharking	Monitoring Monkeys Entrypoints
PagerDuty	AWS VPC Hyperguard Powerpoint	AWS API	AWS Instances	AWS Instances	AWS Instances

▲ 그림 4-14 넷플릭스 플랫폼팀, 2012년

〈그림 4-14〉는 넷플릭스 플랫폼팀의 구성에 대한 설명이다. 상당히 다양한 역할로 이루어져 있음을 알 수 있다. 많아 보이지만, 사실 제품 개발팀이 훨씬 더 많다. 이 플랫폼팀이 만드는 것들이 '넷플릭스 도구'를 설명하는 장에서 다룬 것들이다. EVcache는 3명이 만들었지만, 수많은 팀에서 수백/수천 개의 클러스터로 운용해서 사용할 수 있는 비결이 이와 같은 팀 구조에 있다.

정리하면 종전의 전문 직군별로 이루어진 사일로화된 팀을 서로 다른 역할을 가진 사람들을 모아서 팀으로 만든다. 이때 실제 고객이 사용할 서비스를 만드는 팀과 이 팀이 디자인/개발/테스트/배포/운영/지원의 모든 업무를 수행할 수 있도록 돕는 도구를 만들고, API를 사용한 플랫폼으로 제공하는 것이 플랫폼팀의 역할인 것이다.

4.8 | 테스트

애플리케이션, 애플리케이션이 동작하는 환경의 변화, 그리고 애플리케이션이 접근하는 데이터소스에 대한 변경은 항상 발생하는 일이다. 책의 주제인 다운타임이 없이도 지속적으로 개선되는 애플리케이션을 이루어내기 위해서 무엇보다 중요한 것은 테스트라고 할 수 있다.

XP eXtreme Programming에서도 테스트는 매우 중요하게 다룬다. 코드의 각 부분의 동작을 테스트로 설명할 수 있어야 한다. 프로덕션에 배포 준비가 된 코드란 해당 시점에 가급적이면 높은 커버리지를 가지는 테스트를 통과한 코드를 말한다.

테스트가 중요한 이유는 배포에 대한 자신감을 높일 수 있기 때문이다. 배포 대상 환경에서 동작 여부에 대한 테스트가 종료된 애플리케이션은 해당 환경에 배포되었을 때 문제없이 동작할 확률이 높다. 하지만 그렇지 않은 코드의 경우 개발팀과 운영팀 사이에 팽팽한 긴장을 발생시킬 수 있다. 이는 배포 이후 문제가 되었을 경우 누가 책임을 져야 하는가, 그리고 누가 조치를 취해야 하는가 등의 문제와 직결된다.

모바일 위주의 서비스라면 서버 측 API가 수정되지 않았는데 모바일 클라이언트가 수정되어 불편을 야기하는 일도 심심찮게 발생하고는 한다. 그래서 단위 테스트나 연동 테스트뿐만 아니라, 플랫폼 엔지니어링 팀에서는 애플리케이션이 동작하는 클라우드 환경에 대한 테스트를 수행할 필요가 있다. 클라우드가 주는 큰 혜택 중 하나는 그것이 테스트이건 프로덕션이건 필요한 환경을 즉시 생성해서 원하는 목적으로 사용하고, 사용이 종료되면 모두 없애 버릴 수 있다는 것이다. 즉, 적절한 테스트 과정이 뒷받침된다면 다양한 테스트를 수행해 볼 수 있다는 것이다.

기존에 개발자들에게 익히 알려진 유닛테스트나 엑셉턴스 테스트, 인티그레이션 테스트 외에도 데이터소스에 대한 고가용성 테스트, 성능 테스트, 부하 테스트 등이 가능할 것이며, 넷플릭스의 경우에는 여기에 더해 장애 주입 테스트 Fault Injection Test 등을 추가로 수행하여 서비스를 언제나 가용한 상태로 만들고 있다.

테스트는 새로 변경된 애플리케이션뿐만 아니라 이 애플리케이션의 동작에 필요한 모든 구성 요소가 언제든 동작할 수 있다는 믿음을 팀에 심어준다. 또한, 다양한 조건의 설정과 이에 따른 사전 테스트는 애플리케이션의 구동에 대한 이해를 높이고, 이렇게 쌓인 지식들을 바탕으로 서비스에 문제가 발생한 경우 즉각 조치가 가능한 구조를 만들어 낼 수 있다.

테스트는 결국 실험이며, 가설을 세우고 실험을 통해 관측된 데이터를 분석하고 이 분석의 결과를 서비스에 적용하는 과정으로 이루어진다. '만약 특정 서비스의 데이터베이스가 동작하지 않는다면'과 같은 간단한 가설부터, '의존 관계에 있는 애플리케이션의 응답속도가 느려지거나 타임아웃이 발생한다면'과 같은 가설의 설정, 그리고 실험과 그 결과의 관측은 서킷의 타임아웃 값의 조정이나 페일 오버 전략에 즉각 반영될 수도 있다. 그리고 이런 노력의 지속적 반영은 서비스를 잘 망가지지 않는 상태로 만들어 줄 것이다.

관측성의 확보

APM과 같은 도구를 이용해 애플리케이션 수준에서의 다양한 관측성을 확보하는 것도 중요하지만, 애플리케이션이 동작하는 모든 구간에서 자원이 어떻게 사용되고 어떤 성능으로 동작하는지, 가급적이면 자세한 데이터를 확보하는 것은 매우 중요하다.

다음의 링크는 넷플릭스 테크 블로그 중 '마이크로서비스를 현미경으로 보기'라는 주제의 글이다.

https://medium.com/netflix-techblog/a-microscope-on-microservices-923b906103f4

넷플릭스는 자사가 개발하고 운용하는 애플리케이션의 상태 정보를 매우 정밀하게 수집하여 분석하는 내용을 자사의 기술 블로그에 게시하고 있다. 넷플릭스에서 배포되어 구동되는 각각의 서비스들은 애플리케이션의 텔레메트리 정보를 수집하는 서보^{Servo} 또는 스펙테이터^{Spectator}와 같은 도구를 통해 아틀라스^{Atlas} 시스템으로 집계되며, 이 내용은 애플리케이션을 개발하고 직접 운용하는 팀에서 쉽게 살펴볼 수 있는 UI와 함께 제공된다.

앞서 링크의 내용을 살펴보면, 넷플릭스에서는 일단 외부 및 내부에서 발생한 서비스 간 요청을 매우 자세하게 추적하고 있음을 알 수 있다. 각각의 서비스 간 요청과 응답은 성공률, 시간, 요청 규모 등의 정보와 함께 기록되며, 대퍼^{dapper}와 같은 인하우스 프레임워크를 통해 한눈에 쉽게 파악할 수 있게 정보가 제공된다.

먼저 고수준으로 수집된 정보는 원하는 구간에 더욱 디테일하게 파고들 수 있도록 되어 있다. 특정 서비스를 더블 클릭하게 되면 분석을 원하는 시간대에 어떤 이벤트가 발생했는지 더욱 자세하게 들여다볼 수 있다. 여기에는 슬라롬^{Slalom}이나 간단한 IPC를 통해 다른 각도로 매트릭을 확인할 수 있는 모굴^{Mogul} 과 같은 도구를 사용하고 있다고 소개하고 있다.

이런 도구들은 테스트뿐만 아니라 실제 운영에 발생한 문제를 추적하는 데도 매우 유용하다. 앞서 링크에서는 병목 구간 추적을 위해 다음의 정보들을 다각도로 수집해서 보여주는 데 집중하고 있다.

- 시스템 리소스(CPU, 네트워크, 디스크 등)
- JVM 정보(스레드 상태, GC)
- 서비스 IPC 콜
- 데이터 유지와 관련된 콜(EVCache, Cassandra)
- 에러와 타임아웃 정보

이런 정보들을 시간의 흐름에 따라 애플리케이션을 운용하는 팀이 직접 살필 수 있도록 제공하는 역할은 플랫폼팀에 있다. 플랫폼팀은 다양한 도구들을 애플리케이션팀에서 쉽게 가져다가 사용할 수 있도록 제공할 필요가 있다. 각 개발팀은 IDE 수준에서 이 공통 도구들을 빌드에 적용하게 되고, 이를 통해 애플리케이션이 동작하는 순간부터 넷플릭스 서비스망 어딘가에 위치한 모니터링 시스템들과 즉각 연동된다.

과학 실험에서 관측성 확보는 가장 처음에 준비해야 할 사항이다. 어떻게 관측할지, 어떤 지표를 관측할지, 언제부터 언제까지 관측할지 등의 여부가 준비되지 않는다면 실험은 애초에 좋은 결과를 기대하기 어렵다.

다운타임을 제로에 가깝게 만들기 위해서는 이런 관측성 확보가 가장 우선시되는 조건이라고 할 수 있다. 현재 서비스와 시스템, 애플리케이션이 어떤 상태인지 알지 못한다면 아무런 조치도 취할 수 없다. 물론 모든 서비스 시스템이 어느 정도 모니터링을 하고 있겠지만, 클라우드 환경에서 중요한 것은 리소스가 언제든 만들어지고 사라질 수 있으며, 종전처럼 모니터링 에이전트를 수동으로 설치하고 설정해서 사용하는 형태로 제공되어서는 안 된다는 것이다.

각 개발 및 운영팀은 배포된 애플리케이션의 즉각적인 상태 변화를 필요할 때 즉시 참조할 수 있어야 하며, 사람이 기억하지 않아도 네트워크 위치와 관계없이 애플리케이션이 구동되는 순간, 텔레메트리 정보를 수집하여 모니터링 및 분석 시스템에 전달해야 한다.

이런 체계를 확보하는 것은 비단 테스트의 목적뿐만 아니라 서비스 동작에 대한 이해도를 높이고, 특정 상태에 대한 정보 공유를 빠르게 만들어준다. 물론 신규 애플리케이션에 대한 테스트를 적용하는 경우에도 종전과 대비해 어떤 점이 좋아졌는지, 또는 나빠졌는지에 대한 데이터 기반의 판단을 지원하게 된다.

넷플릭스의 도구들을 모두 직접 가져다가 사용하기는 어려울 수 있다. 모니터링을 위한 다양한 도구들이 존재하지만, 오픈 소스로서 오픈트레이싱(OpenTracing)이라는 도구가 있다. 이 도구는 JVM 환경뿐만 아니라 Go, 자바스크립트, 자바, 파이썬, 루비, PHP, 오브젝티브C, C++, C#을 위한 라이브러리를 제공한다. 이 도구는 '분산 추적'을 위한 도구로서 클라우드와 같이 복잡한 환경에서 마치 넷플릭스가 했던 것과 마찬가지로 서비스와 서비스 간의 요청과 응답을 추적한다.

서비스에 이런 도구의 적용을 시작하는 것은 좋은 첫걸음이라고 할 수 있다. 이는 단순 로그만 있을 때 서비스에 '무슨 일이 발생했다!'와 같은 단편적 정보만 얻을 수 있는 것이 아니라, '어디서 무엇 때문에 발생했다'라는 정보를 추가로 얻을 수 있기 때문이다.

이와 관련해 추가적인 정보가 필요하다면 다음의 페이지를 참고하길 바란다.

https://opentracing.io

https://github.com/opentracing

관측성을 확보하는 또 다른 좋은 방법은 서킷 브레이커를 사용하는 것이다. 서비스와 서비스 간의 호출에서 상대방 서비스에 대한 응답 모니터링을 기반으로 동작하는 것이 서킷 브레이커의 핵심이다. 넷플릭스의 히스트릭스^{Hystrix}의 경우 서비스를 요청하는 쪽에서 상대 서비스의 요청과 응답을 모두 모니터링한다. 이 모니터링 정보를 기반으로 사전에 설정된 지표, 이를테면 타임아웃이나 스레드 카운트 등이 특정 상태에 다다르면 서킷을 열거나 닫는다.

이것은 비단 실제 서킷을 동작시키는 목적으로 사용될 뿐만 아니라, 서비스와 서비스 간의 요청 응답 상태 정보를 모니터링할 수 있는 도구를 제공하기도 한다. 앞서 넷플릭스의 도구들에서 설명한 바와 같이 히스트릭스는 대시보드를 제공한다. 이 대시보드에는 Turbine이라는 도구가 있으며, 히스트릭스가 동작하는 각 애플리케이션에서 생성하는 상태 스트림 정보를 모아 대시보드로 표현할 수 있게 해 준다. 이 정보를 바탕으로 애플리케이션의 코드가 변경되고, 이에 따라 요청과 응답에 대한 타임아웃 등을 변경함으로써 장애에 보다 능동적으로 대응할 수 있게 된다.

JVM 기반의 환경을 주로 운용할 생각이라면 다음의 Resilience4j 도구를 살펴보는 것이 좋다.

https://resilience4j.readme.io/docs

트래픽의 흐름을 변경할 수 있는 구조의 확보

관측성이 확보되었다면 다음으로 생각해 볼 것은 서비스에 유입되는 트래픽의 통제 방법이다. 대부분은 DNS와 같은 체계를 통해 클라이언트로부터 유입되는 요청을 통제하는 것으로 통제를 생각해 볼 수 있다. 이것은 전통적인 방법으로, 만약 재해 복구 시스템이 다른 지리적 위치에 준비된 경우 이 시스템으로 즉각 트래픽을 우회 시킬 수 있는 확실한 방법이다.

하지만 클라우드 환경에서는 이 구간이 더욱더 유연해질 수 있다. 앞의 DNS만을 사용하는 방법은 서로 다른 버전의 애플리케이션이 배포된 경우에 통제할 방법이 없다. 이는 전통적인 로드밸런서를 사용하는 경우에도 마찬가지다.

물론 리버스 프락시와 같은 도구를 사용하여 클라이언트로부터 유입된 요청 헤더와 같은 정보를 바탕으로 적절한 내부 서비스에 라우팅을 처리할 수도 있다. 하지만 이런 역할을 하는 대부분의 도구는 내부 서비스 호스트의 동적인 생성과 삭제 등에 대응하는 방법이 유연하지 못한 경우가 많다. 이는 주로 설정 파일에 호스트 정보를 기입하고, 리버스 프락시 등의 프로세스에서 재기동을 통해 해당 정보를 읽어 와야 하는 구성으로 인해 순간적인 다운타임이 발생할 여지가 있기 때문이다.

하여 최근 이 구간에 많이 사용되는 것이 바로 API 게이트웨이다. API 게이트웨이의 일반적 역할을 나열해 보면 다음과 같다.

- 외부로부터 유입된 트래픽의 내부 서비스 라우팅
- 유입된 요청에 필터 적용
- 내부 서비스로 라우팅되어 발생한 응답에 필터 적용
- 외부 요청과 내부 서비스 사이의 경계 지역으로서 필요한 보안 적용
- 모든 트래픽이 흐르는 구간으로, 서비스 모니터링의 주요 지역

만약 기존의 애플리케이션에서 어떤 기능이 분리된, 또는 종전의 XML 기반의 통신에서 JSON 기반의 응답을 제공하는 신규 서비스 개발을 기획하고 있다면, 이 API 게이트웨이와 같은 도구의 적용은 필수적일 것이다. 이 도구의 역할은 외부 요청을 살펴 적절한 내부 서비스로 요청을 전달하는 기능을 한다. 때문에 XML이 필

요한 요청은 종전의 서비스로, 신규 JSON 응답이 필요한 요청은 신규 서비스로 각 요청을 분산 할당할 수 있다.

이 구조가 적용되어 얻을 수 있는 추가 효과가 바로 테스트다. 어떤 애플리케이션의 새로운 버전이 적절한 테스트를 모두 통과했다 하더라도, 경우에 따라 실제 배포가 되어야만 그 동작을 확인할 수 있는 경우가 반드시 존재한다. 이때 서비스에서는 두 가지 버전의 애플리케이션을 모두 배포해 두고, API 게이트웨이를 통해 새로운 버전의 애플리케이션으로 전체에서 아주 작은 양의 트래픽만 흐르도록 할 수 있다. 관측성이 확보된 상태라면 신규로 배포된 애플리케이션에서 발생하는 상태 정보를 기반으로 문제가 있는지 없는지 알 수 있다. 문제가 없다면 신규 애플리케이션으로 트래픽을 점진적으로 전환하고, 종전의 애플리케이션에는 트래픽의 비율을 점점 줄여나간다. 오토스케일링이 적용되어 있다면 애플리케이션은 기존 버전에서 신규 버전으로 자연스럽게 마이그레이션 될 것이다.

물론 적절한 테스트를 통해 이렇게 점진적으로 버전 마이그레이션을 수행할 수 있지만, 경우에 따라서는 애플리케이션이 동작하는 리소스를 동일한 규모로 배포해 두고, 바로 엔드포인트를 전환하는 방법도 사용할 수 있다. 이를 보통 블루/그린 배포 방법이라고 한다.

이런 트래픽 전환의 구조에 대한 이점을 활용하는 것이 바로 A/B 테스트다. A/B 테스트는 고객의 피드백 또는 어떤 기능에 대한 실험 등을 위해 사용될 수 있는데, 서로 다르게 동작하는 실험 대상의 애플리케이션을 동일하게 배포하고 이때 발생하는 로그의 수집 등을 통해 사용자의 선호도를 파악하거나, 서비스 시스템의 이상 여부를 확인하는 등의 다양한 용도로 사용할 수 있다.

이 다양한 기능성은 유입되는 트래픽을 분산할 수 있는 능력에서 시작된다. 요청 헤더 등의 정보를 통해 어떤 경우에는 적절한 서비스로 전달을, 필요한 경우에는 거부를, 어떤 경우에는 수정을 처리할 수 있는 능력을 통해 서비스가 유연하게 마이크로서비스로 전환될 수 있다.

추가로 얻어지는 능력은 가용성이라고 볼 수 있다. 특히 서비스 디스커버리 등과 연계된 API 게이트웨이는 클라우드 환경에서 동적으로 생성되는 애플리케이션의 정보를 즉각 수용함으로써 밸런싱 룰에 반영할 수 있다. 넷플릭스의 도구들에서 API 게이트웨이는 주울^{Zuul}이, 밸런싱의 역할은 리본^{Ribbon}이 수행한다. 자세한 내용은 앞의 넷플릭스의 도구들 부분을 참고하도록 하자.

서킷 브레이커와 함께 동작할 수 있는 API 게이트웨이는 리전 간 트래픽 전환의 도구가 될 수도 있다. 현대의 클라우드 서비스들은 문제가 발생하면 가용존 수준에서 발생하는 경우가 매우 드물다. 이는 각 리전별로 별도의 API 유입을 위한 서비스가 존재하며, 서비스 단위로 업데이트되는 특성 등으로 인해 문제가 한 번 발생하면 리전 수준에서 발생한다.

이것은 리전 내에서의 장애 대응 방법이 어떤 경우에는 완전히 동작하지 않을 수도 있다는 것을 의미한다. 만약 글로벌 서비스라면 여러 개의 단일 클라우드 서비스 공급자 리전을 사용하여 서비스를 높은 가용성으로 구현할 수도 있겠다. 저 유명한 넷플릭스의 N+1 아키텍처가 바로 그것이다. 하지만 하나의 지역에서 여러 개의 리전을 사용할 방법은 없으므로, 이때는 여러 개의 클라우드 서비스 공급자를 동적으로 함께 사용하는 방법을 고려할 수 있다.

물론 서비스가 전환되려면 언제나 데이터는 사전에 복제되어 있어야 한다. 이런 부분은 넷플릭스의 도구들 부분에서 EVCache 부분을 살펴보면 힌트를 얻을 수 있으리라 생각한다. 애플리케이션에 필요한 데이터가 다른 클라우드 또는 다른 리전으로 이미 복제가 된 상태라고 하면, API 게이트웨이 또는 DNS 수준에서의 전환을 통해 즉시 서비스를 다른 클라우드로 옮겨 갈 수 있다.

이것은 전통적인 DR 개념에서 벗어나 다수의 클라우드 서비스 공급자를 동적으로 활용하는 방안으로, 현재 많은 엔터프라이즈 기업에서 사용하고 있는 방법이기도 하다.

넷플릭스는 Fault Inject Test를 위해 이 API 게이트웨이 구간을 이용한다. 앞서 설명했지만 간단하게 서술하자면 특정 가설이 적용된 테스트를 위해 클라이언트로부터 유입된 요청을 목적에 맞게 변조하여 다시 API 게이트웨이로 전달한다. 변조된 요청은 내부 서비스들로 라우팅되며, 변조의 목적에 따른 상태 관찰은 확보된 관측성 도구들을 통해 수집되고 분석된다. 이런 방법을 통해 특히 보안을 위한 테스트를 수행할 수도 있다.

모든 요청이 유입되고 나가는 구간으로서 다양한 관측이 가능한 구간이기도 하다. 특정 API에 대한 성능, 장애, 보안 등에 대한 확인이 가능하며 트래픽의 조절과 분산이 가능하므로 종전의 서비스를 개편하거나 새로운 기능이 필요한 경우라면 반드시 고려해 보아야 할 도구이다.

API 게이트웨이가 위치하는 네트워크적 위치가 반드시 레거시 시스템에서의 로드밸런서 위치일 필요는 없다. 물론 해당 위치가 가장 많이 고려되는 지역이기는 하지만, 최근 스프링 클라우드 게이트웨이와 같은 도구들은 애플리케이션 내에서 동작할 수도 있다.

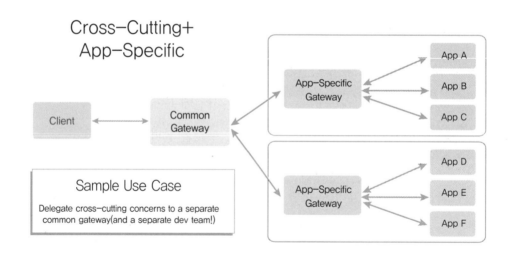

▲ 그림 4-15 Cross-Cutting + App-Specific

〈그림 4-15〉는 게이트웨이의 위치가 반드시 전체 서비스에서 한 구간에만 위치할 필요가 없음을 보여준다. 특정 그룹의 서비스들이나 전체 게이트웨이에 필터 및 변조 등에서 발생하는 부하를 줄이기 위한 목적으로 분리하여 사용할 수도 있

다. 또한, 스프링 클라우드 게이트웨이는 그 자체로 스프링 부트 애플리케이션이 포함될 수 있으므로, 애플리케이션 내에서 게이트웨이의 역할이 필요한 경우에도 다음의 그림과 같이 자유롭게 사용이 가능하다.

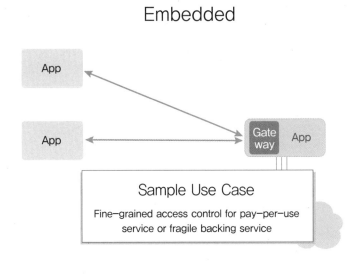

▲ 그림 4-16 애플리케이션 내에서 게이트웨이의 역할이 필요한 경우

카오스 엔지니어링

우리가 오늘날 알고 있는 대부분 서비스는 데이터베이스에 문제가 발생하면 서비스가 중단된다. 그것이 단일 서비스이건 마이크로서비스이건 어쨌든 데이터 소스의 문제는 해당 서비스의 중단을 의미한다.

그뿐만 아니라 의존성 있는 서비스의 무응답이나 응답 시간 지연, 지연 시간 증가와 같은 효과들은 그 서비스를 참조하는 서비스들에 연속적인 문제가 발생하도록 한다.

만약 캐시 서비스를 사용할 계획이라면 대부분 룩어사이드^{Look aside}의 형태를 고려할 것이다. 예를 들어 특정 사용자의 서비스 사용 이력과 같은 내용을 캐시로 처리하고 싶다면, 해당 요청을 수신한 애플리케이션은 먼저 캐시를 살피고, 캐시에 해당 데이터가 없다면 데이터베이스를 조회하고, 조회된 데이터를 응답으로 제공한 후 캐시에 저장하는 형태로 구현할 수 있을 것이다.

하지만 어떤 사유로 인해 캐시 클러스터에 문제가 발생한다면 어떨까. 캐시가 처리하던 트래픽을 종전의 데이터베이스로 처리하는 것은 불가능하다. 따라서 캐시의 장애는 데이터베이스에 대한 과다 요청을 야기하고, 이는 서비스의 성능이 극단적으로 저하되거나 데이터베이스가 정지하고 이로 인해 서비스가 중단되는 현상을 불러올 수 있다.

이런 상태를 막기 위해 또는 사전에 모의하기 위해 사용할 수 있는 도구들이 카오스 엔지니어링 도구들이다.

넷플릭스 테크 블로그(https://medium.com/netflix-techblog/can-spark-streaming-survive-chaos-monkey-b66482c4924a)에는 데이터 처리를 위한 카프카 스트림을 생성하고, 그렇게 생성된 클러스터에 카오스 엔지니어링을 적용하는 과정을 보여준다.

해당 블로그의 내용을 자세히 살펴보면, 먼저 이들은 어떤 목적을 가지고 데이터 저장소 및 데이터의 흐름을 가지는 도구를 설계하고 만들어 낸다. 그리고 이 도구가 원했던 목적을 수행하는지 살핀 이후, 카오스 몽키라는 도구를 통해 이 구조가 어떤 생존성을 지니는지 관측성을 통해 확보된 데이터를 이용해 분석한다.

카오스 몽키는 이전에 설명한 바와 같이, 애플리케이션 또는 서비스를 구성하는 서버들 중 아무 서버나 종료해 보는 것이다. 어떤 서비스 또는 구조를 만들어 냈을 때 언제든 발생할 수 있는 장애에 대비하는 방법은 바로 직접 장애를 일으켜 보는 것뿐이다.

많은 회사에서 이것을 잊는다. 보통 재해 복구를 준비하는 데이터베이스와 같은 시스템들은 서비스에 너무나도 중요하기 때문에 아무도 중지해볼 엄두를 내지 못한다. 하지만 해당 데이터베이스를 위해 구축한 재해 복구 시스템의 동작 여부는 그 데이터베이스를 죽여 봐야만 알 수 있다.

여러 번 언급한 바와 같이, 클라우드가 제공하는 가장 큰 장점은 리소스의 즉각 할당이다. 필요할 때 바로 켤 수 있다면, 필요할 때 바로 설정해서 서비스에 투입할 수 있어야 한다. 따라서 넷플릭스는 애플리케이션과 데이터 소스에 이런 구조의 서비스를 준비해 두고, 실제로 그것이 어떤 수치로 동작하는지 데이터를 얻어 살핀다. 그 결과로 어떤 클러스터 멤버들은 문제가 발생해도 큰 문제가 없지만, 어떤 클러스터 멤버에게 문제가 발생하면 성능이나 데이터 정합성에 얼마만큼의 임팩트가 발생하는지 수치화 하는 것이다.

바로 선제적으로 장애를 일으키는 테스트를 수행한다는 것이 넷플릭스 엔지니어링의 가장 큰 특징 중의 하나이다. 테스트 환경, 또는 실제와 똑같은 형태로 일부 트래픽만 수용하는 규모의 서비스에서 이런 실험을 하는 경우도 있다. 특히 카오스 몽키라는 도구는 넷플릭스 서비스가 동작하는 대부분의 구간에서 상시 동작한다.

이런 테스트 방법은 서비스를 더욱더 장애에 강하게 만드는 원동력이다. 꺼보지 않으면 어떤 문제가 발생할지 모르는 시스템들, 애플리케이션들, 그리고 서비스에 직접 문제를 발생시켜 테스트하는 것이다.

만약 스프링 부트를 사용하고 있다면, 스프링 부트 애플리케이션이 다른 애플리케이션의 타임아웃, 무응답 등에 어떻게 반응하는지 테스트해 볼 수 있는 도구를 사용할 수 있다.

https://codecentric.github.io/chaos-monkey-spring-boot/

앞 링크의 도구는 스프링 부트를 위한 카오스 몽키 도구이다. 개발한 애플리케이션에 다양한 테스트를 해보고, 이 테스트 결과를 바탕으로 서킷 브레이커 설정을 변경하거나, 애플리케이션의 성능을 조금 더 높이거나 하는 등의 조치를 취할 수 있다.

카오스 엔지니어링은 선제적으로 서비스에 혼란을 야기함으로써 그 상태를 살피고 더 나은 구조로 개선해 가는데 필수적인 기술이다. 그리고 이미 눈치챘겠지만, 이 카오스 엔지니어링을 더욱 더 효과적으로 활용하기 위한 방법은 바로 아주 높은 수준의 관측성을 확보하는 것이다.

테스트는 서비스의 안전성을 강화하고, 개발된 애플리케이션이 프로덕션에서 반드시 동작할 것이라는 믿음을 심어주는 매우 중요한 부분이다. 책에 설명된 다양한 아키텍처 및 클라우드 장점들은 그 애플리케이션과 데이터 소스 구조에 반영되어야 하며, 이렇게 반영된 구조들도 각각 시스템이 가지는 타임아웃과 같은 설정값에 매우 의존적이다. 너무 낮은 타임아웃은 너무 빈번한 서비스의 페일 오버를 야기할 것이고, 너무 높은 타임아웃 설정은 엔드 유저에게 서비스에 문제가 발생했음을 눈치채게 할 것이다.

따라서 다양한 가설에 기반한 테스트를 수행하고, 여기서 관측된 정보를 바탕으로 분석을 통해 다시 실험을 반복하여 서비스에 적절한 구조와 설정 값들을 확보하는 것이 제로다운타임에 매우 중요한 부분이다.

4.9 | 소프트웨어와 데이터 기술 내재화

넷플릭스와 같이 경쟁력 있는 소프트웨어 조직을 만드는 것은 어려운 일이다. 매우 장기적인 투자가 필요한 일이기도 하다. 먼저 실패를 두려워하지 않는 조직을 서로 다른 역할을 모아 준비하고 적절한 연습Practice을 할 수 있도록 하는 환경을 제공하는 것이 중요하다.

사실 직접 수행해서 다른 기업들의 속도를 단번에 따라잡을 수 있을 것으로 생각하지는 않는다. 이것은 역량의 문제보다는 저항의 문제에 가깝다. 새로운 조직은 기존 인력들의 시험에 노출될 것이고, 그래서 더욱더 쉽게 망가지기 쉽다. 자동차 회사에서 테슬라를 이야기하면 '아, 소프트웨어가 중요해졌구나'하고 단번에 받아들이는 경우는 없다. '자네 엔진을 해 봤는가?'라는 질문이 돌아올 뿐이다.

따라서 피보탈랩과 같이 (넷플릭스는 자사의 기술을 공개는 하지만 함께 만들어주지는 않으므로) 소프트웨어 개발 역량과 조직 문화를 수입할 수 있는, 다양한 성공 경력이 있는 파트너와 함께 하는 것이 소프트웨어와 데이터 기술을 내재화할 수 있는 방법일 것이다.

CHAPTER

05

...

마치며:
제로다운타임을 향해

현대의 웹과 모바일 서비스 관련 기술은 우리가 매일 접하는 대부분의 한국 서비스들과는 매우 다르다. 먼저 그 업데이트가 매우 빠르고, 그럼에도 불구하고 좀처럼 서비스 다운^{down} 소식이 들리지 않는다. 물론 국내에도 그렇게 서비스하고 있는 회사들이 있다. 익히 알고 있는 포털들, 그리고 온라인 쇼핑몰들은 점점 발전을 거듭해 요새는 심각한 다운타임이 발생했다는 뉴스를 접하기는 힘들다. 이런 현상은 매우 바람직한 것이다.

하지만 업데이트 측면에서는 조금 다른 양상을 보인다. 새로운 마케팅 이벤트가 생겼다면, 이 이벤트를 실행하는 데 필요한 것들을 준비해서 업데이트하기 위해 얼마나 많은 시간이 필요할지는 아마 해당 분야에 종사하고 있는 이들이 더욱 잘 인지하고 있을 것이다. 마케팅 이벤트의 랜딩페이지는 그나마 쉬운데, 만약 기존에 없는 카테고리의 새로운 상품을 MD가 가져와서 기획 상품으로 판매하려는 경우에는 이보다 복잡한 문제가 생길 것이다. 특히 데이터베이스에 대한 업데이트가 필요한 경우라면 더욱 복잡할 것이다.

이전부터 해오던 서비스 운영과 개발의 측면에서 보면 아마 별문제가 없는지도 모르겠다. 그리고 실제로 많은 기술자는 말한다. "우리는 메인프레임이나 유닉스를 사용하기 때문에 보안상 위협이 별로 없고, 개발과 운영에 대한 지침이 하달되면 꽤 빠른 속도로 개발해서 서비스에 반영하고 있기 때문에 도무지 왜 새롭게 데브옵스나 클라우드를 사용해야 하는지 모르겠다"고 이야기 하는 경우를 많이 보아 왔다.

이 책의 주제인 제로다운타임은, 서비스를 그냥 이전 상태로 유지하는 것에 머물지 않는다. 책의 시작에 언급했듯 소프트웨어로 만들어진 서비스는 언제나 '필요한' 상태를 유지해야 한다. 변하지 않는 사실은 모든 것은 변한다는 점이며, 특히 사업의 성공과 성공을 위한 경쟁력의 확보는 남들보다 빠른 적응이 필수다.

소프트웨어를 시대의 변화 요구에 부응해서 필요한 상태로 유지하는 것은 어려운 일이다.(아마 이 책을 읽고 있는 대부분의 독자는 스티브 잡스^{Steve Jobs}가 플래시와 HTML5을 두고 선택한 일화에 대해 들어본 일이 있을 것이다.)

서비스를 계속 유의미하게 만들고, 그로 인해 고객이 기꺼이 비용을 지불하게 만드는 방법에는 여러 가지가 있지만, 각 조직 구성원들이 다음의 활동을 반복적으로, 그리고 잘 할 수 있도록 지원해야 한다.

서비스를 점점 개선해 가는 과정은 시대의 흐름에 맞게 계속 서비스에 변화를 가한다는 말과 같다. 기존의 4G 및 LTE 시대와 앞으로 도래할 5G 시대가 다가오면 지금의 모든 기술 스택이 그대로 유효할지는 아무도 짐작할 수 없다.

코드는 미래에 수정이 수월해야 한다. 지금 내가 쓰고 있는 코드가 지금은 맞는 방법일 수 있지만, 근 미래에 리팩토링이 필요할지도 모른다. 코드는 어떤 문제를 풀기 위해 작성하는 것이지만, 그 문제 자체가 근 미래에는 존재하지 않을 수도 있다. 따라서 나 아닌 다른 사람들도 쉽게 볼 수 있도록 작성해야 하며, 코드의 가독성과 주석에 대해 상당히 신경 쓸 필요가 있다.

어린 시절 코드의 변수명을 'a를 누른 시간으로' 지정하는 개발자를 본 적이 있다. 실력이 뛰어난 개발자였는데, 변수명을 저런 방식으로 지정하다 보니 협업을 하는 모든 사람이 도무지 코드가 어떻게 돌아가는지 이해를 할 수 없었다. 그런데 참 신기하게도 본인은 귀신같이 코드를 읽어내는 것이다.

생산성도 아주 좋은 사람이어서 회사가 원하는 기능을 쉽게 쉽게 만들어 냈다. 따라서 다른 개발자나 그 누구도 그런 방식의 코딩 스타일에 대해 이견을 달기 힘들었다. 그로 인해 버그가 발생하더라도 결국 본인이 해결하기 때문에, 이런 현상이 오래되면 오래될수록 그의 일은 그의 일로 귀결된다.

그것이 회사 사업을 영위하는 데 매우 핵심적인 기능을 한다면, 아마 개발자가 떠날 때 사장님이 바짓가랑이를 붙들고 애원해야 하는 상황이 펼쳐질지도 모르겠다.

전문성이 서비스를 볼모로 잡는 형태의 무기가 되어서는 곤란하다. 그것은 사업 전체를 위험하게 하고 미래의 변화에 대응할 수 없는 형태로 소프트웨어를 만들어 낸다. 여기에서 소프트웨어는 단순히 코드만을 의미하지 않는다. 데이터베이스 스키마, 쿼리 구문, 인프라 구성의 레시피, 서버 운영체제의 라이브러리 의존성, 서드파티 라이브러리 및 모듈 의존성 등 모든 부분이 그렇다.

이 모든 것들이 서비스 운영에 필수적인 것들이기에 하나하나가 권력이 될 수 있다. 이런 형태의 권력들은 서비스에 발생하는 변화를 거부하고 그대로 유지하는 데 집중한다. 당연히 시장 상황이 변하면 살아남기가 힘들다.

우리는 이런 현상을 매우 자주 목격한다. 저자의 지인이 이르기를, SI의 기본 전략은 고객사에서 개발 및 운영 능력을 제거하는 것이라 한다. 그래서 SI 회사에 더 의존하게 만들고, 그로 인해 공생의 관계처럼 보이는 기생의 형태를 유지하는 것이다. 이런 기형적 관계는 프로젝트를 필요 이상으로 크게 만들어 규모를 크게 만들고, 변경사항이 발생할 때마다 또다시 추가 비용이 발생하는 불합리한 구조를 만들어낸다. 장기적으로 양사에게 모두 도움이 되는 일이 아니다.

변화하는 지금의 시대는 소프트웨어 기술의 내재화로 향하고 있다. 이 기술을 얼마나 잘 다루느냐가 기업의 생존을 결정한다. 비디오테이프를 임대하던 시절의 소프트웨어는 고객 이름과 전화번호 그리고 대여 목록과 일자 정도만 정산해 주면 되었다.

특별한 취미가 있는 게 아니라면 지금은 누구도 영상물을 비디오테이프로 시청하지 않는다. 따라서 필요한 소프트웨어 역시 그 시절과 매우 다르다. 넷플릭스의 확산으로 종말을 맞이한 '블록버스터Blockbuster'라는 회사는 결국 이 소프트웨어 기술에 의해 패배한 것이다.

전문성을 유지하면서 그것이 회사 내 누군가의, 또는 특정 조직의 권력이 되지 않게 하는 것이 바로 조직 부분에서 설명한 넷플릭스의 문화다. 자유와 책임, 그리고 새로운 것에 대한 갈망과 배우고 적용한 것을 공유하는 사상은 각 개인에게 직접적인 프로세스를 통한 규제보다 효과적이다.

시장에서의 경쟁력을 소프트웨어를 통해 확보해야 한다는 목표가 있다면 관련 기술과 문화의 내재화를 올바른 파트너와 함께 서둘러 진행하는 것을 권한다.

디지털 트랜스포메이션이란, 소프트웨어와 데이터 기술의 내재화가 핵심이다. 자신의 사업을 소프트웨어로 직접 만들어 내지 못한다면, 사업 아이템이 아무리 좋아도 상당한 이윤을 비용으로 처리해야 하는 상황이 발생할 것이다. 이런 내재화된 팀이 더 나은 기술을 가질 수 있도록 하는 문화는, 넷플릭스나 아마존과 같은 회사를 참고해야 한다. 중공업이나 제철소, 또는 화학 공장이 사용하는 조직의 문화를 그대로 사용한다면, 아마 회사에 남고자 하는 소프트웨어 개발자는 없으리라 장담한다.

제로다운타임을 위해서는 테스트가 필수적이다. 아이러니하게도, 직접 고장을 내기 전까지는 고장이 어떻게 나는지 알 수 없다. 플레이그라운드는 그래서 필요하다. 현 프로덕션 시스템과 동일한 상태로 구동하는 환경을 만들고, 그 요소요소를 빈사 상태로 만들어 보는 실험은 매우 많은 개선사항을 요구할 것이다. 그리고 어디가 어떻게 고장 나는지 학습하기 위해서는 부분별로 상세한 모니터링 도구들이 준비되어야 한다.

세상에는 이를 지원하기 위한 수많은 도구가 이미 사용 가능한 상태로 놓여있다. 물론 내재화를 위해서는 일을 해야겠지만, 그것이 넷플릭스에서 제공하는 것이건, 아마존웹서비스에서 서비스로 제공하는 것이건, 또는 스프링과 같은 프레임워크나 PCF와 같은 플랫폼 도구에서 제공하건 도구들은 사방에 존재한다.

필요한 것은 이를 배우고자 하는 개인의 의지와 어떠한 상태에서도 사업 목표를 위한 소프트웨어가 구동할 수 있어야 한다는 의사 결정권자의 의지가 아닐까.

좋은 소프트웨어를 통해 서비스를 제공하는 것은 끝이 있는 일이 아니다.

INDEX

넷플릭스의
클라우드 엔지니어링

초 판 발 행	2020년 6월 10일
초 판 1 쇄	2020년 6월 10일

저 　 자	정윤진
발 행 인	정용수
발 행 처	예문사
주 　 소	경기도 파주시 직지길 460(출판도시) 도서출판 예문사
T E L	031) 955-0550
F A X	031) 955-0660
등 록 번 호	11-76호

정가 : 25,000원

예문사 홈페이지 http://www.yeamoonsa.com

ISBN 978-89-274-3613-3 13000

이 도서의 국립중앙도서관 출판예정도서목록(CIP)은 서지정보유통지원시스템 홈페이지(http://seoji.nl.go.kr)와 국가자료공동목록시스템(http://www.nl.go.kr/kolisnet)에서 이용하실 수 있습니다. (CIP제어번호 : CIP2020021060)